O TRAJETO COMUM AO SUCESSO INCOMUM

O TRAJETO COMUM AO SUCESSO INCOMUM

Um Roteiro para a Realização
e a Liberdade Financeira

JOHN LEE DUMAS

ALTA BOOKS
EDITORA
Rio de Janeiro, 2022

O Trajeto Comum ao Sucesso Incomum

Copyright © 2022 da Starlin Alta Editora e Consultoria Eireli.
ISBN: 978-65-5520-667-8

Translated from original The Common Path to Uncommon Success. Copyright © 2021 John Lee Dumas. ISBN 978-1-4002-2109-7. This translation is published and sold by permission of HarperCollins Leadership an imprint of HarperCollins Focus LLC, the owner of all rights to publish and sell the same. PORTUGUESE language edition published by Starlin Alta Editora e Consultoria Eireli, Copyright © 2022 by Starlin Alta Editora e Consultoria Eireli.

Impresso no Brasil — 1ª Edição, 2022 — Edição revisada conforme o Acordo Ortográfico da Língua Portuguesa de 2009.

Dados Internacionais de Catalogação na Publicação (CIP) de acordo com ISBD

D886t   Dumas, John Lee
O trajeto comum ao sucesso incomum: um Roteiro para a Realização e a Liberdade Financeira / John Lee Dumas ; traduzido por Matheus Araújo. – Rio de Janeiro : Alta Books, 2022.
272 p. ; 16cm x 23cm.

Tradução de: THE COMMON PATH
Inclui índice.
ISBN: 978-65-5520-667-8

1. Administração. 2. Negócios. I. Araújo, Matheus. II. Título.

2022-1311
CDD 658.4012
CDU 65.011.4

Elaborado por Vagner Rodolfo da Silva - CRB-8/9410

Índice para catálogo sistemático:
1. Administração : Negócios 658.4012
2. Administração : Negócios 65.011.4

Todos os direitos estão reservados e protegidos por Lei. Nenhuma parte deste livro, sem autorização prévia por escrito da editora, poderá ser reproduzida ou transmitida. A violação dos Direitos Autorais é crime estabelecido na Lei nº 9.610/98 e com punição de acordo com o artigo 184 do Código Penal.

A editora não se responsabiliza pelo conteúdo da obra, formulada exclusivamente pelo(s) autor(es).

Marcas Registradas: Todos os termos mencionados e reconhecidos como Marca Registrada e/ou Comercial são de responsabilidade de seus proprietários. A editora informa não estar associada a nenhum produto e/ou fornecedor apresentado no livro.

Erratas e arquivos de apoio: No site da editora relatamos, com a devida correção, qualquer erro encontrado em nossos livros, bem como disponibilizamos arquivos de apoio se aplicáveis à obra em questão.

Acesse o site www.altabooks.com.br e procure pelo título do livro desejado para ter acesso às erratas, aos arquivos de apoio e/ou a outros conteúdos aplicáveis à obra.

Suporte Técnico: A obra é comercializada na forma em que está, sem direito a suporte técnico ou orientação pessoal/exclusiva ao leitor.

A editora não se responsabiliza pela manutenção, atualização e idioma dos sites referidos pelos autores nesta obra.

Produção Editorial
Editora Alta Books

Diretor Editorial
Anderson Vieira
anderson.vieira@altabooks.com.br

Editor
José Ruggeri
j.ruggeri@altabooks.com.br

Gerência Comercial
Claudio Lima
claudio@altabooks.com.br

Gerência Marketing
Andréa Guatiello
andrea@altabooks.com.br

Coordenação Comercial
Thiago Biaggi

Coordenação de Eventos
Viviane Paiva
comercial@altabooks.com.br

Coordenação ADM/Finc.
Solange Souza

Direitos Autorais
Raquel Porto
rights@altabooks.com.br

Assistente Editorial
Caroline David

Produtores Editoriais
Illysabelle Trajano
Maria de Lourdes Borges
Paulo Gomes
Thales Silva
Thiê Alves

Equipe Comercial
Adriana Baricelli
Ana Carolina Marinho
Daiana Costa
Fillipe Amorim
Heber Garcia
Kaique Luiz
Maira Conceição

Equipe Editorial
Beatriz de Assis
Betânia Santos
Brenda Rodrigues
Gabriela Paiva
Henrique Waldez
Kelry Oliveira
Marcelli Ferreira
Mariana Portugal
Matheus Mello

Marketing Editorial
Jessica Nogueira
Livia Carvalho
Marcelo Santos
Pedro Guimarães
Thiago Brito

Atuaram na edição desta obra:

Tradução
Matheus Araújo

Copidesque
Debora Ramires

Revisão Gramatical
Rafael Surgek
Thais Pol

Diagramação
Joyce Matos

Capa
Paulo Gomes

Editora afiliada à: ABDR — ASSOCIAÇÃO BRASILEIRA DE DIREITOS REPROGRÁFICOS

ASSOCIADO CBL — Câmara Brasileira do Livro

ALTA BOOKS EDITORA

Rua Viúva Cláudio, 291 — Bairro Industrial do Jacaré
CEP: 20.970-031 — Rio de Janeiro (RJ)
Tels.: (21) 3278-8069 / 3278-8419
www.altabooks.com.br — altabooks@altabooks.com.br
Ouvidoria: ouvidoria@altabooks.com.br

> "Ao fazer as coisas comuns
> da vida de um jeito incomum,
> você terá a atenção do mundo."
>
> —GEORGE WASHINGTON CARVER

SOBRE O AUTOR

John Lee Dumas (JLD) é o fundador e apresentador do premiado podcast *Entrepreneurs on Fire*, que já teve convidados como Tony Robbins, Barbara Corcoran, Seth Godin e Gary Vaynerchuk. John Lee Dumas está causando um INCÊNDIO empreendedor em todo o mundo, com mais de 1 milhão de ouvintes mensais e mais de 100 milhões de ouvintes totais em seus mais de 3 mil episódios.

Iniciando sua carreira empreendedora em 2012, JLD identificou a necessidade de um podcast diário sobre inspiração, motivação e aulas de negócios dos principais empreendedores do mundo. Seguindo o conselho de Gandhi para "ser a mudança que você deseja ver no mundo", John Lee Dumas buscou tornar seu sonho realidade.

Sem nenhum público ou experiência prévia na área, JLD lançou o *Entrepreneurs On Fire* em setembro de 2012.

Ao final de 2013, John Lee Dumas transformou o podcast em um império da mídia capaz de gerar mais de US$100 mil de lucro líquido por mês. Nesse mesmo ano, ele lançou o Podcasters' Paradise, atualmente a maior comunidade online de podcasting por assinatura do mundo, ensinando aos outros como criar, desenvolver e monetizar seus próprios podcasts.

Em 2016, JLD publicou a primeira de suas três agendas físicas, *The Freedom Journal: Accomplish Your #1 Goal in 100 Days*, que gerou US$453 mil nos primeiros 30 dias de venda. Em 2017, publicou *The Mastery Journal: Master Productivity, Discipline, and Focus in 100 Days* e gerou um valor superior a US$280 mil nos primeiros 30 dias. Em seguida, em

2018, JLD lançou *The Podcast Journal: Idea to Launch in 50 Days*, que é uma das agendas para podcast mais vendidas na Amazon. No total, ele vendeu mais de 100 mil exemplares das agendas e impactou milhões de pessoas por meio de seu podcast, cursos online, masterminds e agendas. Para saber mais, acesse EOFire.com.

O Trajeto Comum ao Sucesso Incomum é o primeiro livro publicado de forma tradicional de John Lee Dumas, obra que ele espera que ajudará a lançar a carreira de milhões de aspirantes a empreendedores nos anos vindouros.

SUMÁRIO

PRÓLOGO XI

1. Identifique Sua Grande Ideia 1

2. Descubra Seu Nicho 15

3. Crie Seu Avatar 27

4. Escolha Sua Plataforma 37

5. Encontre Seu Mentor 47

6. Crie ou Participe de uma Mastermind 61

7. Projete Seu Plano de Produção de Conteúdo 73

8. Crie Conteúdo 115

9. Lançamento 127

10. Identifique a Maior Dificuldade de Seu Avatar 135

11. Comprove o Conceito e Crie a Solução 145

12. Construa Seu Funil de Vendas 169

13. Diversifique Seus Fluxos de Receita 179

14. Aumente Seu Tráfego 187

15. Implemente Sistemas e Monte uma Equipe 195

16. Crie Parcerias de Afiliados 203

17. Guarde o Dinheiro que Receber 211

18. O Poço da Sabedoria 219

    EPÍLOGO 249

    ÍNDICE 251

PRÓLOGO

MENTIRAM PARA VOCÊ. Na verdade, mentiram para todos nós. O motivo? A maioria das pessoas não quer que você saiba de um simples fato:

O sucesso incomum pode ser alcançado e o trajeto até ele é comum.

Este livro revelará um caminho capaz de guiá-lo até uma vida de realização e liberdade financeira.

Como posso estar tão confiante de que você alcançará esse sucesso incomum? Eu trilho esse caminho desde 2012. Após 32 anos de dificuldades financeiras e sem nenhuma realização, encontrei o trajeto comum e nunca mais olhei para trás.

Você deve estar se perguntando: "Se esse trajeto é tão comum, por que não é tão conhecido?" A resposta para isso é simples: complicar as coisas, turvando a água e trazendo confusão àquilo que deveria ser simples, beneficia os "especialistas".

Por quê? Porque assim eles permanecem de vigília nos portões. Continuam a ser os únicos que possuem a "chave secreta" do sucesso e os únicos que podem abrir a porta — por apenas US$1.997,97.

Nós precisamos nos posicionar contra aqueles que guardam os portões. Precisamos acabar com os obstáculos impostos por eles. Precisamos seguir o trajeto comum ao sucesso incomum.

VIVEMOS EM um mundo que oferece oportunidades e informações ilimitadas na palma de nossas mãos. Com a oportunidade surge também o entusiasmo, e com a informação vem o poder. Este livro lhe mostrará como aproveitar seu entusiasmo e potencializar seu poder.

Hoje é o dia em que nos posicionaremos. O trajeto comum ao sucesso incomum não o garante da noite para o dia. Ele é a estrela-guia de sua jornada rumo à realização e à liberdade financeira.

Por que eu sou o único a compartilhar as maravilhas desse trajeto com você? Durante 32 anos, ouvi os guardiões do portão. Não era de todo ruim, mas não estava no caminho para a realização e a liberdade financeira.

De acordo com esses guardiões, eu fiz tudo certo: a média das minhas notas do ensino médio, no sul do Maine, eram boas. Frequentei a Providence College com uma bolsa de estudos do ROTC do exército norte-americano. No meu quarto ano de estudos, as Torres Gêmeas e o Pentágono foram atacados e me comprometi seriamente com o exército. Oito meses depois, concluí minha graduação com uma média 9 e fui parte da primeira turma de oficiais comissionados do exército após o 11 de Setembro.

Após um breve treinamento em Fort Knox, no Kentucky, meu batalhão foi enviado ao Iraque para um serviço com duração de treze meses. Foi uma transição difícil; passar de um despreocupado estudante universitário para um comandante de tanques, liderando quatro veículos deste tipo e dezesseis homens em uma guerra estrangeira. Foi intenso. Mas lá estava eu, com 23 anos, no Iraque, tentando sobreviver. Como costumam dizer, a guerra é um inferno. Ao longo do meu serviço de treze meses, quatro dos meus dezesseis soldados morreram em combate.

Foi um inferno.

Para honrá-los, fiz uma promessa. Prometi que jamais me contentaria com uma vida em que não me sentisse realizado. Fiz a promessa de nunca desistir da minha busca por felicidade. Prometi viver uma vida que valeria a pena. Eu devia isso aos heróis que morreram sob meu comando. Honraria o sacrifício deles com uma vida de serviço, valor e gratidão.

Então me deparei com a realidade.

Voltar para o "mundo real" depois do Iraque não foi nada fácil. Tive crises de estresse pós-traumático ao longo dos meus vinte anos e tive dificuldades em encontrar a realização e a felicidade. Eu sobrevivi a uma guerra, conquistei a estabilidade financeira e um bom emprego, mas por que me sentia tão infeliz e insatisfeito?

Olhando em retrospecto, a razão é óbvia: não estava vivendo o tipo de vida que havia prometido aos quatro soldados que partiram. Não estava vivendo uma vida de serviço, valor ou gratidão. Em vez disso, buscava o sucesso — ou pelo menos aquilo que eu definia como sucesso na época.

Eu pensava que sucesso significava dinheiro, respeito e talvez fama. Essa definição corrompida me levou até uma universidade de direito, a qual abandonei após um primeiro semestre infeliz. Em seguida, busquei emprego na área de finanças corporativas, onde sofri dentro de um cubículo durante um ano antes de decidir que não aguentava mais e pedir minha demissão. Em seguida, tentei o mercado imobiliário, tanto comercial quanto residencial, pensando que isso me traria a realização e a liberdade que tanto almejava.

Nada feito.

Tudo isso aconteceu ao longo de seis longos e infelizes anos. Felizmente, sempre adorei aprender como os outros alcançaram o sucesso. Durante meus seis anos de dificuldades, consumi dezenas de livros sobre negócios, seminários online e, é claro, podcasts.

Certo dia, estava ouvindo um podcast de negócios e o apresentador compartilhou uma citação que praticamente saiu do fone de ouvido e me deu um tapa na cara.

> Não tente ser uma pessoa de sucesso,
> mas uma pessoa de valor.
> —ALBERT EINSTEIN

Compartilharei mais detalhes do que aconteceu após esse momento *a-ha* no Capítulo 1, mas (alerta de spoiler) eu decidi, naquele momento, que desejava me tornar uma pessoa de valor.

Me tornar uma pessoa de valor me permitiu alcançar meu objetivo de realização e liberdade financeira. Também permitiu que eu finalmente honrasse a promessa feita em 2003 e me deu a oportunidade de compartilhar como o trajeto comum levará você ao sucesso incomum.

O trajeto comum funciona.

E ele funciona porque é simples. Funciona porque é atemporal. Funciona graças a uma verdade que você nunca deve esquecer.

Se você fornecer a melhor solução a um problema real, encontrará o sucesso incomum.

Este livro o guiará ao longo do trajeto comum até você alcançar seu sucesso incomum.

Está pronto para começar? Vire a página. O trajeto comum ao sucesso incomum o aguarda.

CAPÍTULO 1

Identifique Sua Grande Ideia

> Tudo começa com uma ideia.
> —EARL NIGHTINGALE

PRINCÍPIO #1: Seu trajeto comum ao sucesso incomum começa com uma ideia. Uma grande ideia.

Existem dois erros comuns que as pessoas cometem ao tentar identificar sua grande ideia.

ERRO #1: Elas acreditam que sua grande ideia pode ser *apenas* algo pelo qual são apaixonadas. *Eu amo muffins! Vou abrir uma padaria!*

ERRO #2: Elas acreditam que sua grande ideia é *apenas* algo em que são especializadas. *Eu sei programar, vou criar sites!*

Sua grande ideia não precisa ser um ou outro.

Ela não é algo pelo qual você está apaixonado *ou* algo em que você tem experiência, mas ambos. Sua grande ideia precisa ser uma combinação de suas paixões e sua especialidade.

Observe o primeiro cenário: apenas paixão. Ser apaixonado por sua grande ideia é importante. Você precisa estar empolgado para trabalhar em sua grande ideia todos os dias. No entanto, caso esteja apenas apaixonado e não ofereça uma solução necessária para o mundo, sua ideia não irá para a frente.

Todo ser humano está sintonizado na mesma estação de rádio: "O que eu vou ganhar com isso?" Claro, as pessoas ficarão felizes em vê-lo correr atrás de suas paixões, mas, a menos que se beneficiem diretamente dessa sua paixão, nunca se tornarão consumidores, você nunca conseguirá gerar receita e sua grande ideia não será nada mais do que um passatempo.

Agora vejamos o segundo cenário: apenas especialidade. É ótimo ser bom em alguma coisa. É incrível compartilhar seu conhecimento com o mundo. Porém, caso não tenha paixão, entusiasmo e curiosidade por sua especialidade, nunca alcançará a realização.

O trajeto comum ao sucesso incomum é simples, mas requer tempo. Se você não tiver paixão por sua grande ideia, então um dia acordará e perceberá que não gosta mais do que está fazendo e desistirá. Além disso, você enfrentará uma concorrência que *é* apaixonada por sua área, e essa concorrência sempre levará a melhor.

Agora que você viu as falhas em ambos cenários, vamos falar sobre o cenário final.

Aqui você tem a paixão *e* a experiência necessárias para sua grande ideia. A sua grande ideia realmente parece empolgá-lo e oferece um valor verdadeiro ao mundo. Essa é sua grande ideia.

Essa é sua zona de *fogo*!

É hora de realizar um exercício capaz de guiá-lo até sua grande ideia para que você possa viver todos os dias dentro de sua zona de fogo.

Podemos começar?

Sua Zona de Fogo

Para este exercício, você precisará de uma folha de papel.

Trace uma linha no meio e no lado esquerdo escreva a palavra *paixão*. Escreva *especialidade* no lado direito.

Marque cinco minutos no cronômetro e aperte *iniciar*.

Passe esses cinco minutos escrevendo tudo pelo que você é apaixonado. O que o empolga? O que acende seu fogo? Pelo que você era apaixonado quando criança, jovem ou adulto? O que faria amanhã se tivesse uma agenda completamente vazia e nenhuma responsabilidade? Escreva tudo que surgir em sua cabeça.

Ding!

Certo, agora é hora de irmos para o lado direito: sua especialidade. Mais uma vez, marque cinco minutos no cronômetro e aperte *iniciar*.

Passe os cinco minutos escrevendo tudo em que é perito. Quais habilidades você adquiriu? Em que você é bom? Quais experiências conquistou ao longo dos anos?

Peça a seus familiares e amigos que respondam a seguinte questão: "O que (seu nome) faz bem?" Você pode ficar chocado com os assuntos sobre os quais os outros o consideram um especialista enquanto você julgava não saber nada demais.

Ding!

Agora é a hora de identificar o ponto em que suas paixões se encontram com suas habilidades — onde sua curiosidade se mistura com sua especialidade.

Comece a desenhar setas conectando suas paixões às suas especialidades. Essas conexões são suas zonas de fogo. É aqui que você encontrará sua grande ideia!

Compartilharei minha história na seção seguinte, mas aqui vai um pequeno spoiler para lhe dar um exemplo de uma de minhas zonas de fogo:

No lado das paixões, escrevi *"conversar com empreendedores bem-sucedidos"*.

No lado das especialidades, escrevi *"facilitação de conversas e discursos em público graças ao meu período no exército norte-americano e nas finanças corporativas"*.

Eu percebi que se tratava de uma zona de fogo em potencial e desenhei uma seta conectando as duas ideias.

Perguntei a mim mesmo quais oportunidades existiam que me permitiriam combinar essa paixão e esse conjunto de habilidades. Foi aí que surgiu o meu momento *a-ha*. Um podcast!

Eu amava ouvir podcasts que entrevistavam homens e mulheres bem-sucedidos. Tinha experiência em conduzir entrevistas graças às minhas profissões anteriores. Por que não lançar meu próprio podcast de entrevistas com empreendedores bem-sucedidos e compartilhar as histórias deles com o resto do mundo?

Minha ideia havia se formado. Agora era hora de agir.

Minha Grande Ideia

Eu me olhei no espelho.

"Trinta e dois anos."

Disse essas palavras com uma pontada de desgosto, mesmo tendo vivido uma boa vida. Parte dessa vida já contei a você: dezoito ótimos anos em uma pequena cidade do Maine com uma família funcional e diversas lembranças queridas. Quatro incríveis anos na Providence College em Rhode Island como um cadete do programa ROTC e graduado em estudos norte-americanos. Em seguida, passei quatro difíceis anos como um oficial do exército em serviço militar.

Com 26 anos, fiz a transição para a reserva militar e dediquei um ano ao aprendizado de espanhol na Guatemala. Explorei a costa oeste da Costa Rica e me preparei para os LSATs (exame de admissão no curso de direito nos Estados Unidos e em alguns outros países). Fui bem o suficiente no exame para retornar ao estado de Rhode Island e ingressar na Roger Williams Law School. Estava muito empolgado com o começo desse próximo capítulo da minha vida.

Não notei de imediato, mas após algumas semanas sabia que havia cometido um grande erro. Alguma coisa não estava indo bem e me vi completamente infeliz no curso de direito.

Essa foi uma sensação estranha. Nunca estive tão infeliz na minha vida, nem mesmo durante os piores momentos do serviço no Iraque. Olhando para trás, percebo que estava lidando com o estresse pós-traumático, mas na época eu não sabia o que havia de errado comigo. Não conseguia me concentrar em coisa alguma, o que fez das intermináveis horas de estudo no curso de direito uma tortura. Eu suportei o restante do semestre, mas sabia que não retornaria para o próximo.

Planejei uma longa viagem à Índia e ao Nepal, tive uma das conversas mais difíceis da minha vida com meus pais (e eu já tive algumas) e fui em busca da minha versão do livro que virou filme, "Comer, Rezar, Amar".

A viagem à Índia foi incrível. Era exatamente o que eu precisava: uma fuga do "mundo real".

Gostei do barulho, do calor, da cultura, da comida e das pessoas conforme explorava tanto a Índia quanto o Nepal, culminando em uma épica viagem de doze dias no alto da Cordilheira do Himalaia até o acampamento base da Annapurna, a décima maior montanha do mundo. Mas eu sabia que não podia me esconder na Índia e no Nepal para sempre, e, após quatro meses de nenhuma responsabilidade, estava pronto para dar outra chance à minha carreira.

Na terceira rodada, decidi tentar o mundo das finanças corporativas. A minha linha de raciocínio para isso foi *ritmo rápido, muito dinheiro* e *muito respeito*. Consegui um emprego na Torre John Hancock, em Boston, e o primeiro ano foi agradável. Aprendi muito, consegui um bom dinheiro e senti que estava em uma sólida trajetória de carreira.

Então veio a crise financeira de 2008. Vi pessoas saírem da Bear Stearns e da Lehman Brothers pela porta da frente e com caixas nas mãos. A minha empresa também passou por uma onda de demissões, a qual sobrevivi, mas minha paixão pelas finanças corporativas se esvaía rapidamente. Nunca me esquecerei do dia em que os funcionários remanescentes foram arrebanhados em uma grande sala de conferência e o CEO proclamou: "Todos que estão nesta sala estão aqui porque assim queremos, mas se você não estiver 100% conosco até o final, agora é a hora de ir embora."

Essas palavras me acertaram feito uma bigorna.

Percebi, naquele momento, que não estava nem perto de 100% de comprometimento e que era minha obrigação para com John Hancock e comigo mesmo sair pela porta da frente.

Depois da reunião, voltei à minha mesa, pesquisei no Google por *modelo de carta de demissão*, editei algumas linhas e imprimi o documento. Assinei a linha tracejada e entreguei a carta para minha gerente que, chocada, tenho certeza que falava a si mesma: "Esse garoto está louco? Pedir para sair em um momento como esse?"

Vou acelerar um pouco a história para chegar logo na parte boa, minha grande ideia. Meu próximo passo foi um cargo de vendas em uma pequena startup de tecnologia na cidade de Nova York. Gostei de viver na Big Apple, como a cidade é conhecida, mas o emprego foi uma decepção e, após seis meses, entreguei meu *modelo de carta de demissão* mais uma vez.

A essa altura, estava cansado do inverno longo e gelado da região da Nova Inglaterra e decidi que morar em San Diego e trabalhar no mercado imobiliário era o que eu realmente queria.

Por quê? Até hoje não sei a razão.

De qualquer forma, sempre fui um aventureiro e, portanto, entrei no meu carro, cruzei o país e me estabeleci em uma quitinete no bairro Pacific Beach de San Diego, a um quarteirão do Oceano Pacífico.

Ao longo dos dois anos seguintes eu fui bem-sucedido no mercado imobiliário, amei o estilo de vida do sul da Califórnia e conheci o amor da minha vida, Kate! (Tudo acontece por um motivo.) Com o meu razoável sucesso imobiliário em San Diego, um conhecido do Maine ficou sabendo do meu trabalho e me ofereceu um emprego.

O emprego era para a segunda maior empresa do mercado imobiliário no estado do Maine e acompanhava um processo de afiliação de cinco anos. Fazia mais de dez anos desde que eu havia saído do Maine e a ideia de estar próximo da minha família era atraente. Eu aceitei o emprego, me mudei e fiquei em um aconchegante condomínio em Portland, a algumas quadras de distância do meu novo emprego.

Realmente pensei que estava me estabelecendo para valer, o que é uma afirmação ousada para alguém que nos cinco anos anteriores saiu do exército, viajou pela América Central, ingressou no curso de direito, fugiu para a Índia, testou o setor das finanças corporativas, tentou ganhar a vida na cidade de Nova York e seguiu rumo ao oeste, até San Diego.

Eu amava o lugar em que estava, gostava de poder me reconectar com familiares e antigos amigos, e também acreditava que minha perspectiva de carreira era promissora. Então, o estado do Maine passou por sua pior crise do mercado imobiliário comercial em décadas.

Aquele foi um ano brutal.

Eu lembro de ter trabalhado duro em um acordo, fechá-lo e receber uma comissão de US$316. Dentro de um ano, eu estava duvidando de que esse era o trabalho certo para mim. Mesmo se o mercado imobiliário comercial estivesse prosperando, era óbvio que eu não era lá muito apaixonado por esse setor.

O que mais poderia fazer? Eu realmente começaria do zero *de novo*? Eu era bom em começar do zero, mas ao mesmo tempo sentia que isso era cansativo demais.

Estava pronto para construir algo de que me orgulhasse. Algo pelo qual era apaixonado. Algo sobre o qual eu era bom.

Então iniciei a jornada que me levou até minha grande ideia.

COLOQUEI meus podcasts favoritos em meu iPod Nano e saí para uma caminhada. Eu sabia que minha "carreira" no mercado imobiliário havia chegado ao fim, mas o que fazer em seguida? Eu tinha 32 anos. Não deveria estar estabelecido em uma carreira incrível a essa altura?

O que havia de errado comigo?

Enquanto me afogava em autopiedade, meu cérebro estava concentrado no podcast que eu estava escutando. O apresentador estava compartilhando uma citação de Albert Einstein, e a citação me fez parar. E agora finalmente voltamos ao meu momento *a-ha*.

> Não tente ser uma pessoa de sucesso,
> mas uma pessoa de valor.
> —ALBERT EINSTEIN

Uau.

Como disse anteriormente, foi como se alguém saísse do meu fone de ouvido e me desse um tapa na cara. E esse tapa continuou a doer enquanto me recordava dos erros que cometi pelo caminho. Desde que saí do exército, estive buscando minha definição corrompida de sucesso.

Pensei que me tornar um advogado me outorgaria respeito.

Pensei que as finanças corporativas me enriqueceriam.

Pensei que o mercado imobiliário me conferiria liberdade e realização.

Errado, errado e errado mais uma vez.

Agora eu entendo o porquê. Estava gastando toda minha energia tentando me tornar essa mítica pessoa de sucesso, mas que valor estava oferecendo? Ao refletir, a resposta surgiu de maneira simples: nenhum.

Aqui estava Albert saindo de seu túmulo e compartilhando a estratégia da vitória. Tornar-se uma pessoa de *valor*. Eu ainda consigo ver a lâmpada acendendo sobre a minha cabeça naquele dia. Naquele exato momento me comprometi a me tornar uma pessoa de valor e deixar que as coisas acontecessem naturalmente.

Eu não sabia meu próximo passo, mas sabia que a busca pelo sucesso me deixara infeliz, insatisfeito e sem direção. Fornecer algum tipo de valor só poderia melhorar minha situação lamentável, então por que não tentar?

Continuei minha caminhada sem rumo, tentando tirar algum sentido dessa revelação. Que valor eu poderia oferecer ao mundo? Então me fiz uma pergunta que mudou tudo: "Qual é a coisa que eu gostaria que existisse, mas ainda não existe?"

Alguns pensamentos passaram pela minha cabeça, mas nada me pareceu uma grande oportunidade. Então me lembrei de uma conversa recente em que eu reclamava de podcasts:

"Amo podcasts que entrevistam empreendedores e compartilham suas jornadas, mas todos os programas só lançam episódios uma vez por semana e estou sempre ficando sem conteúdo, esperando pelo próximo lançamento. Gostaria de um podcast com publicações diárias. Eu ouviria esse programa!"

Lâmpada #2!

Por que não criar esse podcast? Por que eu não poderia "ser a mudança que desejo ver no mundo", como disse Mahatma Gandhi? Naquele momento, decidi que seria essa mudança. Eu decidi que me tornaria uma pessoa de valor ao publicar um podcast gratuito, valioso e *diário*, entrevistando os empreendedores mais bem-sucedidos do mundo.

Não tinha ideia de para onde esse caminho me levaria, mas estava disposto a tentar. Pela primeira vez na minha vida, meu compromisso era me tornar uma pessoa de valor e a sensação era *ótima*.

Minha jornada nem sempre foi um mar de rosas e tive muitos percalços pelo caminho, mas nunca me esqueci das lâmpadas acendidas pelas palavras de Albert Einstein. Em cada bifurcação da estrada, escolhi o trajeto de fornecer valor. Compartilharei muitos outros detalhes dessa jornada nos próximos capítulos, mas quero finalizar o Capítulo 1 com alguns spoilers.

Meus primeiros 365 dias apresentando o *Entrepreneurs on Fire* foram divertidos (e difíceis), mas não muito lucrativos. Após um ano inteiro de trabalho duro, nossa receita foi pouco mais de US$27 mil. No entanto, nunca me afastei do caminho para me tornar uma pessoa de valor. Os dólares não apareciam, mas, pela primeira vez na minha vida, acordava todos os dias com um propósito, entusiasmado e com um certo *fogo*. Todos os dias eu foquei o fornecimento de um conteúdo gratuito, valioso e consistente. Nosso público estava crescendo.

No décimo terceiro mês, algo aconteceu e tivemos nosso primeiro mês com um lucro líquido de US$100 mil. Alcançamos um ponto de virada e agora já tivemos mais de cem meses consecutivos com um lucro líquido superior a US$100 mil, dados que documentamos em nossos relatórios de renda mensal disponíveis em EOFire.com/income [conteúdo em inglês].

Esses relatórios se tornaram as páginas mais visitadas em nosso site, uma vez que nosso público adora a orientação transparente dos documentos. Compartilhamos nosso sucesso financeiro na esperança de acender fagulhas de ideias a serem reproduzidas, mas para nós é igualmente importante mostrar nossos vários fracassos como aviso do que *não* deve ser feito. Trazendo um valor adicional, nosso contador e nosso advogado participam dos relatórios para compartilhar dicas fiscais e legais para os empreendedores que se encontram no processo de construção do seu negócio.

Sempre voltamos para a seguinte pergunta: "*Como podemos oferecer mais valor ao nosso público, a Fire Nation?*"

Desde que *Entrepreneurs on Fire* foi lançado, publiquei mais de 2.500 entrevistas com os empreendedores mais bem-sucedidos do mundo e gerei mais de 85 milhões de downloads totais até o momento em que este livro foi escrito. Fomos ouvidos mais de 1 milhão de vezes todos os meses. Já entrevistamos empreendedores celebridades que você nunca ouviu falar e também lendas do mundo empreendedor, como Tony Robbins, Barbara Corcoran e Gary Vaynerchuk.

Ao longo dos anos, expandimos o negócio e passamos a administrar a maior comunidade de podcasting do mundo (Podcasters' Paradise). Eu publiquei quatro agendas e criei incontáveis cursos gratuitos para nosso público, sempre seguindo o princípio de: "*Como posso gerar mais valor?*"

Olhando em retrospecto, *Entrepreneurs on Fire* foi um sucesso porque forneceu a melhor solução para um problema real. *Entrepreneurs on Fire* é para qualquer um? Com certeza não. No entanto, preencheu uma lacuna que existia no mercado e, como resultado, conquistei realização e liberdade financeira.

O resto deste livro lhe mostrará como seguir o *seu* trajeto comum ao sucesso incomum. Acompanhe-nos nessa estrada para a realização e a liberdade financeira, e prepare-se para *pegar fogo*!

Um Empreendedor no Trajeto de Fogo ao Sucesso Incomum

HAL ELROD: IDENTIFICAR SUA GRANDE IDEIA

O seu nível de sucesso raras vezes superará seu nível de desenvolvimento pessoal, porque sucesso é algo que você atrai com a pessoa que você se tornou. —JIM ROHN

HAL ELROD não estava nada bem, seja física, emocional ou mentalmente. Sua vida estava descendo pelo cano do desespero. Ele se olhou no espelho: "*Como vim parar aqui?*"

Hal gozou de grande sucesso durante a maior parte de sua vida profissional. Ele era um representante de vendas da Cutco que tinha seu lugar no hall da fama da empresa. Elrod abandonou seu cargo lucrativo para abrir seu próprio negócio como coach, ajudando outros representantes de vendas da Cutco, donos de empresas e empreendedores a melhorar seus sistemas de venda. O negócio estava prosperando.

Até que certo dia deixou de prosperar.

A crise financeira de 2007 aconteceu e, com ela, o negócio de Hal implodiu. Ele perdeu metade de seus clientes e acumulou uma dívida de cartão de crédito no valor de US$52 mil. Sua casa tinha um aviso de execução hipotecária na porta da frente. Hal estava estressado, sobrecarregado e indeciso sobre o que fazer em seguida. Sua gordura corporal triplicou.

Felizmente, um amigo próximo, Jon Berghoff, trouxe Hal de volta à realidade com suas palavras: *Hal, você precisa acordar cedo todas as manhãs para se exercitar enquanto escuta alguma autoajuda. Se quiser melhorar seu negócio, primeiro precisará melhorar a si mesmo.*

Hal não era uma pessoa matutina, mas estava desesperado. Na manhã seguinte, ele se levantou e iniciou uma corrida. Odiava correr. Ele apertou o play em um áudio de um seminário de Jim Rohn e voltou a odiar a vida.

Hal não estava completamente concentrado nas palavras até uma frase alcançar seu fone de ouvido e fazer estremecer o próprio âmago de sua alma. *O seu nível de sucesso raras vezes superará seu nível de desenvolvimento pessoal, porque sucesso é algo que você atrai com a pessoa que você se tornou.*

Hal parou de maneira repentina.

Ele não estava investindo em desenvolvimento pessoal e seu nível de sucesso era um reflexo direto disso. Parado em uma esquina durante uma manhã fria, Hal jurou que mudaria para sempre essa parte de sua vida. Com um propósito renovado, Hal correu para casa, se apressou até o computador e pesquisou *os hábitos e rotinas das pessoas mais bem-sucedidas do mundo.*

Essas palavras o guiaram até o buraco do coelho onde aprendeu com bilionários, atletas de elite e outras pessoas de grande sucesso. Hal começou a perceber que as mesmas características e hábitos se repetiam muitas e muitas vezes. O sucesso não era nada mirabolante, mas um punhado de princípios empregados diariamente pelas pessoas mais bem-sucedidas do mundo.

A primeira coisa que chamou a atenção de Hal era a importância de uma rotina matinal. Ao pensar sobre isso, a questão fazia sentido. A manhã é o período perfeito para alcançar o ápice de um estado físico, mental e emocional. Uma rotina matinal correta pode ajudá-lo a aprender, crescer e melhorar cada aspecto da sua vida. Então, você poderia levar esse seu melhor lado para o resto do dia, o que causaria um impacto positivo em todas as suas interações. Isso melhoraria sua motivação, energia e produtividade em todas as suas atividades.

O próximo passo de Hal era identificar os hábitos mais importantes do desenvolvimento pessoal e combiná-los em um sistema. Após muita tentativa e erro, Hal definiu seis práticas que eram as mais importantes para um sucesso duradouro. Ele criou um acrônimo para esses seis princípios, que se tornou mundialmente famoso: SAVERS [poupadores, no original], um acrônimo de *silêncio (silence), afirmação (affirmation), visualização (visualization), exercício (exercise), leitura (reading) e registro diário (scribing ou journaling).*

Agora que Hal possuía um sistema, era necessário trabalhar. Ele esperava que entre seis e doze meses conseguiria algum sucesso com sua nova rotina diária. A realidade o surpreendeu.

Em dois breves meses, a renda de Hal duplicou, ele estava na melhor forma de sua vida e sua depressão havia desaparecido. A economia estava pior, mas o negócio de Hal estava melhor.

Por quê? Hal estava melhor.

Hal disse à sua esposa que era como um milagre. A resposta dela? "É o seu milagre da manhã." Naquele momento, um movimento teve início.

Ao longo dos três anos seguintes, Hal testou, aperfeiçoou e aprimorou seu milagre da manhã. No dia 12/12/2012, ele publicou de forma independente o livro *O Milagre da Manhã*, e as vendas dispararam. Desde a publicação, Hal vendeu mais de 2 milhões de exemplares. *O Milagre da Manhã* foi publicado em 38 países e o grupo Miracle Morning Community no Facebook já tem mais de 265 mil membros.

A missão de Hal é *elevar a consciência da humanidade, uma manhã de cada vez.*

O filme *The Miracle Morning* foi lançado no dia 12/12/20 e me sinto honrado em dizer que Hal apresentou minha rotina matinal nesse filme incrível. Realmente recomendo que assistam!

Sobre encontrar sua grande ideia, Hal compartilha essas sábias palavras: "Sua grande ideia pode já ser parte da sua vida e você nem desconfiar. Pode ser um hábito ou atividade que foi aplicado com sucesso em sua vida com o seu toque pessoal. Não criei esses princípios. Todos eles são atemporais e foram praticados por séculos. Simplesmente combinei essas práticas em um sistema que funcionou para mim. Quando percebi que esse sistema também funcionava para os outros, sabia que precisava compartilhá-lo com o mundo."

Hal tinha um problema e criou uma solução incrível. A solução foi transformada em sua grande ideia e já impactou milhões de pessoas ao redor do mundo.

Obrigado, Hal Elrod.

Você pode aprender mais sobre Hal acessando HalElrod.com [conteúdo em inglês].

Confira o seu curso gratuito de acompanhamento para um apoio extra com *O Trajeto Comum ao Sucesso Incomum*: EOFire.com/success-course [conteúdo em inglês].

CAPÍTULO 2

Descubra Seu Nicho

Se todos estão fazendo as coisas da mesma forma, então existem boas chances de encontrar seu nicho ao seguir a direção oposta.
—SAM WALTON, DA WALMART

PRINCÍPIO #2: Identifique um nicho mal servido e preencha essa lacuna o melhor que puder.

Esse é um passo importantíssimo em seu trajeto ao sucesso incomum. Infelizmente, é o passo que as pessoas mais resistem a dar. A maioria pensa que, quanto mais amplo for seu nicho, mais você terá acesso a consumidores, clientes e seguidores em potencial.

Isso faz sentido. Se todos se identificarem com você, conseguirá uma fatia maior da torta. É claro, você quer que todo mundo (e suas respectivas mães) compre seu produto, serviço ou oferta, mas...

Quando você tenta se identificar com todo mundo, ninguém se identifica com você.
—JOHN LEE DUMAS

Use um minuto do seu tempo para refletir sobre essas palavras. Elas lhe pouparão meses de dor, frustração e fracasso.

Eu poderia repetir essa frase até ficar sem ar, mas poucos ouviriam. Eles responderiam: "Mas, John, eu não quero perder alguém que pode me dar dinheiro!" Eu entendo esse argumento, mas se essas pessoas não mudarem o modo de ver as coisas, será apenas uma questão de tempo até chegarem ao fracasso e à frustração.

Permita-me compartilhar um grande exemplo de alguém que descobriu seu nicho aos 45 minutos do segundo tempo.

Era uma vez um inventor que criou um inseticida capaz de matar todos os insetos que você pudesse imaginar. Baratas, formigas, besouros, cupins... você entendeu. Em letras garrafais na lata do spray, ele inseriu as palavras "mata todos os insetos da sua casa". O inventor investiu bastante no espaço das prateleiras dos mercados locais e esperou o dinheiro entrar. Infelizmente, a avalanche de vendas nunca aconteceu.

Ele não conseguia entender a razão para o seu produto não vender. Era o melhor produto do mercado! Em um ato de desespero, contratou uma pessoa para ficar na seção de spray inseticidas e observar. Quando alguém escolhia um inseticida diferente, o funcionário abordava a pessoa em questão e perguntava o motivo.

Ao receber os resultados do projeto, o inventor ficou chocado com a simplicidade de suas descobertas:

"Eu tenho um problema com formigas, então estou procurando um inseticida que mate formigas."

"Minha casa tem uma infestação de baratas; quero um produto específico para matá-las."

Uma lâmpada se acendeu na cabeça do inventor e ele imediatamente trocou uma promessa ampla por múltiplos rótulos com diferentes promessas.

Suas 100 latas de "mata todos os insetos da sua casa" se transformaram em 4 grupos de 25 latas, cada grupo com um dos seguintes rótulos:

"Mata todas as formigas da sua casa."

"Mata todas as baratas da sua casa."

"Mata todos os besouros da sua casa."

"Mata todos os cupins da sua casa."

Agora ele tinha uma solução específica para os problemas exatos das pessoas. O resultado? As vendas explodiram.

O seu marketing continuava 100% honesto, mas agora ele seguia de maneira bem-sucedida o conselho do grande Robert Collier:

> Sempre participe da conversa que já está ocorrendo na mente do cliente.

Os clientes estavam indo à loja porque tinham um *problema com formigas*, não um problema com insetos. Essa era a conversa que ocorria dentro da mente deles. Quando viam as palavras "mata todas as formigas da sua casa", a conversa era concluída e o produto comprado. E todos viveram felizes para sempre! (Menos as formigas.)

Voltando ao assunto.

Essa é exatamente a raiz da dificuldade dos empreendedores em seguir adiante com sua grande ideia. Ela não se encaixa em um nicho único. Ela não é específica o suficiente. Você não está participando da conversa que existe na mente de seu cliente em potencial. Qual é a solução?

Passo 1. Identifique sua grande ideia.

Passo 2. Encontre um nicho.

Passo 3. Encontre um nicho mais específico.

Passo 4. Continue tornando a ideia mais específica até doer.

Quando você sabe que está doendo? A dor ocorre quando você sente que seu público-alvo será pequeno demais e isso o deixa nervoso. É aí que você encontrou um nicho que será capaz de dominar. É nesse nicho que poderá acabar com a concorrência, porque ela não existe nele.

Agora a sua ideia pode ganhar tração e servir seus clientes melhor do que qualquer outra.

Quando chegar nesse ponto, você já ganhou.

Lembre-se: dentro de toda grande ideia existe um nicho sendo ignorado. Dentro de toda grande ideia, existe um espaço implorando para ser preenchido. Seu trabalho é identificar esse espaço e servir essas pessoas.

A essa altura, normalmente escuto as palavras: "Mas, John, como vou conquistar a realização e a liberdade financeiras com um nicho tão pequeno?"

Dizendo de forma simples, talvez você não conquiste, e tudo bem. O objetivo de entrar em nichos até doer e preencher um vazio do mercado é alcançar aquilo que a maioria dos empreendedores e donos de pequenos negócios nunca alcança: *proof of concept*.

Ao obter a proof of concept (também conhecida como prova de conceito), você ganhará confiança na sua missão. Ao ganhar confiança na sua missão, ganhará também tração com seu público. Por fim, ao ganhar tração com ele, construirá uma relação de confiança, identificará um problema e criará a melhor solução.

Mas estamos nos adiantando.

Quero que você imagine uma pedra no topo de uma colina. Ela esteve lá por milhares de anos.

Nosso trabalho, como empreendedores, é empurrar essa pedra colina abaixo. Mas a pedra está presa, imóvel. Não importa o quanto empurremos, ela não se move um centímetro sequer. Você tenta de tudo, mas só consegue ficar com as costas tensas e uma veia saliente na testa.

É então que você se recorda que está no trajeto comum ao sucesso incomum. Juntos, descobriremos exatamente onde aplicar a pressão para fazer aquela pedra alcançar o ponto de virada. Ao chegarmos nesse ponto, a gravidade toma conta do resto e você só precisa se segurar! Estamos prestes a embarcar em um passeio e tanto, e será um passeio muitíssimo emocionante!

Recapitulando:

1. Identifique sua grande ideia.
2. Descubra um nicho ignorado.
3. Continue tornando a ideia mais específica até doer.
4. Torne-se a melhor (e possivelmente única) opção.
5. Consiga uma proof of concept, confiança e tração.
6. Descubra onde aplicar a pressão, alcance o ponto de virada e segure-se!

Descobrindo Meu Nicho

A lâmpada sobre minha cabeça se acendeu.

Eu estava experimentando o meu momento *a-ha*.

Minha grande ideia era criar um podcast que entrevistasse os empreendedores mais bem-sucedidos e inspiradores do mundo. Esses empreendedores compartilhariam seus fracassos, seus momentos *a-ha* e as melhores estratégias para ajudar meus ouvintes a inflamar suas jornadas empreendedoras.

Eu dei um salto e bati na mão do meu gêmeo invisível. Estava pronto para correr até minha casa e começar imediatamente. Então percebi a falha do meu plano: eu nunca havia produzido um podcast antes e não sabia nada sobre criar um.

Eu tinha alguma experiência em entrevistar as pessoas e facilitar conversas, mas sabia que não seria um bom apresentador de podcast desde o começo. Para meu programa se tornar um sucesso, precisaria de uma vantagem, um diferencial. Eu precisava que meu programa tivesse algo especial e único para que se afastasse do resto e chamasse atenção. *Eu precisava de um nicho.*

Comecei a pensar sobre os podcasts que me inspiravam. O que eles tinham em comum? O que eu gostava neles? O que não gostava? O que eu estava deixando passar? Fiz uma lista das coisas que me agradavam:

- Boa qualidade de áudio.
- Um apresentador que faz boas perguntas sem falar demais.
- Convidados bem-sucedidos e inspiradores.
- Histórias de sucessos e fracassos como foco das entrevistas.
- Discussão de estratégias específicas de negócio.
- Um novo episódio lançado com frequência.
- Apresentadores que fazem um bom trabalho em resumir os principais pontos discutidos pelos convidados.
- Apresentadores com questões esclarecedoras quando a mensagem não era clara.
- Entrevistas com duração entre vinte e trinta minutos, focadas em histórias e estratégias de negócios.

Fiz uma lista das coisas que me desagradavam:

- Má qualidade de áudio.
- Apresentadores que divagam e interrompem frequentemente os convidados.
- Apresentadores que repetem histórias sobre eles mesmos, histórias estas que os ouvintes já escutaram diversas vezes.
- Convidados que não compartilham histórias ou experiências específicas, apenas ideias vagas de sucesso e motivação.
- Apresentadores que lançam novos episódios de maneira esporádica.
- Apresentadores que nunca fazem perguntas esclarecedoras ou nem sequer parecem entender o que é dito pelo convidado.

- Entrevistas com duração de 45 a 75 minutos, embora com menos de 20 minutos de valor.

Agora que havia montado minha lista de prós e contras, criei uma nova lista daquilo que eu acreditava compor um ótimo programa.

- Comprar um equipamento de áudio de ponta, garantindo a boa qualidade do áudio dos meus convidados.
- Buscar entrevistar empreendedores bem-sucedidos e inspiradores.
- Sempre lembrar que meus convidados são o foco das entrevistas.
- Garantir que meus convidados estejam preparados, com histórias e estratégias de seus sucessos e fracassos passados.
- Como apresentador, resumir as principais lições dessas histórias.
- Sempre fazer perguntas buscando esclarecer dúvidas, garantindo a clareza da mensagem de meus convidados.
- Lançar o podcast de maneira frequente e consistente.
- Manter o tempo de cada entrevista entre 15 e 25 minutos, mas cheios de valor.

Ao terminar, dei um passo para trás e observei minha criação. Meu coração batia depressa conforme eu percebia que havia criado algo especial. Ao mesmo tempo, sabia que faltava alguma coisa. Eu poderia criar esse exato podcast e mesmo assim fracassar.

Como? Já haviam podcasts que cumpriam cada um desses requisitos. Além disso, os apresentadores tinham experiência, audiência e impulso.

Eu não tinha nada disso.

Então como conseguiria esse impulso ilusório? Como ganhar uma tração inicial e ter a minha proof of concept? Eu precisava *me encaixar em novos nichos até doer*.

Precisava encontrar um vazio não preenchido no mercado dos podcasts. Precisava encontrar um nicho que poderia dominar desde o começo, não por ser melhor que a competição, mas por falta de competição. Então fiz a pergunta: "O que está faltando?"

Olhei para a minha lista e tentei identificar uma oportunidade. Uma frase em especial chamou minha atenção. *Um novo episódio lançado com frequência.*

Boom. Era isso!

Estudei o calendário de lançamentos dos meus podcasts favoritos. *Com frequência*, no mundo dos podcasts, significava semanalmente. Isso significava que sempre que escutasse um episódio, precisaria aguardar seis dias para o próximo. Lembro de me sentir frustrado e decepcionado por precisar esperar tanto tempo pelo próximo programa.

E se meu nicho fosse fazer o *dobro* de episódios dos outros podcasts? Duas vezes por semana!

Imediatamente percebi que ainda não era específico o suficiente.

Três? Não, ainda não estava doendo.

Sete dias por semana? *Ai*. Essa doeu. E doeu porque eu tinha consciência da quantidade de trabalho de um programa diário, mas também porque me perguntava se outras pessoas também ouviriam um programa diariamente.

Após uma rápida pesquisa, descobri que *nenhum* programa publicava sete dias por semana no mundo dos negócios. Percebi então que, no dia em que o lançasse, ele seria o *melhor* programa diário de entrevista com os empreendedores mais inspiradores do mundo. Seria também o *pior*, porque seria o *único*.

Isso era empolgante!

Outro pensamento me ocorreu: se eu quisesse que meu podcast fosse bom, então eu teria que ser bom. Como me tornaria bom nisso lançando só uma vez por semana? Apenas 52 vezes por ano? Eu me tornaria um bom apresentador de podcast arregaçando as mangas e trabalhando repetidamente.

Ensaboar, enxaguar e repetir.

Um programa diário significava que precisaria arregaçar as mangas *todos os dias*. Sete entrevistas por semana, trinta por mês, 365 por ano!

Além disso, faria um networking em uma velocidade incrível. Ter a chance de falar com trinta empreendedores bem-sucedidos todo mês era um sonho. Construir relacionamentos e talvez até amizades com essas celebridades não tem preço.

Vamos nessa.

Por último, percebi que, quanto maior a barreira, menor a competição. Um podcast diário entrevistando os empreendedores mais bem-sucedidos do mundo era uma barreira tão difícil de penetrar que minha competição seria inexistente. Essa era uma corrida que eu poderia ganhar!

Estava pronto para agir. Já sabia qual era o podcast que eu desejava que existisse. Olhei no espelho e fiz a seguinte promessa: *Vou criar o primeiro podcast diário entrevistando os empreendedores mais inspiradores do mundo.*

Estava pronto para meu próximo passo no trajeto comum ao sucesso incomum.

Um Empreendedor no Trajeto de Fogo ao Sucesso Incomum

SELENA SOO: DESCOBRIR SEU NICHO

Escolha o nicho que te agrada, no qual você possa se sobressair e ter uma chance de se tornar um líder reconhecido
—RICHARD KOCH

SELENA SOO estava passando pela crise dos 25 anos. Ela vivia na cidade de Nova York em um belo apartamento, com um namorado mais belo ainda e aquilo que ela pensava ser seu trabalho dos sonhos em uma ONG voltada para mulheres. Apesar de aparentemente ter conquistado tudo que desejava, Selena estava deprimida.

Como isso era possível? Se ela não estava feliz agora, como algum dia alcançaria a felicidade? Era hora de mudar, mas mudar o quê?

Desesperada, Selena participou de um grupo de coaching para mulheres. Nesse período, ela conheceu autores e líderes de movimentos que ajudavam as pessoas a viverem suas melhores vidas. Ela se lembra de pensar: "Quero que todos conheçam essas pessoas."

Selena percebeu que, quando as pessoas buscam uma verdadeira transformação — seja encontrar seu propósito na vida, seja começar o negócio dos sonhos, seja curar sua saúde ou relacionamentos —, não estão apenas atrás de informação, mas também de inspiração. Ela queria ajudar mais pessoas a transformarem suas vidas ao aprender com esses modelos incríveis.

Selena sempre foi uma estrategista de marketing e construtora de marcas por natureza, além de sempre ter lidado bem com outras pessoas. Ao combinar todos os seus três superpoderes, Selena alcançou um nicho no mercado que não estava sendo atendido. Com isso, ela começou a trabalhar.

Selena *amava* ligar os pontos. Quando ela conseguia reunir duas pessoas e criar uma oportunidade do nada, sua alma ardia em chamas. Para conseguir uma tração inicial e sua proof of concept, Selena atendeu seus primeiros clientes de graça.

A estratégia funcionou. Quando se deu conta, os clientes estavam fornecendo depoimentos incríveis e recomendando-a para outros que precisavam de seus serviços.

A depressão de Selena desapareceu, uma vez que acordava todos os dias com um propósito renovado. Agora estava ajudando a espalhar as histórias de pessoas inspiradoras e distribuindo esperança para aqueles que mais necessitavam. Selena mergulhou de cabeça em seu nicho e, desde então, construiu um negócio com um rendimento de sete dígitos capaz de ajudar especialistas, coaches e autores a se tornarem líderes respeitados em seus setores.

O conselho de Selena sobre descobrir seu nicho é o seguinte: *O que você ama tanto fazer que faria de graça?* Ao identificar essa atividade, vá para o mercado de trabalho e prove o seu valor. Consiga grandes resultados para as pessoas de graça. Transforme seus clientes em fãs fanáticos e verdadeiras máquinas de recomendações.

Particularmente, eu amo a forma como Selena combinou seus três superpoderes em um nicho único e ignorado. Sozinho, cada superpoder estava disponível no mercado, com muita concorrência. No entanto, ao combinar suas habilidades como estrategista de mercado, construtora de marca e seu talento em lidar com pessoas em uma oferta única, Selena se tornou a líder reconhecida dentro do seu nicho. E o resto é história, ou, nesse caso, a *história dela*.

Obrigado, Selena Soo.

Você pode saber mais sobre a Selena em SelenaSoo.com [conteúdo em inglês].

Confira o seu curso gratuito de acompanhamento para um apoio extra com *O Trajeto Comum ao Sucesso Incomum:* EOFire.com/success-course [conteúdo em inglês].

CAPÍTULO 3

Crie Seu Avatar

Nem todo mundo é seu cliente.
—SETH GODIN

PRINCÍPIO #3: O seu avatar é a estrela que o guiará ao longo do caminho.

Você já identificou sua grande ideia e descobriu seu nicho. Agora é hora do próximo passo no seu trajeto comum ao sucesso incomum: criar o seu avatar.

O que é o seu avatar? O avatar é um indivíduo. Ele é o seu cliente perfeito, o modelo de cliente, o consumidor ideal do seu conteúdo, produto, serviço e oferta.

Esse é um passo incrivelmente importante no trajeto comum ao sucesso incomum, ao mesmo tempo que é um dos mais ignorados. Quando você conhece seu avatar com clareza, é capaz de operar seu negócio com confiança e velocidade.

Permita-me explicar.

Como disse Seth Godin na citação anterior, nem todo mundo é seu cliente. Ainda assim, ao perguntar para a maioria dos empreendedores qual é seu avatar, a resposta acaba dizendo *todo mundo* de formas diferentes. E eles fracassarão.

Todo mundo não é seu cliente. Na verdade, a *maioria* das pessoas não é seu cliente. Existem bilhões de pessoas neste mundo e 99% dos humanos nunca saberão da sua existência, muito menos consumirão seu conteúdo, nem serão impactados por sua mensagem.

E não há nenhum problema nisso.

Na verdade, isso é ótimo. Você não precisa de bilhões de clientes. O Podcasters' Paradise, minha comunidade de podcasting de elite, é uma das comunidades online mais bem-sucedidas do mundo e só seis mil pessoas ingressaram em mais de oito anos! Isso é menos do que mil pessoas por ano, e mesmo assim conseguimos um valor superior a US$5 milhões em receita *apenas* com ele.

Como? Conhecemos o nosso avatar de cor e salteado. Tudo que fazemos na área de podcasts é criado pensando em nosso consumidor ideal. É nosso único foco e, como resultado disso, o Podcasters' Paradise continua a prosperar, ano após ano.

Então como você pode construir seu avatar? Sente-se, tenha uma caneta em mãos, e responda às perguntas a seguir. Lembre-se: você está criando *um* cliente perfeito para seu conteúdo. Uma única pessoa.

1. Qual é a idade do seu avatar?
2. Homem ou mulher?
3. Casado?
4. Filhos?
5. Emprego? Se sim, qual?
6. Ele faz um trajeto até o trabalho? Se sim, qual a sua duração?
7. Ele gosta do emprego atual?
8. Quais são suas paixões?
9. Quais são seus passatempos?
10. O que ele faz no tempo livre?
11. Do que ele não gosta?

12. Quais são as habilidades que ele adquiriu ao longo dos anos?
13. Que valor ele pode trazer ao mundo?
14. Quais os objetivos, ambições, esperanças e sonhos da vida dele?
15. Como é um dia perfeito em sua vida?
16. Que tipo de conteúdo ele consome? Com que frequência?
17. Qual é a maior dificuldade da vida dele atualmente?
18. Qual é a solução que ele está buscando?

Após responder a essas perguntas, é hora de escrever uma breve biografia do seu avatar. Use sua imaginação e divirta-se!

Quando terminar, você terá uma compreensão clara de quem é o seu avatar. Você deve conhecer essa pessoa melhor do que alguns de seus melhores amigos.

Tudo certo! Seu avatar foi criado, parabéns! Você completou um passo importante do seu trajeto comum ao sucesso incomum, passo esse que será sua estrela-guia pelo resto da jornada.

Como empreendedores, enfrentaremos milhares de decisões. Cada decisão é uma encruzilhada no meio do caminho. Devo ir para a esquerda ou para a direita? Aqueles que não criaram seus avatares gastam tempo, energia, esforços mentais e dinheiro tentando tomar essas decisões. A pior parte? Geralmente essas pessoas escolhem o caminho errado.

Por quê? Porque a única escolha certa é aquela que for a melhor para o seu avatar.

Permita que o seu cliente perfeito seja seu guia em cada uma dessas encruzilhadas. A partir de agora, você será acompanhado pelo seu avatar em cada passo dado no trajeto comum ao sucesso incomum. Sem o seu avatar, você estará apenas tropeçando no escuro.

A Criação do Meu Avatar, Jimmy

Era um dia de julho de 2012. Eu estava na fase de pré-lançamento do *Entrepreneurs on Fire* e as coisas estavam indo mais devagar do que eu esperava. Estava sofrendo com cada uma das decisões. Elas não só me tomavam tempo, mas também eram desgastantes mental e fisicamente.

Em uma das minhas mentorias com Cliff Ravenscraft, reclamei sobre como as decisões eram mentalmente desgastantes. A resposta dele mudou tudo: *Qual seria o desejo do seu ouvinte perfeito?*

Gaguejei e tropecei nas palavras durante alguns momentos, mas estava claro que eu não fazia ideia da resposta porque ainda não havia criado meu ouvinte perfeito. Então uma lâmpada se acendeu em meu cérebro minúsculo: se eu soubesse quem é meu ouvinte perfeito, todas as decisões com as quais estava me desgastando seriam simplificadas.

Sempre que me deparasse com uma dessas encruzilhadas no meio do caminho, eu olharia para o meu ouvinte perfeito em busca da resposta e escolheria o melhor caminho para ele! Quando saí da chamada com Cliff, eu me sentei para criar o avatar — o ouvinte perfeito do *Entrepreneurs on Fire*.

Quando comecei a escrever, não consegui parar. Sabia exatamente quem era o meu ouvinte perfeito, só precisava ajeitar os detalhes e manter os interesses dele como prioridade de todas as minhas decisões. Até hoje, não sei de onde surgiu o nome, mas no cabeçalho do papel eu escrevi a palavra *Jimmy*.

Palavras surgiam da minha caneta como que por mágica, e meu ouvinte perfeito se formava diante dos meus olhos. Quando finalmente parei para respirar, mais de oitocentas palavras me encaravam. Enquanto as lia, sabia que meu ouvinte perfeito agora participava da minha jornada empreendedora e que eu nunca mais precisaria agonizar ao tomar uma decisão.

Não compartilharei todas as oitocentas palavras, mas vou trazer alguns destaques para mostrar a profundidade e riqueza que dei ao meu avatar, que desde então tem sido a estrela-guia do *Entrepreneurs on Fire*.

Jimmy tem quarenta anos. Ele tem uma esposa e dois filhos, com três e cinco anos de idade, respectivamente. Jimmy dirige sozinho até o trabalho todos os dias; uma viagem de 25 minutos. Quando ele chega ao trabalho, pega um café, cumprimenta alguns amigos no caminho para seu cubículo e passa as próximas oito horas em um trabalho que não gosta. Quando seu dia de trabalho chega ao fim, Jimmy entra no carro e faz uma viagem de 35 minutos até sua casa (ele fica preso em um pequeno engarrafamento de fim de tarde). Ao chegar em casa, Jimmy brinca um pouco com as crianças, janta com sua família, leva seus filhos para a cama e passa algum tempo conversando sobre o dia com sua esposa. Então, fica sozinho no sofá, sentindo pena de si mesmo.

Por que ele gasta 90% do seu tempo útil fazendo coisas que não gosta, dirigindo para ir e voltar do trabalho, ficando sentado em um cubículo de um emprego que o desagrada? Por que ele só passa 10% desse tempo fazendo as coisas que ama, como passar mais tempo com suas crianças, sua esposa, sua família? Jimmy precisa ouvir *Entrepreneurs on Fire* todos os dias ao ir para o trabalho a fim de ouvir meus convidados compartilhando seus piores momentos empreendedores e o que conseguiram aprender com eles. Assim, Jimmy pode começar a entender que está tudo bem em fracassar, desde que aprendamos com nossos fracassos. Então, ao voltar do trabalho para casa, ele precisa ouvir *Entrepreneurs on Fire* para escutar meus convidados compartilharem seus momentos *a-ha*, começando a entender como essas ótimas ideias são formadas e como transformá-las em sucesso. Por último, enquanto Jimmy está no sofá ao final do dia, em vez de sentir pena de si mesmo, ele precisa ouvir meus convidados oferecendo dicas de grande valor durante a rodada relâmpago, na qual devem compartilhar seus livros favoritos, ativos favoritos, táticas de sucesso, entre outros. Ao aprender com empreendedores bem-sucedidos e inspiradores, Jimmy se armará com o conhecimento e a coragem necessários para dar o seu salto empreendedor e conquistar uma vida de realização e liberdade financeira.

Jimmy é o ouvinte perfeito do *Entrepreneurs on Fire*. Sempre que me deparo com uma encruzilhada, eu sei, de maneira rápida e confiável, qual direção escolher. Os dias de gastar meu próprio tempo, energia e recursos mentais com cada decisão se foram. Agora eu simplesmente me pergunto "OQAJ?" O que agradaria Jimmy? Eu faço essa pergunta e o meu ouvinte perfeito me concede a resposta.

Qual deveria ser a duração desse programa? Não mais do que 25 minutos, porque esse é o tempo que Jimmy leva para chegar ao trabalho.

Com que frequência os episódios devem ser lançados? Diariamente, porque Jimmy vai ao trabalho todos os dias e à academia nos fins de semana. Portanto, ele precisa de inspiração sete dias por semana.

Quais perguntas eu deveria fazer? As perguntas para as quais Jimmy quer a resposta!

Entrepreneurs on Fire foi criado para qualquer um que queira se inspirar com empreendedores bem-sucedidos, mas foi construído especificamente para uma única pessoa, Jimmy.

Por que as pessoas resistem em ser tão específicas na construção do avatar? Elas acreditam que, criando algo com o qual todo mundo se identifique, seu público crescerá mais rápido, alcançando maiores níveis de sucesso. Essa crença levará você direto para o fracasso. Sem o avatar, não terá uma estrela-guia. Você se afogará nos detalhes da angústia e do desgaste mental.

> Quando você tenta se identificar com todo mundo,
> ninguém se identifica com você.
> —JOHN LEE DUMAS

Enquanto escrevo essas palavras, o *Entrepreneurs on Fire* consegue mais de 1 milhão de ouvintes todos os meses.

Todos os ouvintes do podcast são um adulto de quarenta anos com uma esposa e dois filhos de três e cinco anos? Claro que não. Tenho ouvintes com menos de dez anos e com mais de noventa e ambos extraem valor de cada um dos episódios. No entanto, todas as minhas decisões são realizadas com Jimmy ao meu lado, e essa clareza manteve *Entrepreneurs on Fire* no topo por muito mais de 2.500 episódios.

Entrepreneurs on Fire evoluiu ao longo dos anos, assim como Jimmy. O seu avatar também evoluirá, mas até você se sentar e começar a construir sua própria versão de Jimmy, estará perdendo um importante ingrediente do trajeto comum ao sucesso incomum.

Jimmy, obrigado por sua orientação ao longo de todos esses anos. Eu não teria conseguido sem você.

Um Empreendedor no Trajeto de Fogo ao Sucesso Incomum

JON MORROW: CRIAR SEU AVATAR

> Não vá atrás das pessoas. Seja você mesmo, faça sua parte e trabalhe duro. As pessoas certas — aquelas que realmente devem estar em sua vida — vão chegar e ficar. —WILL SMITH

JON APRENDEU muito sobre avatares ao longo dos anos, em grande parte por meio de tentativa e erro. Quando ele lançou o seu negócio, abandonou todo o conceito do avatar e, como ele mesmo diz, "não consigo nem contar quanto dinheiro perdi em decorrência disso". Somente ao conduzir uma pesquisa formal e criar produtos específicos para o seu avatar ideal é que Jon alcançou o sucesso.

Atualmente, ele serve milhares de clientes e gera milhões de dólares em receita no site SmartBlogger.com [conteúdo em inglês]. Tudo isso começou ao entender os seus três avatares.

1. Alguém tentando construir uma renda passiva ao construir um site de nicho, criando cursos e gerando renda de afiliados.
2. Alguém em busca de se tornar um influenciador, uma autoridade, um líder reconhecido dentro do seu nicho.
3. Alguém tentando ganhar dinheiro com a escrita.

Jon acredita que o seu avatar se definirá pelas ações tomadas por ele e pelo objetivo que deseja alcançar.

> Suas ações falam tão alto que não consigo
> ouvir o que está dizendo. —RALPH WALDO EMERSON

Jon tem um problema com a pergunta "Qual a maior dificuldade do seu avatar?" Para responder de maneira adequada, o público precisa ter feito algo que gere uma dificuldade. Segundo a pesquisa de Jon, 80% de qualquer segmento de clientes deseja fazer algo, mas ainda não deu o primeiro passo.

Questões mais úteis incluem:

1. Em que o avatar está trabalhando agora?
2. O que ele está fazendo com o próprio tempo?
3. Quais produtos ele comprou para facilitar a execução de sua tarefa?

Caso o avatar não tenha comprado nenhum produto, então não está levando a situação a sério e, portanto, Jon o considera um avatar inválido. Por quê? Jon descobriu que não é lucrativo tentar convencer as pessoas a gastarem seu primeiro dólar. Em vez disso, ele direciona o foco às pessoas que estão gastando dinheiro e tempo de forma ativa para alcançar um objetivo.

Após reunir as respostas para essas perguntas na forma de questionários enviados aos clientes, Jon passa às entrevistas individuais. A sua equipe fala diretamente com no mínimo dez pessoas dentro do seu segmento do cliente ideal. Cada conversa é gravada e traduzida para que possam estudar os resultados de maneira aprofundada.

As perguntas feitas durante a entrevista são:

- Como é o seu dia a dia?
- Em que ponto da sua jornada você se encontra agora?
- Como se sente sobre isso?
- Como sua família se sente sobre isso?
- Em que direção você está seguindo?
- Por que comprou esse produto?
- O que desejava conseguir com ele?
- Se você tirasse uma foto de antes e depois, como a foto de depois seria? Estaria viajando pelo mundo em um iate ou trabalhando em casa de pijama?

O objetivo com esse processo é aprender o máximo possível sobre o avatar. Em quem ele está prestando atenção e de quem está comprando se não com você? A ideia é trazer essa atenção para o seu negócio.

A definição de vitória de Jon é *capturar mais atenção do seu avatar e gastá-la no objetivo dele*. Jon descobriu que seu avatar começou simplesmente com um interesse em algo e esse interesse se tornou cada vez mais sofisticado com o tempo.

Aqui está um exemplo do terceiro avatar de Jon, *alguém tentando conseguir um dinheiro com a escrita*: ao longo do tempo, ele descobriu que leva jeito para escrever. Esse avatar escuta o termo *escritor freelancer*. Ele começa a imaginar se consegue fazer dinheiro como escritor freelancer. Faz uma pequena pesquisa online e começa a escrever para revistas e sites. Com o tempo, aprende sobre marketing de conteúdo, e-mail marketing e copywriting. O avatar consegue o primeiro cliente e se torna um freelancer de meio período e, às vezes, um freelancer em período integral.

Jon descobriu que, no cenário descrito, a pessoa mais valiosa está no final dessa jornada, mas também é o menor público e o mais difícil de alcançar. A audiência no começo é muito maior e, portanto, representa o maior pool de receita em potencial.

De acordo com as palavras de Jon: "O objetivo definitivo do avatar é fazê-lo compreender o fluxo do dinheiro e a atenção. Ao melhorar essa habilidade, mais dinheiro conseguirá e mais desafiador se tornará para sua concorrência."

Obrigado, Jon Morrow.

Você pode saber mais sobre Jon em SmartBlogger.com [conteúdo em inglês].

Confira o seu curso gratuito de acompanhamento para um apoio extra com *O Trajeto Comum ao Sucesso Incomum*: EOFire.com/success-course [conteúdo em inglês].

CAPÍTULO 4

Escolha Sua Plataforma

Quando escuto alguém suspirar e dizer "A vida é difícil", sempre sinto-me tentado a perguntar: "Em comparação com o quê?"
—SYDNEY HARRIS

PRINCÍPIO #4: Sua plataforma é como você compartilhará sua mensagem com o mundo.

Eu entendo. A vida pode ser desafiadora. Alcançar o sucesso incomum é difícil. Mas nós podemos *escolher nossa dificuldade*.

É difícil não ter sucesso. É difícil viver de salário em salário, apenas ganhando o suficiente para sobreviver. É difícil se estressar por causa de dinheiro o tempo todo. É difícil não ser capaz de apoiar sua família, amigos e entes queridos.

É hora de escolher sua dificuldade.

Sim, o trajeto comum ao sucesso incomum é difícil. Mas, considerando a oportunidade, que tipo de dificuldade você escolherá? Quer saber a boa notícia? A escolha é sua. E a melhor notícia: você acaba de escolher o trajeto comum ao sucesso incomum.

O próximo passo da sua jornada é escolher uma plataforma. Você tem a sua grande ideia, escolheu o seu nicho e criou o seu avatar, agora é hora de decidir qual plataforma será o principal veículo para seu conteúdo.

Existem três principais plataformas para escolher: escrita, áudio e vídeo.

Plataforma Escrita

Essa plataforma existe há muito tempo. Mesmo antes da primeira máquina de impressão ser inventada (aproximadamente em 1440 no Ocidente e antes disso na Ásia), palavras escritas eram usadas para compartilhar pensamentos, opiniões e conhecimento. Ao longo das últimas centenas de anos, o jornal se tornou uma importante fonte de informação. Na década de 1990 e 2000, o blog se tornou um formato popular no qual as pessoas poderiam compartilhar seus pensamentos, opiniões e conhecimentos sem precisar passar pelos "porteiros" dos modelos tradicionais.

Aqueles que identificaram sua grande ideia, escolheram o nicho e criaram conteúdo para o seu avatar conseguiram aumentar consideravelmente sua audiência. Blogs geralmente são armazenados em um site, e muitos alcançaram o sucesso ao usar plataformas como o Medium e o Reddit, ou utilizando as opções de publicação disponíveis em plataformas de redes sociais, como o Facebook, o LinkedIn e o Instagram.

O conteúdo escrito tem suas vantagens:

- Ele é facilmente compartilhado.
- Muitas pessoas preferem o conteúdo escrito do que outras plataformas.
- Escrever é menos estressante e consome menos tempo do que a produção de áudio ou vídeo.
- É muito mais fácil editar um conteúdo escrito do que um conteúdo em áudio ou vídeo.

O conteúdo escrito também tem suas desvantagens:

- Um conteúdo escrito é difícil de transformar em outras formas de conteúdo.
- Muitas pessoas não gostam de ler.

- O conteúdo escrito possui uma baixa barreira de entrada, o que significa que qualquer um pode produzi-lo, resultando em uma plataforma muito saturada.

Embora escrever não seja minha plataforma principal, eu produzo conteúdo escrito para minha newsletter, publicações de blog e mídias sociais e acredito que seja uma adição valiosa e adequada à minha plataforma principal.

Plataforma de Áudio

Construí meu império midiático em cima de conteúdos em áudio. Podcasts, rádios e audiobooks são as principais formas pelas quais as pessoas consomem esse tipo de conteúdo. Em 2012, escolhi o podcast como minha plataforma principal porque eu era um ávido consumidor de podcasts.

Eu entendia o meio, amava a gratuidade do podcast, o fato de ele ser sob demanda e ter conteúdo direcionado. Eu poderia escolher um assunto específico, ouvir quando fosse conveniente e não pagar um centavo por ele. Como não amar?

Além disso, eu amava como o podcast poderia ser consumido enquanto fazia outras atividades. Dirigindo, passeando com meu cachorro, na academia, lavando a louça etc. O podcast transforma tarefas mundanas em oportunidades de me entreter e aprimorar meu conhecimento. Comecei a chamar minha viagem ao trabalho de "universidade automobilística" e deixei de sofrer em engarrafamentos. Quando se tratou de escolher minha plataforma, fui com tudo no áudio.

Podcasting tem suas vantagens:

- As pessoas podem ouvir enquanto fazem outras coisas, o que é uma ótima forma de multitarefa.
- É gratuito.
- É sob demanda. Você pode ouvir quando quiser.

- É direcionado. Existem centenas de categorias e subcategorias de podcasts. Você pode encontrar um podcast com foco no exato assunto do seu interesse.
- É íntimo. Os humanos são atraídos pela voz.

O podcasting também tem desvantagens:

- Às vezes, as pessoas desejam ou precisam de uma representação visual.
- Algumas pessoas simplesmente não gostam de ouvir conteúdo em áudio.
- Possui uma barreira média de entrada, o que resulta em muitos podcasts e um mercado saturado.

Plataforma de Vídeo

Humanos foram projetados para serem visuais. Seguimos pela vida percebendo e reagindo ao mundo ao nosso redor. De muitas formas, o vídeo é a plataforma perfeita, permitindo incorporar tanto a plataforma de áudio quanto a escrita na sua produção de conteúdo. O único lado negativo do vídeo é que requer o seu foco, dificultando qualquer forma de multitarefa.

As vantagens são numerosas. O vídeo permite que você crie o conteúdo e o distribua em todas as plataformas disponíveis. Digamos que você crie um vídeo de quinze minutos sobre os benefícios do jejum intermitente. Você pode pegar esse vídeo e publicá-lo no YouTube e Facebook, IGTV, LinkedIn e muitas outras plataformas de vídeo existentes.

Em seguida, pode cortar um videoclipe de um minuto do vídeo e publicá-lo no feed e story do seu Instagram, Snapchat e muitas outras plataformas de vídeo que existem para vídeos mais curtos, com uma chamada para assistir ao vídeo completo.

Então, você pode separar o áudio do vídeo e criar um episódio de podcast. Também pode criar uma transcrição do vídeo e usá-la como uma publicação escrita. Esse é o modo definitivo de levar seu conteúdo para diferentes plataformas e permitir que seu público consuma seu conteúdo da maneira que achar melhor.

Como pode ver, o vídeo tem muitas possibilidades. Com tanta flexibilidade, você deve estar se perguntando por que escolhi criar um podcast apenas com áudio. Compartilharei minha linha de raciocínio mais tarde, neste mesmo capítulo.

A plataforma de vídeo tem suas vantagens:

- Humanos são criaturas visuais por natureza e amam o estímulo visual proporcionado pelo vídeo.
- É (geralmente) gratuito.
- É sob demanda, o que significa que seu público pode pausar o vídeo e retomá-lo onde foi interrompido no momento que achar melhor.
- É direcionado. Você pode assistir a vídeos sobre o assunto que for do seu interesse.
- É facilmente compartilhado.
- Possui grande capacidade de adaptação para outras plataformas.

E aqui estão as desvantagens do vídeo:

- Existe uma grande preparação na criação de um vídeo de alta qualidade: iluminação, câmera, vestuário etc.
- A criação de vídeos profissionais é cara.
- A criação de vídeos profissionais consome muito tempo.
- As pessoas não podem adotar a multitarefa de maneira adequada ao assistir a vídeos.
- Possui uma barreira média de entrada (qualquer pessoa com um smartphone), então muitas pessoas podem criar vídeos, resultando em uma plataforma saturada.

Sua Plataforma

No capítulo anterior, você criou seu avatar. Ao escolher sua plataforma, deve pensar naquela que seu avatar deseja. O trajeto comum ao sucesso incomum é uma jornada difícil, mas o caminho é claro. Escolha uma plataforma, dedique-se a ela e produza o melhor conteúdo possível.

Você consegue!

O Nascimento do *Entrepreneurs on Fire*

Quando se tratou de escolher a plataforma em que eu focaria, a pergunta era óbvia: O que agradaria Jimmy? Ele gostaria de ouvir os empreendedores mais inspiradores do mundo compartilhando suas histórias. Ele consumiria essas histórias ao dirigir, na academia e ao passear com seu cachorro, Gus.

Assistir a vídeos ou ler publicações de um blog não era possível durante esses momentos. Apenas uma plataforma poderia ser escolhida: podcasting.

Eu era um ávido ouvinte de podcasts. Eu me apaixonei pelo meio, compreendia o poder da voz e a incrível trindade do podcast: gratuito, sob demanda e com conteúdo direcionado.

Gratuito. As pessoas sempre amam coisas gratuitas e o podcast é uma forma sem custos de consumir um ótimo conteúdo.

Sob demanda. O podcast lhe dá a opção de ouvir quando quiser.

Direcionado. Você pode escolher *qual* podcast ouvir. O poder está em suas mãos.

Um podcast diário é um empreendimento assustador, mas eu sabia que precisava criar a solução buscada por Jimmy. Então decidi seguir um único caminho até o sucesso. O podcast era a plataforma necessária para meu avatar e decidi mergulhar de cabeça nele.

Um Empreendedor no Trajeto de Fogo ao Sucesso Incomum

LESLIE SAMUEL: ESCOLHER SUA PLATAFORMA

Simplificando, uma plataforma é onde você se coloca para ser escutado. É o seu palco. Mas, diferentemente de um teatro, a plataforma de hoje em dia não é de concreto, madeira ou empoleirada em um gramado. A plataforma de hoje é construída por pessoas. Contatos. Conexões. Seguidores.
—MICHAEL HYATT

O ANO ERA 2008. Leslie era um professor do ensino médio, de ciências e matemática. Ele estava trabalhando muitas horas e recebia muito pouco. Leslie tinha grandes objetivos, altas aspirações e a tenacidade para torná-los realidade, mas, com seu nível de renda atual, ele alcançaria a terceira idade antes de chegar no sucesso financeiro desejado. Era hora de melhorar.

Leslie começou a pesquisar na internet, buscando formas de conseguir um dinheiro extra. Após aprender sobre o marketing de afiliados (explico mais sobre isso no Capítulo 16), Leslie decidiu que esse era seu caminho. Aprendendo mais sobre o processo com sua pesquisa online, Leslie descobriu um fórum com foco em ofertas e estratégias de afiliados. Ele passou horas consumindo esse tipo de conteúdo e aplicando as estratégias. Foi quando tudo aconteceu. No dia 18 de janeiro de 2008, ele atualizou seu saldo de afiliado e um número diferente de zero apareceu. Na verdade, ele conseguiu seus primeiros setenta dólares.

EBA! Funcionou mesmo!

Não era muito, mas foi um começo, e mostrou a Leslie que conseguiria. Ele continuou passando muito tempo em fóruns e descobriu duas coisas: a primeira era que as mesmas perguntas eram feitas repetidamente; a segunda é que ele já sabia a resposta para a maioria delas.

Leslie trabalhou para se tornar uma pessoa de valor. Ele gastou algumas horas todos os dias respondendo às dúvidas das pessoas e guiando-as até a direção certa. Então algo engraçado aconteceu. Sua renda começou a subir. Muito.

As pessoas se sentiam tão gratas e correspondidas por Leslie tê-las oferecido um valor sem cobrar nada em troca que buscavam suas ofertas e compravam produtos e serviços usando os seus links.

Leslie apostou com tudo no seu trabalho no fórum. Ele passou a responder a cada vez mais perguntas e a fornecer cada vez mais valor conforme seu conhecimento e compreensão do marketing de afiliados aumentavam.

Então, Leslie se deparou com um e-book sobre blogging. Ele o leu todo, de uma vez só. Uma lâmpada se acendeu sobre sua cabeça. Lá estava Leslie, gastando muito tempo em fóruns, respondendo repetidamente às mesmas questões. Estava funcionando, mas, assim que deixava de ser tão ativo, sua receita começava a cair. O e-book o convenceu de que o blog seria a solução. Com um blog, Leslie poderia criar artigos detalhados e de alta qualidade que respondessem por completo às perguntas feitas pelas pessoas todos os dias nos fóruns.

Agora, em vez de inventar a roda todos os dias, poderia direcionar as pessoas ao seu blog, onde receberiam a melhor resposta para suas dúvidas e descobririam outros conteúdos criados por Leslie. Um benefício adicional surgiu assim que Leslie colocou seu plano em ação: o Google amava o seu blog e deixava seus artigos no topo da página quando as pessoas pesquisavam por informações sobre marketing de afiliados.

O tráfego de Leslie aumentou com apenas uma fração do trabalho anterior. Além disso, quando ficava alguns dias offline para recarregar as energias, sua receita não sofria uma queda. As pessoas continuavam encontrando seu blog e se cadastrando em suas ofertas.

Leslie adicionou uma newsletter ao seu blog e começou a alavancar outras plataformas, como podcast, YouTube e mídias sociais para alcançar uma audiência ainda maior. Sua chamada de ação para tudo era o seu blog. Era lá que estavam seus artigos de alta qualidade, cheios de links para seus produtos afiliados.

Ao longo do tempo, Leslie adicionou cursos, consultorias e coaching ao seu conjunto de serviços e rapidamente se tornou um líder reconhecido sobre como criar um blog de sucesso. Como o próprio Leslie diz: "Tudo começa com a criação de conteúdo para o meu blog, fornecendo valor ao meu público e auxiliando-o em sua jornada empreendedora."

Leslie escolheu uma plataforma e se tornou um líder reconhecido. Agora é hora de escolher a sua.

Obrigado, Leslie Samuel.

Você pode aprender mais sobre Leslie em IAmLeslieSamuel.com [conteúdo em inglês].

Confira o seu curso gratuito de acompanhamento para um apoio extra com *O Trajeto Comum ao Sucesso Incomum*: EOFire.com/success-course [conteúdo em inglês].

CAPÍTULO 5

Encontre Seu Mentor

*Um mentor é alguém que o permite ver
a esperança dentro de você mesmo.*
—OPRAH WINFREY

PRINCÍPIO #5: Seu mentor perfeito está agora onde você quer estar daqui a um ano.

Um mentor é um componente crítico do seu trajeto comum ao sucesso incomum. Infelizmente, a maioria das pessoas fracassa na procura por um mentor perfeito. O motivo? Não procurar nos lugares certos.

Se eu perguntasse a uma pessoa qualquer na rua quem é o seu mentor ideal, escutaria nomes como Richard Branson, Mark Cuban e Barbara Corcoran, entre muitos outros bilionários bem conhecidos.

Minha resposta seria: *Ah, então você quer abrir uma loja de discos?* (como Richard Branson conseguiu o seu primeiro milhão), *Ah, então você está querendo saber como criar um serviço de streaming de áudio do seu time do coração?* (como Mark Cuban conseguiu seu primeiro milhão) ou *Ah, então você quer criar um império imobiliário em Manhattan?* (como Barbara Corcoran conseguiu seu primeiro milhão). Como você pode imaginar, geralmente me respondem com olhares confusos.

Meu argumento é simples: seu mentor perfeito é um indivíduo que se encontra atualmente no lugar que você quer estar daqui a um ano.

Ninguém pode chegar na posição de Richard Branson, Mark Cuban e Barbara Corcoran em um ano. Esse nível de sucesso leva tempo.

Em 2012, queria me tornar um apresentador de podcast bem-sucedido. Busquei e contratei um mentor que havia se tornado um apresentador de podcast bem-sucedido no período de um ano (falo em detalhes sobre isso mais adiante).

Ao usar essa abordagem para encontrar um mentor, você estará aprendendo com alguém que completou recentemente a jornada na qual está embarcando. Isso garantirá que o conselho do mentor seja valioso e relevante. Ele conhecerá as vantagens e as armadilhas pelo caminho, saberá onde encontrar atalhos e quais atividades você deve ignorar. O mentor será capaz de conectá-lo com as pessoas certas dentro do seu setor e recomendar os eventos e conferências dos quais deve participar. O mentor correto fará com que você caminhe na direção certa ao mesmo tempo que garantirá a solidez de sua base profissional.

Então como alguém encontra um mentor perfeito? Primeiro, escreva exatamente onde você deseja estar daqui a um ano.

- O que você terá criado?
- Como será seu dia a dia?
- Quem estará atendendo?
- Quanta receita gerará por mês?
- Em quais projetos estará trabalhando?

Agora, com um claro entendimento de sua posição daqui a um ano, é hora de buscar seu mentor perfeito. Esse mentor está onde você quer chegar dentro desse período, então seu objetivo é criar uma lista de cinco indivíduos que preencham esse critério.

Você tem sua grande ideia, conhece o seu nicho e o seu avatar, escolheu sua plataforma, agora encontre as pessoas que estão arrasando nessas áreas. Ao montar sua lista, inscreva-se no conteúdo produzido por cada mentor — podcasts, blogs, vlogs, newsletters, mídias sociais etc.

Separe um tempo diário para consumir o conteúdo que cada mentor em potencial está criando em todos os seus canais. Escreva comentários, compartilhe seus conteúdos com os outros, envie-os mensagens amigáveis. Seu trabalho nos próximos dez dias é conhecer melhor cada um dos cinco mentores em potencial e fazê-los notar seu engajamento com o conteúdo deles. Ao consumir o conteúdo deles no período de dez dias, deixe sua intuição guiá-lo.

Você será atraído para um ou dois de seus mentores em potencial pelo conteúdo que criam e distribuem. Ao final dos dez dias, você deve ter uma lista clara de quem seriam seus mentores perfeitos em uma ordem de preferência. Todos os cinco provavelmente seriam bons mentores, mas você pode muito bem iniciar sua busca pelo mentor perfeito a partir do topo dessa lista.

Agora é hora de abordar o seu mentor número um. Você pode contatá-lo por e-mail, preenchendo o formulário de contato, enviando a ele uma mensagem direta por rede social ou qualquer método que descubra. Essa parte não é fácil, mas encare-a como um jogo. Divirta-se tentando fazer sua mensagem ser lida por seu mentor em potencial.

Aqui está um modelo de mensagem.

Oi, Stacey!

Meu nome é John e realmente admiro o sucesso que você alcançou. Tenho consumido TODO o seu conteúdo nas últimas semanas e realmente me identifico com ele. Especificamente, amei a entrevista que você fez há pouco tempo com o Dan. Ela abriu mesmo meus olhos para novas oportunidades!

O motivo de lhe enviar essa mensagem é que...

Meu objetivo é alcançar o nível de sucesso e liberdade de estilo de vida que você alcançou e estou disposto a trabalhar duro para isso.

Percebi que você realiza mentorias para outras pessoas, e estou pronto para investir meu tempo, energia e dinheiro no seu programa de mentoria, caso me aceite.

Meu objetivo é um dia me tornar sua maior história de sucesso, e espero que você me dê essa chance.

Aguardo ansiosamente por respostas suas em breve para que possamos começar essa jornada.

Ao sucesso e além!

—John

Por experiência própria em receber pedidos de mentoria de todos os jeitos, formas e modos possíveis ao longo do ano, prometo que a mensagem anterior vai chamar a atenção do seu mentor perfeito. Espero que ele se emocione com seu contato e a mentoria possa ter início! Se não der certo, vá até o próximo candidato até um deles responder a palavra mágica: *sim*. Ao encontrar seu mentor perfeito, confie no sistema dele e siga sua orientação.

Você consegue!

Minha História de Mentoria

Minha grande ideia era lançar um podcast entrevistando os empreendedores mais bem-sucedidos do mundo. O meu nicho era fazê-lo sete dias por semana. Já tinha meu avatar construído e o podcast como minha plataforma principal. Qual era o próximo passo? Encontrar e contratar o meu mentor perfeito! Primeiro, eu tinha algumas perguntas a fazer:

Daqui a um ano...

- **O que terei criado?** Um podcast entrevistando os empreendedores mais bem-sucedidos do mundo. O programa terá 365 episódios publicados, uma audiência cada vez maior e múltiplos fluxos de renda para apoiar meu negócio e minha vida.
- **O que farei no dia a dia?** Meu dia a dia será identificar e entrevistar convidados para o meu programa, interagir e fornecer valor ao meu público e administrar minha equipe. Também focarei a identificação de novas oportunidades para expandir o *Entrepreneurs on Fire*.

- **Quem atenderei?** Atenderei aqueles que buscam por um conteúdo capaz de ajudá-los a incendiar suas jornadas empreendedoras. O *Entrepreneurs on Fire* fornecerá as estratégias e as táticas das quais meus ouvintes precisam para criar uma vida de realização e liberdade financeira.
- **Quanta receita vou gerar por mês?** Vou gerar de 5 a 8 mil dólares mensalmente por meio de pelo menos três fluxos de renda.
- **Em quais projetos trabalharei?** Trabalharei em um programa de coaching em grupo que me permitirá compartilhar o conhecimento adquirido por mim ao longo do último ano com aqueles que estão apenas começando.

Após saber onde gostaria de estar dali a um ano, vasculhei a categoria de negócios no Apple Podcasts e fiz uma lista de vinte podcasts que pareciam o tipo de negócio que eu queria administrar dentro de um ano. Fui até os sites de cada um dos apresentadores, estudei seus modelos de negócios e reduzi minha lista para cinco.

Na semana seguinte, conduzi uma pesquisa aprofundada sobre cada um dos cinco finalistas. Ouvi seus podcasts, os segui nas redes sociais e me inscrevi em suas newsletters. Fiz anotações dos episódios que gostei em particular para que pudesse usá-los como referência mais tarde. Certifiquei-me de curtir, comentar e compartilhar suas publicações. Respondi às newsletters com um agradecimento e o que havia aprendido com aquela mensagem.

Tudo isso dava muito trabalho, mas eu sabia que seria apenas por uma semana e que o motivo era importante. Essa pesquisa determinaria em quem eu investiria o meu suado dinheiro; ela construiria a base do meu sucesso.

No dia sete, estava pronto para listar meus cinco mentores em potencial em ordem de preferência. O topo da lista? Uma apresentadora bem-sucedida de um podcast de negócios chamada Jaime Masters.

Ela estava produzindo podcasts por pouco mais de um ano e seu programa se chamava *The Eventual Millionaire*. Havia muitos motivos para ela ser minha escolha número um. Eu adorava o fato de o programa dela ter pouco mais de um ano, isso significava que ela ainda estava muito conectada com seu início no mundo do podcast. Eu também acreditava que o conselho dela seria muito relevante e oportuno, considerando que ela ainda estava nos primeiros estágios de sua jornada. Um benefício adicional é que nós dois vivíamos no Maine, o que eu esperava que nos desse a oportunidade de nos reunirmos para trabalhar em minha estratégia de negócios.

Ainda me lembro de como estava nervoso ao entrar em contato com Jaime. Eu sabia que ela era minha mentora dos sonhos e, caso dissesse não, eu ficaria devastado. Enfrentei o medo e escrevi meu primeiro e-mail para ela:

Oi, Jaime!

Meu nome é John e realmente admiro o sucesso que você alcançou. Tenho consumido TODO o seu conteúdo ao longo das últimas semanas e realmente me identifico com ele. Especificamente, amei a entrevista que você fez há pouco tempo com MJ Demarco. Abriu mesmo meus olhos para novas oportunidades!

O motivo de lhe enviar essa mensagem é que...

Você está em sua jornada de podcast há um ano e, daqui a um ano, quero estar onde você se encontra agora.

Desejo o nível de sucesso e liberdade de estilo de vida que você alcançou e estou disposto a trabalhar duro para isso.

Percebi que você realiza mentoria para outras pessoas e estou preparado para investir meu tempo, energia e dinheiro na sua mentoria, caso me aceite.

Meu objetivo é um dia me tornar sua maior história de sucesso, e espero que me dê essa chance.

Além disso, também moro no Maine, então vivemos no mesmo estado incrível! Aguardo ansiosamente respostas suas para que possamos começar essa jornada.

Ao sucesso e além!

—John

P.S.— Aqui está um print da avaliação de cinco estrelas que eu fiz para o seu podcast, você é uma apresentadora incrível!

Alerta de spoiler: Eu me tornei a maior história de sucesso da Jaime, e reler esse e-mail me emociona por me levar de volta ao dia em que redigi essas palavras sem fazer ideia do que o futuro me reservaria. Tremendo, apertei o botão *enviar* e disse a mim mesmo que levaria uma semana até Jaime ter tempo de responder.

Paciência não é uma de minhas virtudes, então eu sabia que a espera seria difícil, mas estava embarcando nisso para valer e desejava montar uma equipe dos sonhos para me ajudar a alcançar meus objetivos e minhas ambições. Naquela noite, dormi com um sorriso no rosto. Sentia-me realizado e esperançoso pelo que estava por vir.

Aproximadamente às três horas da manhã, acordei com sede. Usando meu smartphone como lanterna, fui até a cozinha e enchi um copo de água. Já que estava segurando o celular, decidi conferir o e-mail. Para minha surpresa, tinha uma resposta da Jaime!

Oi, John.

Obrigada pela observação e pelas palavras gentis.

Reconheço seu nome, já que você tem comentado em minhas publicações e meus episódios de podcasts a semana toda. Obrigada!

Adoraria conversar com você e discutir sobre meu programa de mentoria.

Tenho uma vaga em junho e, se der certo, poderíamos começar nesse período.

Podemos conversar amanhã, às duas da tarde no fuso horário EST? Nos vemos em breve!

—Jaime

Comemorei em silêncio! Minha semana de trabalho duro trouxe resultados. Identifiquei minha mentora dos sonhos, enviei o pedido por e-mail e pelo visto começaríamos a trabalhar juntos na semana seguinte! Eu estava *em chamas*!

Fui muito grato ao comprometimento que fiz de me inscrever no podcast e newsletter de Jaime, além de segui-la nas redes sociais. Meus comentários, compartilhamentos e respostas não passaram desapercebidos, e essa primeira impressão fez toda a diferença em convencê-la a trabalhar comigo e a evitar um demorado processo de entrevista. Após um ótimo bate-papo no dia seguinte, me comprometi ali mesmo com um programa de mentoria com duração de três meses que teria início no dia 1º de junho.

Planejamos um encontro no Starbucks para realizarmos a primeira sessão pessoalmente. Jaime me passou algumas tarefas de casa pra entregar antes de nossa primeira sessão e eu não iria decepcioná-la. A responsabilidade de ter um mentor já havia começado!

O dia primeiro de junho chegou rápido e, ao entrar no Starbucks, percebi o quanto estava nervoso. A essa altura, já escutava o podcast de Jaime há meses e sentia que a conhecia, mas estava ciente de que, com exceção de algumas trocas de e-mail e uma ligação, ela não sabia nada sobre mim. Pedi meu café, me sentei e aguardei a chegada de Jaime.

Alguns minutos depois, ela apareceu. Uma apresentadora profissional de um podcast de negócios passando pela porta da frente de um Starbucks no sul do Maine! Após breves cumprimentos, um pensamento me ocorreu: Jaime era apenas uma pessoa normal que, pouco mais de um ano atrás, comprou um microfone de US$70 na Amazon, conectou-o em seu computador e apertou o botão "gravar".

Obviamente, as coisas eram um pouco mais complicadas do que isso, mas era reconfortante ver que a pessoa que admirei de longe por tanto tempo era um ser humano comum, gentil e divertido. Isso me trouxe ainda mais confiança de que poderia cumprir meus objetivos. Um ano antes, Jaime estava exatamente no mesmo lugar que eu naquele momento: pensando em iniciar um podcast, mas sem muita certeza de como começar, e veja onde chegou! O céu era o limite, e eu estava pegando fogo. Ao longo dos meses seguintes, minha mentoria com Jaime ocorreu exatamente da maneira que eu imaginei. Ela me indicou a direção certa para focar, me deu projetos (e prazos rigorosos) para realizar e me apresentou designers gráficos, desenvolvedores web e outros profissionais autônomos para ajudar minha marca e meu site a ganharem vida.

Ela também insistiu para que eu participasse de um evento na cidade de Nova York chamado de Blog World. Esse seria meu primeiro evento relacionado a empreendedorismo e eu estava muito nervoso. No entanto, Jaime me apresentou para seus amigos, todos palestrantes do evento e empreendedores bem-sucedidos. Ainda que meu podcast não tivesse sido lançado, ela encorajou seus amigos a participarem do meu programa como convidados e, graças à amizade e à confiança que tinham em Jaime, todos concordaram.

Conheci muita gente que concordou em aparecer no meu programa como convidado no futuro, e muitas dessas pessoas se tornaram minhas amigas nos anos seguintes. Voltando para casa após a conferência, estava mais revigorado do que nunca. Essa era a minha turma! Finalmente sentia como se estivesse no setor feito para mim, construindo relacionamentos com pessoas que eu admirava e com uma ideia que abalaria o setor dos podcasts e agregaria um enorme valor ao mundo.

Eu ainda tinha um grande problema.

Como nomearia meu podcast? Eu gostaria de um nome que evocasse a paixão que estava sentindo por aquilo que estava criando. Queria que as pessoas ouvissem o nome e imediatamente soubessem do que o programa se tratava.

Mais uma vez, minha mentora me salvou. Ela perguntou qual seria a parte não negociável da marca. Após pensar um pouco, respondi que, uma vez que entrevistaria os empreendedores mais inspiradores do mundo todos os dias, o nome *entrepreneurs* [empreendedores] precisaria estar no título.

Jaime me disse para deixar essa palavra ressoar na minha cabeça durante alguns dias e algo que eu visse ou escutasse daria origem ao nome e à marca do podcast. Encarei a sugestão com ceticismo, mas concordei.

Aconteceu de maneira rápida. Naquela mesma noite, estava dobrando roupas que acabara de lavar enquanto ouvia o programa *SportsCenter*. Stuart Scott estava narrando os destaques da partida de basquete entre o Miami Heat e o Boston Celtics. Como um fã dos Celtics, estava prestando um pouco mais de atenção que o normal. Infelizmente, aquela noite não era dos Celtics e LeBron James não perdia uma. Ele estava jogando muito bem, acertando todos os arremessos que dava.

Então, Stuart Scott disse algo que me fez congelar enquanto dobrava a roupa: "LeBron James não perde uma, senhoras e senhores, ele está *pegando fogo!*"

Era isso.

Estar pegando fogo significa arrasar, agir de maneira excepcional, ser implacável. As pessoas que eu desejava entrevistar eram todas assim — empreendedores que *pegam fogo*. Visualizei meus futuros ouvintes navegando pelo Apple Podcasts, vendo o nome *Entrepreneurs on Fire* ["Empreendedores em Chamas", em tradução livre] e sabendo que esse era o programa certo para eles. Meus ouvintes querem aprender com os empreendedores que estão pegando fogo para que, um dia, eles também possam se tornar empreendedores em chamas.

Agora vem a parte assustadora: esse nome era bom *demais*. Era perfeito. Algum outro negócio já deve ter esse nome.

Corri até meu computador e entrei no site Go Daddy. Com mãos trêmulas, digitei as palavras "EntrepreneursOnFire.com" e apertei *enter*.

As palavras mais doces que já vi apareceram na minha tela: domínio disponível!

Sucesso! Encontrei o nome do meu podcast, o foco da minha marca e a direção do meu futuro. Eu estava *em chamas*!

Os dois meses seguintes passaram em um piscar de olhos. Minhas sessões semanais com Jaime me mantiveram nos trilhos e eu estava conseguindo progredir. Todos os dias trabalhava no meu site, na rede social e nas minhas habilidades com podcast. Agendei, gravei e editei meus primeiros quarenta episódios.

Marquei minha data de lançamento para o dia 15 de agosto de 2012. Tinha tanto a ser feito que minha lista de afazeres parecia não diminuir nunca.

Então aconteceu: o dia do lançamento chegou. Acordei no dia 15 de agosto com uma missão. Enviar o *Entrepreneurs on Fire* para o Apple Podcasts, a nave-mãe dos diretórios de podcasts.

De forma repentina, me vi paralisado de medo. Estava trabalhando em cima da suposição de que o mundo precisava de um podcast diário entrevistando empreendedores. Eu sabia que esse era um podcast que eu gostaria de ouvir, mas e as outras pessoas? Todas as dúvidas e medos que suprimi por meses começaram a aparecer.

E se eu não for bom o suficiente?

E se eles rirem do meu programa, da minha falta de experiência, do meu jeito estranho de entrevistar?

E se, e se, e se?

E o maior *e se* de todos: *E se isso não funcionar?* Eu estava muito confortável vivendo em meu mundo pré-lançamento. Isso *pode* funcionar! Sim, pode não funcionar, mas também pode funcionar! O pré-lançamento é um momento incrível. Todas as suas esperanças e sonhos estão completamente intactos. Claro, não dá para alcançar o verdadeiro sucesso na fase de pré-lançamento, mas você também não pode fracassar.

Então eu fiz o que a maioria dos empreendedores faz. Inventei algumas desculpas para adiar meu lançamento. Quando disse a Jaime, ela ficou surpresa, mas minhas terríveis desculpas eram plausíveis o suficiente para que me desse um desconto. Ela insistiu para que eu não aguardasse mais do que duas semanas.

Em duas semanas, fiz a mesma coisa. O medo venceu e pedi a Jaime para que me desse mais duas semanas.

Ela concordou e eu voltei a "aperfeiçoar minha marca". *Aperfeiçoar minha marca* é outra forma de dizer *perder meu tempo com coisas que não importam.*

Quando me dei conta, estava no dia 15 de setembro de 2012. Quatro semanas se passaram desde a data do lançamento original. Estou envergonhado até mesmo de digitar essas palavras, mas fiz o impensável: adiei por mais duas semanas.

Por sorte, Jaime estava de férias e pensei que pudesse passar despercebido.

Eba! Mais duas semanas de pré-lançamento! Duas semanas fingindo adicionar valor à minha marca quando na verdade me acovardava por trás do medo de fracassar.

Então, no dia 20 de setembro, meu telefone tocou.

Era Jaime. A conversa foi mais ou menos assim...

Oi, Jaime! Espero que suas férias tenham sido ótimas. Tenho trabalhado duro para mover a barra lateral do meu site do lado esquerdo para o direito, mas acho que precisarei mover de volta para o lado esquerdo. O que você acha?

John, vou falar isso uma vez, e apenas uma. Se você não parar de enrolar e não lançar o seu podcast hoje, eu vou demitir você!

Dizer que fiquei de queixo caído seria um eufemismo. Jaime sempre foi uma mentora de mão firme, mas isso foi intenso! Por mais assustado que eu estivesse de lançar meu podcast, tive ainda mais medo de perdê-la como mentora. Sua ameaça era real. Ela estava cansada das minhas desculpas. Eu também estava cansado delas, mas precisava que alguém me desse esse empurrão. Não me lembro do fim da conversa, mas lembro disto: lancei meu podcast no dia 20 de setembro de 2012, e o resto é história.

Obrigado, Jaime.

Um Empreendedor no Trajeto de Fogo ao Sucesso Incomum

SHAWN STEVENSON: ENCONTRAR SEU MENTOR

Um mentor é alguém que vê mais talento e habilidade em você do que você mesmo e o ajuda a extraí-los. —BOB PROCTOR

SHAWN VIVIA em um mundo físico. Ele era treinador e nutricionista de uma academia local e gostava de ajudar os clientes a melhorar sua saúde e bem-estar.

Certo dia, acordou com a realização de que queria ajudar mais pessoas a mudar suas vidas. Shawn sabia que a forma de conquistar esse objetivo estava na internet, mas não fazia ideia de como deveria começar. Então ele viu um programa oferecido por Tony Robbins, chamado *New Money Masters* ["Novos Mestres do Dinheiro", em tradução livre].

Parecia o curso perfeito, no momento perfeito. Shawn já recebera grande valor de Tony Robbins anos antes, quando leu o livro *Desperte Seu Gigante Interior*. Para Shawn, Tony era uma commodity testada e aprovada. Ele confiava em Tony graças à sua reputação, respeitava sua autoridade no mundo do desenvolvimento pessoal e admirava a experiência que ele trazia às discussões.

Shawn devorou o programa de Tony e aprendeu a importância de se tornar um mestre na sua área. Tony se tornou um mestre do desenvolvimento pessoal ao treinar dia após dia. Shawn se comprometeu a fazer o mesmo na área de nutrição.

Ao longo dos anos seguintes, Shawn gastou mais de 10 mil horas para se tornar um mestre em nutrição. Agora era hora de compartilhar seu conhecimento com o mundo. Ele lançou um podcast, escreveu um livro e compartilhou um conteúdo valioso diariamente na rede social. Seu negócio estava prestes a alcançar o ponto de virada quando seu próximo mentor entrou na academia em que ele trabalhava.

Ken Balk tinha 77 anos e era um empreendedor incrivelmente bem-sucedido. Ao longo de sua vida, conquistou milhões de dólares, mas seu corpo estava em más condições. Shawn avaliou Ken e o colocou dentro de um plano que provou ser a cura mágica que Ken precisava, fazendo dele um fã de Shawn Stevenson pelo resto da vida.

Shawn sabia que havia entregado grande valor a Ken em sua área de experiência e precisava que ele retribuísse seu favor. A instrução financeira de Shawn era baixa. Ele estava administrando um negócio relativamente bem-sucedido, mas prestar atenção aos detalhes não era o seu forte. Ken ficou mais que feliz em ajudar.

Antes de Ken terminar, Shawn obteve o equivalente a um mestrado em finanças empresariais. Ken lhe deu permissão para começar de baixo e crescer gradualmente. Ele ensinou a Shawn a importância de investir em relacionamentos, além de estabelecer objetivos adequados e fazer um planejamento semanal, mensal e anual. Era uma situação realmente parecida com a do Sr. Miyagi e seu discípulo, e Shawn aproveitou cada minuto.

Nas palavras do próprio Shawn: "Quando se trata de mentoria, acredito na abordagem da Cachinhos Dourados. Nem poucos, nem muitos, mas a quantidade adequada. Não se prenda a apenas um guru e tenha mentores para diferentes áreas da sua vida. Qualquer um que você admira pode ser um mentor em potencial e, quando for o momento certo, seu próximo mentor aparecerá."

Quem você admira? Quem pode se tornar o seu mentor em potencial hoje? Comece a agir!

Obrigado, Shawn Stevenson.

Você pode aprender mais sobre Shawn em TheModelHealthShow.com [conteúdo em inglês].

Confira o seu curso de acompanhamento para um apoio extra com *O Trajeto Comum ao Sucesso Incomum*: EOFire.com/success-course [conteúdo em inglês].

CAPÍTULO 6

Crie ou Participe de uma Mastermind

> Você é a média das cinco pessoas com as quais
> passa a maior parte de seu tempo
> —JIM ROHN

Ao final de cada episódio do *Entrepreneurs on Fire*, compartilho essa citação.

Em todos os meus anos como empreendedor, não consigo pensar em uma verdade maior. Quem são as cinco pessoas com as quais você gasta a maior parte do tempo? Você é a média dessas pessoas, seja isso bom ou ruim. Para a maioria das pessoas, isso não é algo bom. Caso queira mudar sua vida, mude o seu ambiente. Você não comprou este livro por estar 100% satisfeito com sua vida; comprou porque quer nos acompanhar no trajeto comum ao sucesso incomum.

O trajeto comum é desafiador.

Não tenho dúvidas de que você ama sua família. Tenho certeza de que você tem amigos próximos que conhece há anos, talvez décadas. Quem em sua família está melhorando a sua média? Mantenha essa pessoa por perto. Quais dos seus amigos estão aumentando a sua média? Mantenha-os por perto também.

Mas quem na sua lista é uma pessoa negativa? Quem não se esforça? Não há problema manter essas pessoas em sua vida, mas, caso queira alcançar o sucesso incomum, elas não podem estar na lista das cinco pessoas mais próximas. Caso você queira ser aquela pessoa que reclama sobre como a vida é difícil, sobre como o chefe é injusto, sobre o quão cansado e deprimido está, tudo bem, mas desta forma nunca alcançará o sucesso incomum.

Todavia, você não está disposto a abrir mão do sucesso incomum, está? É claro que não — esse é o nome do livro que você está lendo agora!

Para alcançar o sucesso incomum, você deve passar seu tempo trabalhando em sua grande ideia com aqueles que o inspiram e motivam. Então como se cerca com essas pessoas? Com a criação de uma mastermind!

A mastermind a que me refiro é aquilo que chamo de mastermind entre pares (mostrarei outros tipos nos exemplos seguintes, mas essa é a mastermind com a qual você deve começar). Participa dela um grupo de três ou quatro pessoas, nem mais nem menos. Ela realizará encontros semanais de uma hora e terá uma política rígida de assiduidade. Se alguém não puder se dedicar a comparecer em 95% das reuniões semanais, então essa pessoa não serve para a sua mastermind.

Todas as reuniões são iniciadas com cada membro usando cinco minutos para compartilhar seu maior sucesso da semana e uma lição aprendida. Em seguida, marca-se trinta minutos em um cronômetro e uma pessoa é escolhida para compartilhar sua maior dificuldade e seu pedido ao grupo. O tempo restante é gasto com outros membros fazendo perguntas esclarecedoras e oferecendo seus conselhos. A pessoa que compartilhará seus pedidos e dificuldades muda a cada reunião, garantindo que todos tenham a oportunidade de estar nesse lugar pelo menos uma vez a cada três ou quatro semanas.

Quando o cronômetro zerar, vocês ainda devem ter dez minutos para finalizar a sessão de mastermind. Durante a finalização, cada membro compartilha um grande objetivo, que tentará concluir até a reunião da semana seguinte.

Esse formato é simples, eficaz e incrivelmente poderoso. Quando fazemos parte de uma mastermind com pessoas que conhecemos, gostamos e confiamos, a combinação de apoio, responsabilidade e conhecimento compartilhado é fantástica.

Quando estamos sozinhos, a procrastinação vence. Quando duas ou três pessoas que respeitamos estão nos mantendo nos trilhos toda semana, a produtividade aumenta bastante. Você não vai querer decepcioná-los e, como consequência disso, alcançará grandes coisas.

Onde encontrar então as duas ou três pessoas que farão parte da sua mastermind? Você deve buscar pessoas que estão em um momento de suas jornadas semelhante ao seu. Elas podem estar um pouco à frente ou um pouco atrás, mas a chave é encontrar pessoas motivadas, positivas e prontas para apoiá-lo nessa montanha-russa que chamamos de vida.

Uma mastermind será um componente chave do seu trajeto ao sucesso incomum, então leve muito a sério o seu processo de seleção. Ao encontrar a sua, siga a dinâmica descrita anteriormente e prepare-se para ficar *em chamas*!

Minhas Histórias de Masterminds

Vou compartilhar três histórias de masterminds com você. Começo com a primeira mastermind paga da qual participei. A segunda é parecida com a que encorajei você a participar no começo deste capítulo.

História de Mastermind nº 1

A data era 15 de julho de 2012. Eu estava na minha mentoria com Jaime há um mês e as coisas estavam indo bem. Fazíamos reuniões semanais e eu estava progredindo. Ainda assim, sentia que algo estava faltando.

Precisava me conectar com outros empreendedores que estivessem em posições semelhantes à que eu me encontrava. Precisava discutir ideias com quem tinha as mesmas dúvidas, medos, esperanças e aspirações. Precisava fazer parte de uma mastermind.

Assim como acontece com muitas coisas na vida, quando você começa a buscar algo, esse algo o encontra. Eu estava na minha caminhada diária ouvindo o podcast de Cliff Ravenscraft, *The Podcast Answer Man* — de maneira incrível, ele criou sua marca como líder do setor de podcasting; certamente merecia cada fração do sucesso e do reconhecimento que estava recebendo, uma vez que era incrivelmente bem informado, generoso e gentil quando se tratava de ensinar sobre produção de podcasts. Eu admirava Cliff e consumia todo o conteúdo compartilhado por ele, pago ou gratuito.

Durante o episódio do podcast, Cliff falava sobre formas de aumentar a audiência do seu programa. Eu estava gostando do conteúdo, tomando notas mentais e empolgado para voltar e aplicar esses princípios no lançamento do meu podcast. Durante a conclusão do episódio, Cliff compartilhou que iniciara recentemente uma mastermind de podcast que consistia em dez grupos de dez pessoas. Cada grupo se encontraria semanalmente, enquanto Cliff forneceria o apoio e a orientação necessários para potencializar o sucesso dos nossos podcasts.

Estava convencido, mas foi aí que Cliff descreveu o verdadeiro poder das masterminds. Ele compartilhou que, embora fosse me beneficiar ter acesso direto a ele todas as semanas, o verdadeiro benefício surgiria do apoio e da orientação que receberia dos outros nove membros do grupo. Devo admitir, meu motivo inicial para ingressar na mastermind era o contato direto com Cliff, mas, conforme ele descrevia o real benefício da dinâmica, era como se uma venda fosse arrancada dos meus olhos.

De repente, eu conseguia ver o poder da tribo, e isso era magnífico.

Interrompi minha caminhada e voltei para casa com o objetivo de me inscrever antes que acabassem as vagas. Cliff nem sequer mencionou o preço, mas não importava. Eu participaria daquilo não importava o custo e sabia que o benefício seria incrível.

Ao chegar em casa e abrir a página de vendas, vi que o preço da mastermind era US$3.500 por ano. Era um valor significativo e estava tentando economizar meus fundos restantes, sabendo que não geraria receita com o *Entrepreneurs on Fire* durante algum tempo. Mesmo assim, não hesitei.

Essa mastermind era o que eu precisava e sabia que esse era um investimento que devia fazer. Ao longo dos doze meses seguintes, confirmei que meu instinto tinha razão. Nunca perdi uma sessão semanal e pude conhecer Cliff de uma forma mais pessoal. Também me beneficiei ao apoiar outros nove podcasters enquanto eles transformavam seus programas em negócios prósperos. Os US$3.500 provaram ser um dos melhores investimentos da minha vida.

Vou compartilhar uma breve história que ilustra o quão benéfico foi participar da mastermind de Cliff.

Era dezembro de 2012. *Entrepreneurs on Fire* estava em seu terceiro mês de existência e eu havia publicado mais de 75 episódios. Eu estava na mastermind de Cliff há cinco meses e havíamos desenvolvido uma grande amizade. Ele torceu por mim assim que o *Entrepreneurs on Fire* saiu rugindo do grid de largada.

Ele me encorajou a participar do New Media Expo, que aconteceria em Las Vegas no mês de janeiro de 2013. Cliff era responsável pela parte dos podcasts e estava muito empolgado com o elenco convidado. Comprei meu ingresso e estava pronto para ir.

Em dezembro de 2012, cerca de três semanas antes do evento, Cliff me enviou um e-mail que mudou para sempre a trajetória da minha carreira de podcast.

> JLD, espero que tudo esteja bem. Nosso palestrante que falaria sobre como lançar um podcast desistiu. Você apresentaria no lugar dele?

Não hesitei.

> Seria uma honra!

E, simples assim, fui para Las Vegas, não como participante, mas como um dos principais palestrantes!

O evento foi incrível. Conheci todos os outros palestrantes nas festas, salões e eventos privados deles. Em vez de ser um dos milhares de participantes, eu era um dos poucos palestrantes presentes. Além disso, como um dos poucos falando sobre podcasts, acabei me tornando um "influencer" na área. Forjei grandes relacionamentos com outros influenciadores durante o evento e fui para casa sentindo que dei um grande passo na direção certa como apresentador do *Entrepreneurs on Fire*.

Essa oportunidade me levou a muitas oportunidades de palestras nos anos seguintes e ajudou o lançamento do Podcasters' Paradise a ser um sucesso. A oportunidade de falar no palco do New Media Expo não teria acontecido caso não investisse na mastermind de Cliff e não tivesse provado que estava comprometido em tornar o *Entrepreneurs on Fire* um verdadeiro sucesso.

Cliff me deu essa chance e serei eternamente grato. Obrigado, Cliff.

História de Mastermind nº 2
A segunda história que quero compartilhar é sobre uma mastermind que formei com dois outros amigos. Ela é do tipo que descrevi no começo deste capítulo, a qual recomendo a todos que participem.

Minha mastermind semanal entre pares consistia em Rick Mulready e Greg Hickman. Rick é uma figura de autoridade no marketing online. Greg ajuda donos de operações a expandir seus negócios.

Toda semana nos reuníamos durante uma hora e seguíamos o formato descrito. Nos primeiros quinze minutos, cada um passava cinco deles compartilhando suas maiores vitórias e aprendizados da semana. Em seguida, contávamos trinta minutos em um cronômetro e escolhíamos alguém para compartilhar sua maior dificuldade e os outros dois membros faziam perguntas para esclarecer as dúvidas e ofereciam conselhos. Ao final do horário marcado no cronômetro, passávamos os últimos quinze minutos finalizando a mastermind, cada um compartilhando um objetivo a ser alcançado até a próxima sessão.

Não tolerávamos a falta de assiduidade e mantínhamos contato para garantir que não nos distrairíamos de nossos objetivos semanais. Projetos que de outra forma eu teria procrastinado para fazer foram finalizados porque eu não estava disposto a encarar a mastermind e admitir meu fracasso. Essa mistura especial de responsabilização amigável, porém séria, é a chave para alcançar o sucesso. Ela nos levou a grandes alturas que não teríamos alcançado sozinhos.

Existe um poder especial na mastermind correta, e durante anos Greg e Rick foram minha família nisso.

Realizávamos viagens de mastermind duas vezes por ano. Essas viagens nos aproximavam como amigos e nos davam algo de bom para esperar. Em cada viagem convidávamos um empreendedor que admirávamos e que pensávamos que se encaixaria bem conosco.

Uma das minhas memórias mais legais foi uma viagem que fizemos a São Francisco. Entrei em contato com Tim Ferriss, que morava lá, e o convidei durante uma de nossas maratonas de mastermind, com duração de quatro horas.

Ele aceitou e eu decidi manter sua resposta em segredo. Ao iniciarmos nossa sessão de quatro horas, a campainha tocou. Todos (menos eu) ficaram confusos sobre quem poderia estar à porta de nosso Airbnb. Nunca esquecerei da cara deles quando abri a porta e Tim entrou.

Digam oi para Tim Ferriss, pessoal!

Todos ficaram de queixo caído. O livro de Tim, *Trabalhe 4 Horas por Semana*, teve um impacto profundo em nós e todos víamos Tim como uma celebridade do mundo empreendedor. Após uma breve recuperação, tivemos uma sessão de mastermind incrível e Tim acabou nos levando para jantar e beber pela cidade. Foi uma noite mágica, e isso demonstra ainda mais o poder das masterminds!

História de Mastermind #3

A última história sobre masterminds é a história da Fire Nation Elite.

Cerca de dezoito meses depois do lançamento do *Entrepreneurs on Fire*, eu buscava outro fluxo de renda para nosso negócio. Perguntei ao meu público qual era sua maior dificuldade. A maioria esmagadora respondeu que era a necessidade de maior responsabilidade e uma sensação de comunidade. Ser um empreendedor não é apenas difícil, como também solitário.

Foi então que eu decidi criar uma mastermind de cem pessoas chamada Fire Nation Elite. Cem é um número alto, então precisava me certificar de definir as expectativas certas.

Enviei um e-mail para meu público e fiz o anúncio no *Entrepreneurs on Fire*. Forneci um link de inscrição aos interessados, no qual poderiam compartilhar alguns detalhes sobre si mesmos, a razão para participar e o que desejavam conquistar com a mastermind.

As inscrições começaram a aparecer e liguei para cada um dos inscritos.

Essa mastermind seria como uma família pelos próximos anos e eu sabia que precisaria da combinação certa de pessoas para dar certo.

Após incontáveis horas no celular, montei meu grupo de cem pessoas. A Fire Nation Elite nasceu e, ao longo dos três anos seguintes, fomos uma família virtual.

Nós tínhamos sessões de treinamento semanais ao vivo, interações diárias no grupo do Facebook e todos tinham um acesso razoável por e-mail a mim e à Kate. A mastermind era muito trabalhosa, mas cada membro original pagava US$100 mensais e as pessoas que entraram após a grande abertura pagavam US$200, então geramos mais de US$10 mil mensais nos três anos que administramos a Fire Nation Elite.

Ao finalmente encerrarmos os trabalhos, nos despedimos com lágrimas nos olhos. Conquistamos muitas coisas ao longo dos anos e sabíamos que era o fim de algo especial. Sempre me lembrarei com carinho da Fire Nation Elite. Era uma mastermind incrível e aprendi muito sobre ser um líder.

Fire Nation Elite, eu a saúdo!

Um Empreendedor no Trajeto de Fogo ao Sucesso Incomum

JAIME MASTERS, SOBRE CRIAR UMA MASTERMIND

O princípio da mastermind: duas ou mais pessoas com uma atitude mental positiva e engajadas de maneira ativa na busca de um propósito definitivo constituem uma força invencível.
—NAPOLEON HILL

O ANO ERA 2010. Jaime estava vivendo uma vida "menos que satisfatória" na zona rural do Maine. Ela tinha um filho de um ano e outro de três em casa, então seus dias eram cansativos. Ela perguntou a si mesma: *Então é isso?* Logo em seguida, se deparou com a citação de Jim Rohn, tão usada por mim: *Você é a média das cinco pessoas com as quais passa a maior parte de seu tempo.*

Jaime olhou de forma franca para seu top 5. Chegou até a escrever o nome delas em um pedaço de papel. Ao lê-los, as vidas dessas pessoas a encaravam de volta.

Era um tanto deprimente.

Tratava-se de boas pessoas, mas odiavam seus empregos, eram infelizes, não tinham nenhum objetivo ou ambição de melhorar sua condição na vida. Jaime tinha essa ambição, mas não sabia exatamente por onde começar. Claro, ela tinha um diploma em tecnologia da informação e oferecia coaching empresarial para clientes com empresas com um faturamento de sete dígitos em suas mentorias por alguns bons anos, mas o mundo online era enorme e a sobrecarregava. Jaime não tinha nenhum amigo com seu próprio negócio online e brincava que tentar descobrir todos os truques dos negócios online era como beber diretamente de uma mangueira de incêndio.

Ela deu passos pequenos.

Lançou um blog como um experimento e se comprometeu a melhorar a média das cinco pessoas com as quais passava a maior parte de seu tempo.

Jaime já havia participado de masterminds com seu mentor anteriormente, então sabia como funcionavam, mas nunca teve uma mastermind pessoal. Se o objetivo dela era melhorar a média das cinco pessoas, sabia que iniciar uma mastermind era um bom começo.

O primeiro passo era encontrar empreendedores online que participariam de sua mastermind. Ela não conhecia nenhum, mas isso não a impediria. Após alguma investigação online, encontrou um fórum de desenvolvimento pessoal no qual as pessoas faziam as mesmas perguntas que preenchiam sua cabeça.

E Jaime embarcou pela toca do coelho da internet em sua busca por donos de negócios online bem-sucedidos.

Ela começou a enviar e-mails frios para os donos de negócios online de sucesso que encontrava. Uma pessoa que realmente queria em sua mastermind era Pat Flynn. Ele estava administrando um negócio de grande sucesso em seu blog, SmartPassiveIncome.com. Embora não fosse tão grande quanto é hoje, Jaime sabia, ainda naquela época, que ele seria uma adição incrível.

Pat respondeu com um educado "não".

Jaime estava desapontada, mas não permitiu que isso a desacelerasse. Logo conseguiu diversos empreendedores impressionantes comprometidos com sua mastermind, e ela fez uma última tentativa com Pat, compartilhando tanto as biografias dos empreendedores confirmados quanto o formato que havia aperfeiçoado durante o seu coaching. Pat respondeu que amou a tenacidade e a forma organizada com a qual estava criando a mastermind, então decidiu participar. Jaime soltou um grito de felicidade e mergulhou de cabeça em tornar a mastermind uma ótima experiência para todos os envolvidos. Ela escreveu as regras e uma estrutura acordada por todos. (*As regras e agenda dela estão no final desta seção!*)

Uma das regras mais importantes era a assiduidade. Caso faltasse em duas sessões seguidas (as sessões eram semanais), o membro teria que conversar com ela. Se continuasse a faltar, o membro seria expulso.

Ao longo dos anos, Jaime precisou expulsar vários membros da mastermind. O motivo? Comprometimento é a chave das masterminds. São lugares em que você pode construir conexões profundas e mostrar sua vulnerabilidade. O medo e as dúvidas são comuns na jornada empreendedora; a maioria dos empreendedores lidam com essas emoções sozinhos e guardam seus medos para si. Com a mastermind correta, você pode compartilhar suas dificuldades com outros que passaram por emoções semelhantes. Sua mastermind se torna uma família, apoiando e responsabilizando você.

Voltando à história de Jaime.

Durante as primeiras sessões, ela se sentia como um peixe fora d'água. Sim, ela havia organizado o evento, mas suas vitórias eram tão pequenas quando comparadas às dos outros empreendedores que ela tinha vergonha de contá-las. No entanto, percebeu que, quando você está ao redor de pessoas de alta performance, é possível permitir que isso o assuste ou o motive a alcançar resultados maiores do que podia imaginar. Empreendedores de sucesso usam essas oportunidades como combustível, e foi isso que Jaime fez.

Ela tem administrado sua mastermind há dez anos. Eles tentam se reunir pessoalmente ao menos uma vez por ano e se aproximaram de tal forma que parecem uma família. Lembre-se de que Jaime estava no meio do nada no estado do Maine e essa mastermind permitiu que ela entrasse em contato com empreendedores incríveis de todo o mundo.

Adoraria compartilhar uma história rápida sobre como a mastermind de Jaime nos conectou.

Durante uma sessão de mastermind em 2010, Jaime foi desafiada a entrevistar milionários. Ela não conhecia um milionário sequer, mas aceitou o desafio e partiu em busca de sua missão. Alavancando suas novas conexões, Jaime começou a entrar em contato com milionários e lançou um podcast chamado *The Eventual Millionaire*.

Um ano depois, me deparei com esse podcast e — após consumir todos os episódios em algumas semanas — abordei Jaime para ser minha mentora. Nas palavras da própria Jaime: "É loucura olhar para trás e ver como as pequenas decisões que você toma se transformam em grandes vitórias na vida e nos negócios. É isso o que uma mastermind pode fazer por você. Cerque-se das pessoas certas, aquelas que vão te ajudar a tomar as melhores decisões, capazes de impactar sua vida de formas que você jamais imaginaria."

Você está em uma mastermind? Se não estiver, é hora de começar! Obrigado, Jaime Masters.

Você pode aprender mais sobre Jaime em EventualMillionaire.com [conteúdo em inglês].

REGRAS DA JAIME

- Os horários das reuniões serão determinados antes de cada sessão e as reuniões terão uma duração de sessenta minutos (um horário que funcione para todos será escolhido).
- Espera-se que cada membro esteja presente no horário indicado para a reunião. Se alguém não puder participar, por favor avise no Slack com pelo menos uma semana de antecedência para que os outros membros saibam.
- Monte um cronograma para a cadeira da vez. Caso esteja na cadeira da vez e precise mudar as datas, por favor avise no grupo do Slack para trocarmos com alguém e atualizarmos o Google doc.
- Se você perder mais de duas reuniões consecutivas o grupo votará sobre a continuação da sua participação na mastermind.
- Todos terão a oportunidade de falar dentro da estrutura do grupo. Funciona melhor se todos os membros participarem de forma igualitária.
- Todos estão aqui para apoiar uns aos outros. Por favor, lembre-se de fazer críticas construtivas, mas não rebaixe ou critique outros membros do grupo. Essa deve ser uma experiência aberta e positiva para todos.

- É importante notar que a mastermind não é só para conselhos, mas se torna também um espaço positivo no qual você pode manifestar seus objetivos com um grupo.
- A mastermind é um trabalho em grupo e não é liderado por um único membro. Cada semana haverá rotação de anfitrião e do membro na "cadeira da vez". Este membro também contribuirá com um grande recurso ou ferramenta que ele descobriu recentemente e que tenha sido útil em seu negócio ou vida.

AGENDA DA JAIME

00:00 O anfitrião cumprimenta todos (anfitrião é o membro que estava na cadeira da vez da semana anterior e impede que o grupo perca a noção do tempo).

00:10 O anfitrião pede a todos que compartilhem "vitórias" da semana anterior.

00:10-00:50 Cadeira da vez: um membro (rotação semanal/quinzenal).

1. Qual o seu desafio e como a mastermind pode ajudá-lo?
2. Qual o resultado desejado ao final da cadeira da vez de hoje? (Assim todos compreendem de antemão o objetivo para que, caso alguém saia do assunto, outro membro possa redirecioná-lo rumo ao objetivo final.)
3. Há alguma apresentação ou recurso útil para essa questão?

00:50 Finalização (conversa sobre questões externas como, por exemplo, se alguém precisará viajar etc.).

Confira o seu curso de acompanhamento gratuito para um apoio extra com *O Trajeto Comum ao Sucesso Incomum*: EOFire.com/success-course [conteúdo em inglês].

CAPÍTULO 7

Projete Seu Plano de Produção de Conteúdo

Conteúdo constrói relacionamentos. Relacionamentos são construídos com base em confiança.
Confiança movimenta a renda.
—ANDREW DAVIS

Chegou a hora. É a hora do próximo passo no trajeto comum ao sucesso incomum. Você está armado com sua grande ideia, conhece o nicho que dominará e o avatar que atenderá. Escolheu sua plataforma, tem um mentor para guiá-lo e uma mastermind para apoiá-lo. Agora é hora de projetar o seu plano de produção de conteúdo.

A essa altura, fazer de tudo pode ser tentador.

Você tem muitas ideias, muita esperança e muita animação. Você quer pegar todas as suas ideias e jogá-las contra a parede para ver o que cola.

Qual o problema dessa estratégia? Nenhuma das ideias vai colar.

Permita-me explicar. Imagine dois cenários:

CENÁRIO 1: Você testa todas as suas ideias, fazendo muito sem se aprofundar em nada.

CENÁRIO 2: Você reúne todo seu foco e sua energia para se aprofundar bastante em uma única ideia.

Entre os dois cenários apontados, qual você imagina que causará a melhor impressão com o público? Acha que algum dia conseguirá ganhar tração e adquirir uma proof of concept ao fazer um pouco de cada coisa? Isso nunca acontecerá.

Com o tempo, seu plano de produção de conteúdo poderá incluir várias ideias, mas, para ganhar essa tração inicial "ilusória", você precisa manter o *foco* do seu conteúdo. Sempre que ouvir alguém declarando ser onipresente, ignore. A onipresença é incrível no momento certo, mas, para você, esse momento não é agora.

Compartilharei meu primeiro plano de produção de conteúdo na seção seguinte e atribuo meu sucesso ao foco único contido nele.

Para conseguir a realização e a liberdade financeira, é preciso criar as melhores soluções para os maiores problemas do seu avatar. No Capítulo 3, criamos a pessoa exata que você atenderá da melhor maneira possível. Você deve levar seu avatar em consideração em toda decisão a ser tomada, e o projeto do seu plano de produção de conteúdo não poderia ser diferente.

Aqui estão as perguntas que devemos responder para projetar nosso plano de produção de conteúdo.

1. Qual sistema de agenda será usado para organizar o seu plano de produção de conteúdo?
2. Com que frequência entregará seu conteúdo?
3. Em quais dias seu conteúdo será entregue?
4. Qual é a duração média do conteúdo que será criado?
5. Quanto tempo você levará para criar cada conteúdo?
6. Com quanto tempo de antecedência você criará o conteúdo que será publicado?
7. Quais dias da semana serão separados para a criação do conteúdo?

8. Quem garantirá que você e seu plano de criação de conteúdo fiquem nos trilhos?
9. Quais dias do mês você separará para avaliar seu plano de produção de conteúdo a fim de ajustá-lo conforme necessário?

Essas perguntas garantirão que você tenha um plano de controle para sua produção de conteúdo. Do contrário, sua produção de conteúdo o controlará. Agora, vamos entrar nos detalhes destas nove questões.

1. Qual sistema de agenda será usado para organizar o seu plano de produção de conteúdo?

Eu ponho minha mão no fogo por minha agenda. Começo minha semana de trabalho analisando-a para ver o que tenho agendado. Minha equipe sabe que, se algo não estiver na minha agenda, não vai acontecer e ponto final. Um grande erro de muitas pessoas é deixar muitos espaços vagos na agenda, supondo que usarão esses espaços para algo produtivo. Esse "algo produtivo" raramente acontece. Você precisa usar sua agenda para tudo aquilo que quer realizar, caso contrário alguém ou algo vai aparecer no seu dia e atrapalhar o fluxo.

Todos os dias, durante um período de três meses, eu reservava a primeira hora do meu dia para escrever ao menos quinhentas palavras para este livro. Qual foi o resultado? Todos os dias, durante um período de noventa dias, escrevi ininterruptamente por uma hora e consegui mais de 50 mil palavras muito antes do prazo. Eu amo olhar para a minha agenda; ela traz uma sensação de tranquilidade pelo fato de eu ter criado um controle ao redor do meu dia, permitindo que produza o conteúdo adequado para meu negócio. Em um dia posso ter oito entrevistas agendadas para o *Entrepreneurs on Fire*. No outro posso ter quinze entrevistas em outros programas. No dia seguinte posso não ter nada agendado além de horário reservado para alguns projetos em que eu esteja trabalhando. Quando se trata da sua agenda, você tem duas opções: ou controla o seu cronograma ou o seu cronograma controla você. Qual será sua escolha?

2. Com que frequência entregará seu conteúdo?

Um tema repetido inúmeras vezes ao longo deste livro é a necessidade de criar um conteúdo gratuito, valioso e consistente. É assim que você criará um relacionamento de confiança com seu público. Também é importante perceber que ser consistente não quer dizer que precisará publicar conteúdo todos os dias. Em vez disso, estabeleça a frequência em que você deverá entregar seu conteúdo; para isso, é necessário se perguntar algo que deve ser questionado em toda grande decisão do seu negócio: "O que agradaria o meu avatar?" Seu avatar é o consumidor ideal do seu conteúdo, então permita que ele o guie em todas as decisões do seu plano de produção de conteúdo. Você o criou, então use esse conhecimento para decidir a frequência com que entregará o conteúdo produzido. Uma vez por mês? Uma vez por semana? Às segundas, quartas e sextas-feiras?

Não há resposta errada. Desde que faça aquilo que for melhor para seu avatar, será capaz de se ajustar conforme recebe feedback daqueles que estão consumindo seu conteúdo. O seu plano de produção de conteúdo, assim como seu negócio, é uma entidade em constante evolução. Ao examinar seu público com um engajamento ativo e consistente, saberá se o está atendendo da melhor forma possível.

3. Em quais dias seu conteúdo será entregue?

A ação vence a perfeição. Eu acredito nessas palavras. Vi a estagnação e consequente falência de muitos negócios porque tentavam aperfeiçoar seu conteúdo, produto, serviço etc. De certa forma, todo mundo é perfeccionista, então, se está dizendo para si mesmo "Esse sou eu, um perfeccionista", coloque-se em seu devido lugar. Essa é uma péssima desculpa usada por 99% dos empreendedores fracassados. Você quer soar como um deles? Eu acho que não.

Ao criar o seu plano de produção de conteúdo, lembre-se de que não está projetando sua lápide. A melhor parte sobre ser um empreendedor é que podemos (e devemos) evoluir e nos ajustar de maneira diária, semanal e mensal. O processo da sua criação de conteúdo é simples:

- Criar.
- Publicar.
- Falar com os consumidores do conteúdo em busca de feedback.
- Usar o feedback para se ajustar e melhorar.
- Criar o próximo conteúdo.
- Repetir.

Agora vamos prosseguir para quais dias o seu conteúdo deve ser entregue. Use a lista abaixo como um guia e ajuste conforme você e seu negócio evoluírem.

Uma vez por semana: Publicar nas segundas-feiras.

Duas vezes por semana: Publicar nas segundas e quintas-feiras.

Três vezes por semana: Publicar nas segundas, quartas e sextas-feiras.

Quatro vezes por semana: Publicar nas segundas, quartas, sextas-feiras e também aos sábados.

Cinco vezes por semana: Publicar nas segundas, terças, quartas, quintas e sextas-feiras.

Seis vezes por semana: Publicar nas segundas, terças, quartas, quintas, sextas-feiras e também aos sábados.

Testei esses dias e são os que funcionam melhor para mim. O que funcionará melhor para você? Não faço ideia, então não pense demais e comece a *agir*.

Não fique chateado comigo, eu amo você.

4. Qual é a duração média do conteúdo que será criado?

Na vida e no empreendedorismo, nada dura para sempre. Vivemos em um mundo em constante evolução e mudança, contraindo e expandindo.

Mesmo aquela velha frase, "as únicas coisas certas na vida são a morte e os impostos", já não tem a mesma validade. Empreendedores ao redor do mundo estão migrando para o oásis da isenção ou do baixo volume de impostos, enquanto outros fazem grandes descobertas nas pesquisas antienvelhecimento e têm o potencial de viver muito além dos cem anos.

Nós vivemos em um mundo louco.

Compartilhei esse discurso dramático com o intuito de montar minha resposta para uma pergunta que recebo centenas de vezes por mês: *John, qual é a duração perfeita para meu podcast/e-mail/vídeo/publicação de rede social/escreva sua atividade aqui?* No trajeto comum ao sucesso incomum, minha resposta sempre será "Do que seu avatar gostaria?" Essa não é uma resposta evasiva; é a resposta correta.

Tenho uma revelação honesta a fazer para todos que estão lendo este livro: provavelmente não consumirei seu conteúdo. Por quê? Não é para mim que ele está sendo criado e provavelmente não o acharei interessante ou divertido. Sabendo isso, por que você iria querer receber uma orientação específica de alguém que não é seu avatar? A resposta mais simples é a seguinte: você não quer.

Inúmeras pessoas lhe oferecerão conselhos ao longo da sua jornada. Minha recomendação é: a menos que essas pessoas sejam o seu avatar, ignore 100% dos conselhos. O trajeto comum ao sucesso incomum irá armá-lo com uma estrutura que pode ser aplicada em sua jornada específica. Use a estrutura e sempre tenha a seguinte frase em mente:

O que meu avatar desejaria?

Então, voltando ao assunto — qual a duração média do conteúdo que você criará? Você já sabe a resposta, repita comigo:

O que meu avatar desejaria?

O consumidor perfeito de seu conteúdo pode querer clipes diários de três minutos, resumos semanais de sessenta minutos ou maratonas mensais. Ou, melhor ainda, ele pode querer uma combinação dos três.

Uma citação que uso com frequência cabe bem aqui:

> Você não precisa ver toda a escada,
> basta dar o primeiro passo.
> —MARTIN LUTHER KING JR.

Dê o primeiro passo. Crie o conteúdo com a duração desejada por seu avatar e aperte o botão *publicar*. Quando seu conteúdo estiver por aí, informe-se com aqueles que o estão consumindo, analise o feedback, faça ajustes e volte a publicar.

Isso não é um experimento científico, no qual você precisa seguir dezessete passos exatos ou corre o risco de explodir ácido sulfúrico no seu rosto. Na verdade, é justamente o contrário. Tome uma decisão com a informação disponível, publique, informe-se, analise o feedback, ajuste, volte a publicar. Ao publicar soluções reais para as dificuldades do seu avatar, tenha a confiança de que seu conteúdo está tornando o mundo um lugar melhor.

5. Quanto tempo você levará para criar cada conteúdo?

Essa pergunta é uma pegadinha. Afinal, tudo o que temos é tempo. Seria incrível se tivéssemos todo o tempo do mundo para criar aquele conteúdo perfeito que mudaria o mundo assim que você apertasse em *publicar*.

A essa altura, conforme navegamos pelo trajeto comum ao sucesso incomum, você já sabe como me sinto com relação à palavra *perfeito* (dica: *odeio* essa palavra). Minha primeira entrevista para o *Entrepreneurs on Fire* foi uma conversa de trinta minutos seguida por uma sessão de três horas (alguém me mate, por favor). Estava mentalmente exausto e apavorado quando finalmente terminei a edição, porque seria impossível publicar um programa diário se cada episódio demandava tanto tempo e energia.

Esse é um ótimo exemplo de situação na qual a necessidade vence a perfeição. Eu sabia que um programa diário era o que meu avatar precisava, então abri mão da perfeição, criei sistemas e encontrei atalhos que me permitiram cortar esses 180 minutos de edição para menos de 10. Essa redução não foi do dia para a noite, mas gradual, e permitiu manter meu comprometimento diário e publicar 2 mil episódios em 2 mil dias ao longo de mais de 5 anos de episódios diários.

Já vi incontáveis empreendedores desistirem após criar um conteúdo porque pensam que todos os conteúdos exigirão a mesma quantidade de tempo e esforço quanto o primeiro. Venho aqui lhe dizer que isso vai melhorar, e melhorar *muito*. Cada vez que você cria um conteúdo, seu cérebro estabelece as bases que tornarão o próximo conteúdo mais fácil e menos desgastante. Após milhares de horas editando episódios de podcasts, me sinto como Mozart no piano. Tenho atalhos e sistemas que fariam minha versão de 2012 balançar a cabeça, confusa. Sempre que edito um podcast, fico um pouco melhor, mais rápido e mais eficiente.

O mesmo acontecerá com você e seu processo de criação.

Programe-se durante sua criação de conteúdo para ter uma base e saber quanto tempo reservar em seu calendário de produções. Mas saiba, também, que sua eficiência aumentará após a produção de cada conteúdo e em breve você criará o mesmo conteúdo em apenas uma fração do tempo. O trajeto comum ao sucesso incomum é um processo passo a passo. Não existem atalhos escondidos nessas páginas — e é por isso que você se sentirá incrível quando alcançar a realização e a liberdade financeira.

Não desista!

6. Com quanto tempo de antecedência você criará o conteúdo que será publicado?

Temos um termo para isso no ramo: *pronto para lançar*. Simples e direto. Quão adiantado você se comprometerá a ficar? Quantos episódios/artigos/vídeos você terá prontos para lançar? Essa é uma preferência pessoal.

Qual é sua zona de conforto? A minha é ter um mínimo de seis semanas de episódios gravados, editados e agendados. Isso me dá o conforto de saber que, caso algo imprevisível aconteça na minha vida ou no meu negócio, terei algum tempo para resolver. Existem alguns nichos em que criar esse tipo de margem não é possível, como ao trabalhar com notícias da atualidade. Para o restante de nós, podemos nos adiantar o quanto quisermos.

Para realmente manter sua promessa de publicar de maneira consistente, se adiantar é obrigatório. Computadores quebram, a internet cai, desastres naturais acontecem. Não estou tentando assustá-lo, mas já presenciei todos os eventos descritos. Apesar desses desastres, publiquei episódios diários por 2 mil dias ininterruptamente porque estava sempre seis semanas à frente.

Decida a antecedência com que você criará conteúdo de forma a garantir sua consistência, mesmo que aconteça um desastre. Quando tomar sua decisão, levará algumas semanas até se adiantar, mas, ao fazê-lo, o trabalho duro estará feito e agora será apenas uma questão de se manter nessa zona de conforto.

Warren Buffett é conhecido por dizer: "Leva-se vinte anos para construir um relacionamento e vinte minutos para destruí-lo." Você trabalhou duro para construir um relacionamento com seu público. A confiança deles foi conquistada, não os decepcione.

7. Quais dias da semana serão separados para a criação do conteúdo?

Quando nos deparamos com alguém que não vemos há muito tempo, uma pergunta comum de se fazer é: "O que tem feito?" A resposta que menos me agrada, infelizmente, é a mais frequente: "Ah, estive *tãããoo* ocupado!" Eu poderia sondar mais com a seguinte pergunta: "Incrível! Qual a conquista dos últimos trinta dias que você mais se orgulha?" você receberia um olhar confuso e uma resposta parecida com "ah, nada específico: as crianças, o trabalho, os pets, essas coisas, sabe?"

Não, eu não sei. As pessoas no trajeto comum ao sucesso incomum não sabem. Aqueles que não conseguem compartilhar algo significativo que realizaram em trinta dias terão a mesma resposta daqui a trinta anos.

Um ótimo livro para ler sobre esse assunto é a obra de Bronnie Ware, *Antes de partir*. Trata-se de um livro sobre pessoas no fim de suas vidas que estão chocadas com as pouquíssimas realizações que fizeram durante toda a vida. Elas se veem chocadas ao perceberem que apenas "estavam lá", passando de uma tarefa sem significado para outra. Obviamente, elas tinham grandes planos, mas estes eram sempre para o futuro, nunca para o presente. Agora que o futuro dessas pessoas se resumia a alguns dias, perceberam que todos os objetivos, sonhos e aspirações nunca se tornariam realidade. Essas pessoas morreriam sabendo que desperdiçaram seu bem mais precioso — o tempo —, e essa percepção os enchia de arrependimento.

Aqueles no trajeto comum ao sucesso incomum não morrem com arrependimentos. Chegamos ao final de nossas vidas sabendo que tentamos, fracassamos, aprendemos, ajustamos, tentamos novamente e finalmente conseguimos uma vida de realização e liberdade financeira. Será que estou sendo dramático ao falar assim sobre decidir quais dias da semana você separará para a criação de conteúdo? Que nada.

Sua amiga que o respondeu com um olhar confuso quando foi perguntada sobre sua maior conquista nos últimos trinta dias não separou um período semanal para criação de conteúdo. Você está no trajeto comum ao sucesso incomum. Você separará um período semanal dedicado às tarefas específicas para seguir adiante com seu negócio.

Agora é o momento em que sua agenda se torna sua melhor amiga. Ao longo de mais de cinco anos, todas as minhas terças-feiras eram reservadas. Por quê? Porque era o dia que eu separava para gravar e editar oito episódios do *Entrepreneurs on Fire*. Nada era mais importante que concluir esses oito episódios. Essa era a única forma de manter um podcast diário. Detalharei melhor essa parte da minha criação de conteúdo mais tarde, mas espero que você entenda a importância de atribuir dias específicos da semana à sua criação de conteúdo.

Digamos que você queira gerar um impacto nas redes sociais. Um bom plano seria reservar as sextas-feiras para criar conteúdo a ser publicado em sua rede social na semana seguinte. Isso permitirá que você se mantenha no prazo com suas publicações de rede social ao mesmo tempo que não precisaria dedicar todos os dias para criar esse conteúdo. O plano de criação de conteúdo poderia se parecer com o descrito a seguir:

Toda sexta, das nove da manhã à uma hora da tarde, você criará sete publicações de rede social para sete dias:

- Das nove às dez da manhã, criarei sete tweets, com pelo menos três levando até um artigo relevante que encontrei na internet.
- Das dez às onze horas da manhã, criarei sete publicações do Instagram, com pelo menos quatro possuindo cem palavras ou mais.
- Das onze ao meio-dia, criarei sete publicações do Facebook, com pelo menos três publicações em vídeo.
- Do meio-dia à uma hora da tarde, criarei sete publicações do LinkedIn, com pelo menos duas possuindo quinhentas palavras ou mais.

Adivinhe o que acontecerá se você reservar as sextas-feiras dessa forma? Terá 28 publicações de redes sociais de boa qualidade. Entregará um conteúdo gratuito, de qualidade e consistente para o seu público. Ele começará a conhecer, gostar e confiar em você. Seu número de seguidores crescerá, bem como seu alcance, impacto e influência.

Dizendo de forma simples, você estará no trajeto comum ao sucesso incomum.

Por outro lado, o que acontece quando as pessoas não estabelecem um plano de criação de conteúdo para suas redes sociais? Elas acordam sabendo que deveriam publicar em cada uma de suas redes sociais. Durante alguns dias, talvez semanas, elas farão isso. Então, o fardo de precisar parar e criar algo diariamente para todas as redes sociais começará a pesar sobre elas.

Talvez elas tenham um dia ruim. Podem ficar doentes ou cansadas. Talvez alguma coisa fora do controle delas aconteça e elas precisem resolver a situação. E, dessa vez, não haverá publicação na rede social.

Infelizmente, esse é o primeiro vazamento da represa. Alguns dias depois, alguma coisa acontece e se torna simplesmente mais fácil não publicar porque o mundo não acabou na primeira vez que isso aconteceu. Então surgem mais situações e, quando a pessoa se dá conta, semanas se passaram sem alguma produção significativa para as redes sociais. O impulso começa a se perder, o crescimento do público é interrompido, os leads reduzem e uma sensação de impotência surge. Outro empreendedor, com as melhores das intenções, desaparece sob o pôr do sol.

Posso estar sendo dramático mais uma vez? Sim, mas já vi versões do que descrevi acontecerem inúmeras vezes. Na verdade, temos um termo para isso no mundo do podcast: *podfading* ["podsumiço", em tradução livre].

Meus amigos, nós estamos no trajeto comum ao sucesso incomum. Nós fazemos as pequenas coisas do jeito certo, porque isso leva a resultados enormes, e resultados enormes nos levam à realização e à liberdade financeira.

É fácil separar algumas horas semanais para a criação de conteúdo. Também é fácil não fazer isso. Nesse caso, escolha sua facilidade. Use seu calendário de forma inteligente e reserve horas todas as semanas para as tarefas importantes que alimentarão o seu negócio.

Existem outras duas questões que gostaria de fazer antes de concluir esta seção.

A primeira questão é sobre qualidade. Você criaria um conteúdo melhor se tivesse um período de tempo semanal reservado exclusivamente para a criação de conteúdo ou se entrasse no modo de criação de conteúdo todo dia para montar aquela publicação diária obrigatória da rede social? Acho que você sabe a resposta.

A segunda questão é sobre eficiência.

Nosso cérebro, de muitas formas, é como um computador. Ele precisa "ligar" quando queremos realizar tarefas específicas e leva algum tempo até aquecer. No entanto, quando seu cérebro pega o ritmo, a mágica parece simplesmente fluir.

Reservo algumas horas de todos os meus dias para escrever este livro. É difícil deixar meu cérebro no clima, mas, após cinco minutos, as palavras começam a fluir e eu continuo pisando no acelerador. Caso esteja "esquentando o seu cérebro" todos os dias para criar um único conteúdo de rede social, você está sendo bastante ineficaz nisso. No trajeto comum ao sucesso incomum não aceitamos uma criação de conteúdo ineficaz, uma vez que isso leva ao temido ostracismo do empreendedor.

Comprometa-se a reservar um horário semanal especificamente para a criação de conteúdo. Com isso, você estará se comprometendo a um sucesso de longo prazo.

8. Quem garantirá que você e seu plano de criação de conteúdo fiquem nos trilhos?

Outro arrependimento dos que estavam prestes a morrer e que chegou a ser registrado no livro de Bronnie Ware é que desejavam não ter permitido que a opinião alheia ditasse o curso de suas vidas. Falando de outra forma, eles se cercaram das pessoas erradas. Valorizaram as opiniões das pessoas erradas. Aceitaram conselhos das pessoas erradas. Como resultado, no último dia de suas vidas, perceberam que seguiram o caminho errado da vida.

Você está no trajeto comum ao sucesso incomum. É importante amar aqueles que amam e apoiam você. Tenho certeza de que sua mãe lhe deseja o melhor e seu pai provavelmente torce pelo seu sucesso, mas os dois não fazem ideia do rumo que sua vida deve tomar.

Infelizmente, muitas vezes eles tentam consertar os erros de suas próprias vidas por meio de você. Sempre que ouvir as palavras "Eu sacrifiquei *tudo* por você", entenda "Eu fracassei, e agora estou colocando minhas esperanças e sonhos inacabados sobre você, porque você é a última esperança para que eu não me arrependa por completo da minha vida".

É duro, mas é verdade.

Se seus pais/irmãos/entes queridos realmente entendessem a vida, encorajariam você a buscar seus sonhos e esperanças, a trabalhar duro todos os dias para fazer a diferença no mundo e a criar um impacto em uma área que deixe você e os outros ao seu redor felizes. Sempre que me vejo trabalhando duro demais ou durante muito tempo em coisas que não gosto, eu lembro da letra na música da banda Kansas: "Tudo o que somos é apenas poeira ao vento."

Há 40 mil anos, era importante estar sempre perto de sua tribo. Sua tribo fornecia segurança enquanto você explorava o vale subsaariano. Hoje em dia vivemos em um mundo diferente, e este livro foi projetado para orientá-lo a realizar as escolhas que lhe darão a melhor oportunidade de encontrar felicidade e realização na sua vida.

O Capítulo 6 se concentrou em criar ou participar de uma mastermind com pessoas que você admira, respeita e se orgulha de passar seu tempo. Esses indivíduos também estão no trajeto comum ao sucesso incomum. Eles viram a luz, sabem que uma vida de realização e liberdade financeira é possível e estão comprometidos a conquistar o sucesso incomum por meio do trabalho pesado, do comprometimento e tornando-se uma pessoa de valor.

Essas são as pessoas que vão mantê-lo nos trilhos do plano de criação de conteúdo. Que garantirão que você priorize a ação e não o perfeccionismo. Essas são as pessoas que celebrarão os seus sucessos e o ajudarão a aprender a partir de seus fracassos. Elas irão apoiá-lo enquanto você busca um sucesso muito além do que já sonhou.

Você consegue!

9. Quais dias do mês você separará para avaliar seu plano de produção de conteúdo a fim de ajustá-lo conforme necessário?

Nas Forças Armadas dos Estados Unidos, um de nossos treinamentos mais valiosos é chamado de AAR, After-Action Reviews, ou Revisão Após Ação. A palavra-chave é *ação*. Nas Forças Armadas, tínhamos um viés para a ação, "porque um bom plano agora é melhor que um ótimo plano mais tarde".

Tudo no trajeto comum ao sucesso incomum é voltado para a ação. Sem a ação, não há feedback a ser recebido, nada a ser ajustado ou aprimorado, nenhum pivot a ser feito. A essa altura do trajeto comum ao sucesso incomum, eu sei que você é alguém que parte para a ação.

Agora é hora de explicar a importância da reflexão e avaliação. É aqui que está o pote de ouro. Sempre amei o ditado que diz *andar a mil quilômetros por hora na direção errada o deixará mil quilômetros mais longe.* É importante andar rápido e quebrar tudo, mas é ainda mais importante entender por que as coisas quebraram.

Todos os meses, reserve um dia em que sua equipe avaliará o plano de produção de conteúdo. Você precisa identificar o que está e o que não está funcionando nesse plano. Você precisa de planos para consertar os vazamentos e acender o que está funcionando. É preciso ter a certeza de que você está se movimentando na direção correta.

Esse dia de reflexão e avaliação permitirá que você sinta o pulso do seu negócio.

Todos nos desviamos de nossa estrela-guia, mas aqueles que percebem isso rapidamente e se reajustam de maneira contínua são aqueles que permanecem no sucesso mês após mês, ano após ano.

Essa é uma das principais razões pelas quais publicamos relatórios financeiros mensais desde 2013. Esses relatórios são bem úteis para nosso público, porque mostram tanto o que está funcionando em nosso negócio quanto o que não está. Todo dólar ganho é documentado e todo dólar gasto é descrito. Os relatórios nos permitiram manter nossas margens de lucro em níveis altíssimos porque sempre que percebemos uma queda de receita, investigamos a causa e, se possível, realizamos os ajustes necessários para levá-la de volta aonde gostaríamos que ela ficasse.

Ouvi histórias de negócios com múltiplos vazamentos financeiros pequenos que não foram observados por anos. Esses pequenos vazamentos somam perdas incríveis ao longo do tempo e com frequência levam um negócio, que seria bem-sucedido de outro modo, à falência. Toda essa receita indo embora poderia ser investida em marketing, infraestrutura, criação de uma equipe maior, entre outros, mas em vez disso o dinheiro foi pelo ralo das falsas esperanças e sonhos destruídos.

Apenas um dia dedicado por mês é necessário para manter seu navio preparado e seguindo a direção correta. Você deve isso a si mesmo, à sua equipe e àqueles que receberam muito valor pelo conteúdo compartilhado.

Você consegue!

Meu Plano de Produção de Conteúdo

Agora é hora de falar sobre como criei meu plano de produção de conteúdo. No entanto, antes de mergulharmos nesse assunto, é importante lembrar que nada do que for criado no trajeto comum ao sucesso incomum é uma lei rígida e imutável. Tudo evolui com o tempo.

O mesmo acontece com seu plano de produção de conteúdo. Ele evoluirá, se transformará, se modificará, se ajustará e melhorará conforme você continua a criar conteúdo e identifica o que funciona melhor para você, seu negócio e seu avatar. Mas devemos começar com uma base; caso contrário, você não terá nada sobre o que construir.

A seguir está minha base inicial.

1. Qual sistema de agenda será usado para organizar o seu plano de produção de conteúdo?

Antes de iniciar minha jornada empreendedora, minha agenda era controlada por meu chefe, seja lá quem ele fosse na época. Lembro-me de abrir minha agenda todos os dias com pavor, vendo reuniões infindáveis preenchendo quase todas as minhas horas de trabalho. Com o pouco espaço vago restante, eu olhava sem propósito para a tela do computador e partia para a terra do nunca, antes de ser trazido de volta para a realidade e para seja lá qual fosse a tarefa devoradora de alma a ser concluída.

Quando comecei minha jornada empreendedora, lembro de abrir minha agenda e não ver *nada* além de espaço vago. Eu me senti perdido, ansioso e sem rumo. Onde estava a pessoa que devia me dizer o que fazer?

Como um oficial do exército norte-americano, sempre tive um comandante me dando ordens diariamente. O mesmo aconteceu no meu emprego no mercado imobiliário e quando eu era um robô corporativo. Agora, a única pessoa que estava presente e podia me oferecer alguma direção era o rosto refletido na minha agenda vazia. Eu.

Era hora de crescer. Se isso precisava ser feito, então eu o faria.

Comecei pesquisando no Google a *melhor ferramenta de calendário e organização*. Após ler alguns artigos e ver alguns tutoriais, decidi ficar com o Google Agenda e o Schedule Once. Tenho usado os dois desde então. Não pense muito nessa parte do processo, mas pesquise e faça a escolha que pareça a certa para você.

Ao escolher sua agenda e sistema de organização, eles se integrarão à sua vida e será trabalhoso migrar para outro sistema, então dedique um tempo para tomar a melhor decisão com a informação que adquirir, comprometa-se e vá para o próximo passo do seu trajeto comum ao sucesso incomum.

2. Com que frequência entregará seu conteúdo?

Agora que tinha minha agenda e organizador definidos, era hora de decidir a frequência com que entregaria meu conteúdo. Decidi que o *Entrepreneurs on Fire* seria publicado sete dias por semana, mas isso ainda deixava muitas decisões a serem tomadas:

- **Apontamentos do Programa.** Eu criaria uma página de apontamentos para cada episódio ou faria um resumo semanal de todos os sete programas?
- **E-mail**. Estava planejando criar uma lista de e-mail e precisava decidir a frequência das mensagens que enviaria.
- **Rede Social**. Quais redes sociais eu usaria para promover o programa e com que frequência publicaria nas plataformas escolhidas?

Decidi simplificar e adicionar mais complexidade no futuro, quando minha equipe aumentasse e meus sistemas estivessem prontos.

- **Apontamentos do Programa**. Já que o *Entrepreneurs on Fire* era o ponto focal do negócio, decidi que uma página para mostrar apontamentos seria criada e publicada após cada episódio. Isso daria aos meus ouvintes um espaço para quando quisessem recapitular, buscar links ou mais

informações. Também me daria a chance de aumentar as visualizações do site, aumentando assim minha lista de e-mails e o valor geral que ofereceria ao público.
- **E-mail.** Decidi a frequência de dois e-mails por semana, um deles focando os episódios que havia acabado de criar e outro com foco em um assunto que pensei ser relevante para meu público.
- **Mídia Social.** Decidi começar com um tweet diário promovendo o episódio do dia e duas publicações semanais no Facebook com os teasers dos programas.

Agora que sabia a frequência do conteúdo, era hora de dar o próximo passo no meu plano de produção de conteúdo.

3. Em quais dias seu conteúdo será entregue?

Essa parte do meu plano de produção de conteúdo foi simples de decidir. O *Entrepreneurs on Fire* seria publicado sete dias por semana, então não tinha muita margem para pensar em quais dias lançar cada episódio. A única consideração que fiz foi quanto ao horário em que os episódios deveriam ser lançados. Eu sabia que a maioria da minha base de ouvintes estaria nos Estados Unidos da América, e também sabia que meu avatar ouviria o podcast enquanto dirigia até o trabalho.

Fui até o Google e pesquisei *primeiro horário que os trabalhadores de Nova York começam seu trajeto matinal*. Após ler alguns artigos, descobri que o consenso era às cinco horas da manhã, decidi voltar uma hora para garantir e lançaria meus episódios às quatro.

Na minha cabeça, meu avatar acordaria de manhã e, ao preparar seu café matutino, carregaria o episódio mais recente do *Entrepreneurs on Fire* antes de dar um beijo triste de despedida em sua esposa e filhos, entrar no carro e partir para uma viagem de 25 minutos até o trabalho.

Sem entrar em muitos detalhes, mas eu também precisava me certificar de que o episódio não fosse lançado cedo demais, caso contrário ele apareceria como o do dia anterior para o público da Costa Oeste dos Estados Unidos. Por exemplo, se eu publicasse um episódio às 2:30 da manhã no horário da Costa Leste, então ele seria lançado às 23:30 no horário do Pacífico. Cuidado para não pensar demais sobre essas minúcias, mas ao mesmo tempo certifique-se de fazer os pequenos detalhes direito, porque elas podem causar um grande impacto em longo prazo.

Eu sabia que meu avatar queria um novo episódio todos os dias e eu queria que ele o ouvisse, com a data e hora do dia, entregue a ele todos os dias.

Sincronizei a publicação dos apontamentos do programa com o lançamento dos episódios, de modo que a única decisão restante eram os dias em que publicaria a newsletter e as publicações das redes sociais.

Para a newsletter, enviada por e-mail, eu realizaria o envio duas vezes por semana e precisava decidir quando enviaria qual conteúdo. Após pensar um pouco, escolhi segunda-feira para compartilhar os episódios da semana e algumas lições aprendidas na semana anterior. Isso empolgaria meu público para os episódios que estavam por vir, além de ser útil na forma de "bombas de valor", lançadas na semana anterior.

Para a segunda newsletter, decidi pelo envio às sextas-feiras, um bom momento para recapitular os programas da semana, falar um pouco sobre os episódios do final de semana e compartilhar um grande momento *a-ha* que me ocorreu no decorrer dos cinco dias anteriores. Isso daria ao meu público uma chance de refletir sobre o conteúdo da semana anterior, fazer uma anotação para assistir a algum episódio que tenha perdido e se empolgar com os episódios futuros — e, é claro, obter algum valor do conhecimento incrível que é compartilhado por nossos convidados.

Com a minha newsletter estruturada, era hora de um plano para as redes sociais. Já havia me comprometido com um tweet por dia, mas quando enviaria o tweet? Usei uma ferramenta capaz de mostrar o horário em que meus seguidores eram mais ativos na plataforma e escolhi um horário dentro dessa gama. Os meus tweets eram simples, como um teaser rápido do episódio do dia com um link para os apontamentos.

Para minhas duas publicações semanais do Facebook, decidi publicar às quartas-feiras e aos domingos. A quarta-feira estava bem colocada entre minhas newsletters de segunda e sexta-feira, e domingo era um dia que meus seguidores passavam bastante tempo no Facebook, algo que descobri usando uma ferramenta semelhante àquela usada no meu público do Twitter. Quanto ao conteúdo em si, decidi simplificar as coisas e destacar um episódio com meus principais aprendizados, acompanhado de um link do programa.

De repente, meu plano de produção de conteúdo começava a tomar forma. Eu não estava mais sobrecarregado. Conseguia olhar para minha agenda e ver quando criaria, o que criaria e quando publicaria. Com um plano, tudo que me faltava era executá-lo, transformando-o em uma máquina geradora de valor.

Era hora de dar o próximo passo.

Gostaria de fazer uma breve nota sobre meu plano para redes sociais. Eu lancei o Entrepreneurs on Fire *em 2012, então estou compartilhando o que fazia sentido no mundo das redes sociais na época. Encorajo que use o plano criado por mim como um guia e escolha as plataformas que façam mais sentido para seu avatar no momento em que estiver montando seu plano de produção de conteúdo.*

4. Qual é a duração média do conteúdo que será criado?

Chegava a hora de decidir a duração do conteúdo criado por mim. É aqui que o trabalho realizado no Capítulo 3 começa a dar frutos. Quando você sabe exatamente a necessidade do seu avatar, esse tipo de pergunta se torna um jogo de "preencher as lacunas". Em cada bifurcação do caminho, lembre-se de perguntar a si mesmo o que agradaria seu avatar. Permita que o avatar seja seu guia ao longo do trajeto comum ao sucesso incomum.

Meu avatar (Jimmy) faz um trajeto de 25 minutos até o trabalho todas as manhãs e um trajeto de 35 minutos para casa ao final da tarde (ele fica preso em um breve engarrafamento). Portanto, decidi que todo episódio do *Entrepreneurs on Fire* teria entre vinte e trinta minutos. Meu objetivo era permitir que Jimmy começasse e terminasse um episódio durante o primeiro trajeto, pela manhã, e que pudesse ouvir algum episódio que ele perdeu (ou ouvir um de seus episódios favoritos) no seu trajeto de volta para casa.

O tamanho de vinte a trinta minutos por episódio era um guia, já que eu não cortaria Tony Robbins quando ele decidiu me dar 53 minutos do seu tempo para o meu programa (é verdade). No entanto, eu queria que meus ouvintes tivessem certas expectativas ao apertar o *play* em um episódio do *Entrepreneurs on Fire*: alta qualidade de áudio, muita energia, muito valor e a maioria dos episódios com algo entre vinte a trinta minutos de duração.

Queria trazer a mesma congruência dos outros conteúdos que estava criando. Lembre-se, você não está implementando um conjunto rígido de princípios do qual jamais se desviará. Em vez disso, está criando um conjunto de diretrizes que o ajudarão a manter o foco e a consistência na sua mensagem e criação de conteúdo.

Para os apontamentos do programa, optei por um sistema em que teria a seção superior com as maiores "bombas de valor" lançadas ao longo do episódio, seguida pelos links mencionados durante a entrevista. A seção final teria minha maior lição aprendida. Esse sistema me ajudou a criar apontamentos de qualidade em uma quantidade razoável de tempo enquanto garantia que meus ouvintes pudessem esperar receber uma boa quantidade de valor ao visitar meu site.

Para o e-mail, simplifiquei as coisas. Meu requisito era um máximo de quinhentas palavras por e-mail. Eu sabia que Jimmy tinha pouco tempo livre e que era importante entregar um e-mail valioso de forma clara e concisa.

Além do limite de palavras, deixei bastante espaço para a criatividade artística nas minhas newsletters e, ao longo dos anos, testei muitas coisas diferentes, algumas das quais funcionaram bem e outras que deram bastante errado. Assim como tudo na vida, mantive os acertos e abandonei os erros.

Nas redes sociais, adotei uma abordagem parecida com o e-mail. Implementei um limite de cem palavras por publicação de rede social e deixei bastante espaço para experimentação.

Assim como todo o resto ao longo do trajeto comum ao sucesso incomum, sempre segui este processo:

Criar → Publicar → Solicitar feedback → Analisar o feedback → Implementar ajustes → Repetir.

5. Quanto tempo você levará para criar cada conteúdo?

Durante a maior parte da minha infância, fui um jogador de basquete. Lá pelo quarto ano, eu estava ficando bom. Quando entrei na segunda metade do ensino fundamental, me tornei o armador principal. No segundo ano do ensino médio, fui anunciado como principal armador do time estudantil. Continuei a melhorar ao longo dos anos e, quando estava perto de concluir o ensino médio, fui preparado para jogar no time estadual.

Infelizmente, isso nunca aconteceu. Durante um acampamento de verão do grupo de basquete, desenvolvi tendinite na patela de ambos os joelhos. Nunca fiquei curado, e isso me obrigou a ficar fora da temporada de outono de futebol. Testei meus joelhos nos primeiros treinos de basquete, mas estava óbvio que ainda não tinha condições de jogar e, com lágrimas nos olhos, disse ao meu treinador que estava fora. Foi uma decisão muito difícil, mas ao mesmo tempo foi um pequeno alívio, porque eu sabia quão doloroso seria o caminho se tivesse continuado.

Como um atleta de três esportes, essa seria a primeira vez que não passaria todo meu tempo livre em treinamentos e jogos. Com esse tempo livre, comecei a me sentir entediado. As aulas terminavam às 14:00. O que eu faria nas 8 horas seguintes enquanto todos os meus amigos jogavam?

Foi então que recebi uma carta do pai de um grande nadador da nossa escola. Ele me ofereceu suas condolências pela minha temporada perdida de basquete e me lembrou de que eu havia crescido no lago, nadando durante todo o verão. Além disso, já nadava de maneira competitiva desde muito novo, antes do basquete tomar todo meu calendário de inverno. Meu pai foi um nadador universitário em Georgetown, então a natação competitiva estava "na minha genética".

Falei sobre isso com meu pai e decidi que era uma ótima maneira de me manter em forma, longe de problemas e provavelmente ter algum sucesso no grupo de natação do ensino médio.

Por falta de um termo melhor, comecei a temporada de natação como um peixe fora d'água. Eu me recusava a usar roupas esportivas da Speedo (jogadores de basquete só usam os shorts mais largos entre os shorts largos), não fazia ideia de como fazer uma virada olímpica e era terrível nas plataformas de largada. Além disso, o estilo de nado livre era o único em que eu era razoavelmente bom, o estilo mais competitivo da natação. Não obstante, sabia que deveria tentar.

Nossa primeira sessão não foi um desastre, mas chegou perto. Nadei os cinquenta metros livre, que é como a corrida de cem metros. É uma corrida de duas voltas na piscina. Pisei na plataforma como o único competidor a não usar um traje Speedo. Observar meu calção de banho amarelo e brilhante deve ter sido desagradável para os outros. Quando a pistola de largada disparou, fui o último a sair da plataforma.

Provavelmente ganhei algum tempo na primeira volta, mas perdi todo esse tempo quando era o único a não saber fazer uma virada olímpica. Segurei na parede com as duas mãos, perdi todo meu momento, respirei fundo e segui para os últimos 25 metros. Após cerca de vinte metros, estava sem energia e não conseguia acreditar que ainda não havia acabado.

Literalmente parei, fiquei de pé na piscina e percebi que todos já haviam encerrado. Alguns já estavam fora da piscina, com a toalha nas mãos. Segui desajeitado pelo restante do percurso, toquei a parede e completei meu primeiro nado competitivo do ensino médio.

O que aconteceu em seguida mudou tudo. Olhei para o placar e vi o meu tempo. Era ruim: 33:04.

Mas alguma coisa dentro de mim havia mudado. Fiz tantas coisas erradas, mas agora tinha um parâmetro para avaliar meu progresso. Uma chama se acendeu e, pelo resto da temporada de natação, nunca se extinguiu.

Todos os dias, no treinamento, me comprometi a trabalhar em uma das minhas fraquezas na natação até ela se tornar um ponto forte.

A virada olímpica foi meu primeiro foco. Por trinta minutos, antes e após o treino, eu trabalhava para melhorar minha virada. Os dias se tornaram semanas, e eu aos poucos melhorava minha virada olímpica. Então, um dia simplesmente aconteceu. Eu sabia exatamente o momento de virar, a força para chutar a parede e quanto tempo ficar debaixo d'água para potencializar a velocidade.

Conquistando a virada olímpica, segui para minha próxima fraqueza, a plataforma de largada. Pratiquei o posicionamento dos pés, aprendi a antecipar a pistola de largada, aperfeiçoei a forma como entrava na água e o tempo que ficava submerso antes de emergir e começar meu nado livre.

Então passei a melhorar a duração do meu nado, seguida do método dos meus chutes e a eficiência da minha respiração enquanto mantinha a postura ideal.

Enquanto as sessões iam e vinham, eu ficava cada vez mais animado ao ver meu tempo diminuir. Cada fraqueza melhorada reduzia segundos do meu tempo. Depois de pouco tempo eu já não era o último a terminar.

Foi quando aconteceu. Eu terminei em terceiro lugar, rendendo pontos à minha equipe e nos lançando rumo à vitória.

Eu sabia que a hora havia chegado. Era hora de abandonar meu calção largo e me tornar um verdadeiro nadador competitivo. Esses calções de nado me deram a coragem necessária para dar o primeiro passo, mas agora estavam, no sentido figurativo (e literal!), me atrasando. O atrito deles era desagradável.

Estávamos prestes a competir contra a melhor escola de natação do estado, que minha escola nunca conseguira vencer. Tinham uma equipe poderosa e um nadador rápido no nado livre de cinquenta metros. Mantive a toalha na cintura até o último segundo, mas quando o juiz disse "nadadores, aos seus lugares", tirei a toalha e me posicionei na plataforma.

Sentia como se todos me olhassem, mas é claro que isso era apenas produto da minha imaginação. Eu era apenas um dos oito nadadores, todos os quais vestiam Speedo.

A pistola disparou e tudo deu certo. Técnicas perfeitas, movimentos fortes de perna e respiração adequada.

Eu conseguia ver com a visão periférica que mantinha o ritmo do principal nadador deles! Tudo seria decidido na virada olímpica.

Três, dois, um, *virar!*

Bum! Uma excelente virada.

Agora era uma corrida até o final. Quando minha mão tocou a parede, eu sabia que havia alcançado um recorde pessoal, mas seria o suficiente?

Olhei para o quadro de pontuações e vi um número mágico ao lado do meu nome, o número um. Eu consegui!

Bati meu recorde pessoal, venci o melhor nadador deles e consegui a maior pontuação possível para minha equipe.

Meu tempo final foi interessante: 23:04.

Em todos os meses de trabalho, consegui reduzir meu tempo em dez segundos. Me sentia muito orgulhoso.

Terminei em primeiro lugar na final estadual dos cinquenta metros livres e em terceiro lugar nos cem metros. Essa experiência me mostrou o poder do foco. Eu sabia que haviam seis áreas nas quais meu nado precisava de melhoria. Se tentasse melhorar em todas de uma só vez, ficaria sobrecarregado e frustrado, e logo fracassaria.

Ao lidar com um problema de cada vez, tudo pareceu realizável. Eu podia ver e sentir meu progresso semanal. Ao longo da temporada, melhorei bastante em cada uma dessas áreas, um passo de cada vez.

Compartilho essa história porque é um momento da minha vida para o qual me volto com frequência quando me sinto sobrecarregado no trabalho. Quando sinto que existe muito a ser feito e pouco tempo para fazê-lo, lembro que o trajeto comum ao sucesso incomum é uma jornada, e ela requer paciência, persistência e foco. Meus dias como nadador profissional ficaram para trás, mas as lições que aprendi naquela época permanecerão comigo pelo resto da minha vida.

É hora de explicar o título desta seção: *Quanto tempo você levará para criar cada conteúdo?*

No começo, levará muito tempo. Será preciso muito esforço mental e energia. É sempre assim quando você começa algo novo.

Mas, cada vez que criar conteúdo novo, ficará melhor e mais eficiente, criando sistemas e processos. Assim como foquei minhas habilidades deficientes de nado uma de cada vez, você focará uma parte deficiente do seu sistema de criação de conteúdo. Não se sinta desencorajado e sobrecarregado se a primeira rodada demorar demais.

A próxima não será tão longa. Na vigésima rodada, você dará risadas ao se lembrar de como fazia as coisas no começo.

Uma dificuldade comum entre os podcasters ao editar o programa pela primeira vez: *John, terminei minha primeira entrevista e ela foi ótima! Mas passei três horas editando a entrevista de vinte minutos. Não tenho como gastar esse mesmo tempo nas entrevistas seguintes.*

Minha resposta é sempre a mesma: *É claro que demorou três horas. Essa é sua primeira vez editando um episódio de podcast e tudo é novidade e confusão. Levei três horas para editar meu primeiro episódio e fiquei aterrorizado porque sabia que não tinha como manter esse ritmo em um programa diário. Na décima edição, levei noventa minutos. Na cinquenta, levei trinta minutos. Agora, com mais de 2.500 episódios, cada entrevista leva entre três a cinco minutos para ser editada, e ainda faço um trabalho melhor do que fiz na primeira vez. Como? Melhorei um pouco mais a cada edição. Melhorei um aspecto do meu sistema ou processo. Você também melhorará. Tenha fé, mantenha a consistência e foque um passo de cada vez. Você consegue!*

Resumindo: levará um bom tempo para criar seu primeiro conteúdo, então planeje de acordo. Mas tenha a confiança de que, sempre que criar algo, melhorará uma parte do processo. Você se tornará mais rápido e eficiente. O trajeto comum ao sucesso incomum é sobre fazer as pequenas coisas do jeito certo por um longo período.

Vamos nessa!

6. Com quanto tempo de antecedência você criará o conteúdo que será publicado?

Aqueles que *não* estão no trajeto comum ao sucesso incomum constantemente encontram-se em um ciclo de "criação sob encomenda". Essas pessoas estão sempre correndo pra cumprir seus objetivos antes que estourem algum prazo!

Qual o resultado para quem consome seu produto? O conteúdo lhe parece apressado, superficial. É como se faltasse alguma coisa.

Como é a vida do criador de conteúdo? Ele está constantemente estressado, ansioso e sentindo a corda no pescoço.

Esse não é nosso caminho. Aqueles no trajeto comum ao sucesso incomum têm uma experiência muito diferente. Sentimos conforto em saber que nosso plano está em execução e orgulho ao ver tudo funcionando em harmonia.

Qual o resultado para quem está consumindo o conteúdo? Tudo parece bem-estruturado, completo. O conteúdo entrega a promessa de grande valor.

Como é a vida do criador de conteúdo? Ele se sente realizado e empoderado. Sente-se no controle do jogo, sempre um passo à frente.

Quando me comprometi com o objetivo audacioso de publicar um podcast todo dia, precisava cumprir minha promessa. Eu sabia que teria muitas dificuldades. A primeira delas era encontrar empreendedores qualificados o suficiente para entrevistar. A segunda era conseguir suas informações de contato. Então, eu precisaria convencê-los a dedicar trinta minutos de seu dia conversando com uma pessoa que nunca viram antes em um podcast de que nunca ouviram falar.

Ao finalmente ouvir um sim, ainda precisaria de outras 364 respostas positivas para o resto do ano.

Eu sabia que, para o *Entrepreneurs on Fire* funcionar, eu precisaria me adiantar 45 dias e manter esse ritmo. Isso significa que meu objetivo sempre foi ter 45 episódios "prontos para lançar". Dessa forma, caso surgisse uma onda de cancelamentos, faltasse luz no dia da entrevista ou qualquer outro desastre, natural ou não, ocorresse, eu teria tempo para resolver a situação.

Passei os três meses anteriores ao lançamento criando e armazenando esses 45 episódios. Ao lançar, montei um calendário que me deixaria sempre 45 dias adiantado.

O ano de 2017 testou minha antecipação...

Enquanto o furacão Maria, de categoria 5, avançava rumo à minha terra natal do Porto Rico, eu sabia que era hora de partir. Felizmente, eu estava adiantado e o *Entrepreneurs on Fire* não perdeu um dia do episódio.

Nunca me esquecerei de quando gravei episódios do *EOF* com um microfone portátil ao lado da piscina do nosso Airbnb em Tampa. Precisei enfrentar mosquitos e um Wi-Fi ruim, mas concluí a entrevista porque, como costumam dizer, o show deve continuar!

Quando você está criando o seu prazo ideal, não deixe o número 45 intimidá-lo. Isso é para um podcast diário. Recomendo estar 45 dias adiantado, então se você cria vídeos semanais, isso significa estar seis vídeos adiante. Um pouco menos intimidador, não é?

Antes de finalizar essa seção, gostaria de compartilhar uma questão comum sobre o assunto: "John, como você encontrou todos esses convidados antes do *Entrepreneurs on Fire* ser um sucesso?"

Minha estratégia é específica para encontrar convidados para podcasts, mas o conceito pode ser replicado na maioria das plataformas. Primeiro, perguntei a mim mesmo a seguinte questão: "Onde estão os empreendedores bem-sucedidos e inspiradores de destaque?" Comecei a montar uma lista, e no topo da lista estavam duas oportunidades bem promissoras: revistas de negócios e conferências empresariais.

O primeiro evento era fácil. Só me inscrevi em uma versão digital em uma das maiores revistas de negócios disponíveis e fiz uma pesquisa em seus arquivos, anotando todos os empreendedores em destaque.

Foi então que o verdadeiro trabalho começou.

Para aparecer em uma grande revista de negócios, você precisa estar fazendo muitas coisas certas. Esse tipo de exposição significa que muitas pessoas estão competindo por sua atenção. Fiz uma pesquisa sobre em quais plataformas os empreendedores eram mais ativos, os segui e comecei a interagir diariamente com o conteúdo deles.

Uma coisa que descobri rapidamente é que as pessoas prestam atenção. Só porque eles têm muitos seguidores não significa que ignoram seus comentários e mensagens. Elas percebem e, ao se tornar um seguidor ativo e comprometido, você aumenta significativamente as chances de receber um *sim* ao fazer a pergunta, já que você tem sido uma pessoa de valor no mundo delas e isso é muito importante para estas pessoas.

Agora que alcancei um certo nível de sucesso, posso falar por experiência própria. A maioria das mensagens que recebo começa com uma versão de *"Oi John, tenho certeza que você recebe milhares dessas mensagens e tem uma equipe só para respondê-las, mas..."* A realidade é que, como todo mundo pensa que recebo milhares de mensagens diariamente, poucas pessoas as enviam e, como resultado disso, posso responder a todas pessoalmente.

Quando eu estava enviando mensagens a meus convidados dos sonhos para o *Entrepreneurs on Fire*, tive essa experiência ao enviar um e-mail para Seth Godin. Ele respondeu com: "Que tal uma hora da tarde, horário da Costa Leste?"

Fiquei de queixo caído e acho que esse foi o cancelamento de consulta ao dentista mais rápido que já fiz.

Espero que aceite meu conselho e comece a interagir com aqueles que você deseja se conectar. Não estou dizendo que vai dar certo sempre, mas será um bom uso do seu tempo e dos seus esforços.

A próxima estratégia que usei foi uma mina de ouro e provou que um podcast diário era possível.

Eu pesquisei no Google as *melhores conferências de empreendedorismo do ano*. Buscando os resultados, compilei uma lista de mais de cinquenta conferências. O próximo passo *não* foi comprar o ingresso, uma passagem de avião e alugar um quarto de hotel. Nada perto disso. Simplesmente visitei o site do evento, cliquei na guia com o nome *pa-*

lestrantes e pronto, uma lista de palestrantes apareceu, contendo uma breve biografia, assunto da palestra e site pessoal.

Meu próximo passo foi criar uma lista dos palestrantes dos meus sonhos usando essas informações e, em seguida, contatá-los um por um. Certa vez, encontrei uma pessoa que julguei que seria um convidado incrível. Cliquei no link do site dela, fui até o formulário de contato e escrevi a seguinte mensagem:

Olá, XXX.

Meu nome é John Lee Dumas e sou apresentador de um podcast chamado *Entrepreneurs on Fire*. Eu entrevisto os empreendedores mais inspiradores e bem-sucedidos do mundo, sete dias por semana.

Acredito que você seria um convidado excelente para nosso programa e eu ficaria honrado se aceitasse participar de uma entrevista de áudio, online e com duração de trinta minutos, a partir do conforto da sua própria casa (não será preciso nem mesmo arrumar o cabelo e vestir as calças!).

Eu vi que você vai falar sobre o assunto XXX na conferência XXX e acho que esse assunto seria perfeito para o meu público, a Fire Nation.

Caso tenha interesse, clique no link abaixo e escolha o melhor horário para você.

Se não estiver disponível em nenhuma das datas, responda a este e-mail com alguns dias e horários disponíveis e farei o possível para me adaptar a sua agenda.

Obrigado por ler esta mensagem e prepare-se para ficar em chamas!

—John Lee Dumas

Mesmo antes do lançamento do podcast, eu tinha uma taxa de resposta de 60% e uma taxa de sucesso de 40%. Isso significa que, a cada dez mensagens enviadas, quatro resultavam no agendamento de um convidado perfeito para o meu programa!

A chave para esse sucesso é que facilitei a resposta deles. Deixe-me repetir: a chave para esse sucesso é que facilitei a resposta deles. Meu pedido foi para que falassem sobre um assunto em que eram especialistas a partir do conforto de suas casas.

Lembre-se sempre de que a sorte favorece os audazes. Trabalhe, pergunte e você se surpreenderá com seu nível de sucesso!

7. Quais dias da semana serão separados para a criação do conteúdo?

Quando contratei minha mentora e participei de uma mastermind, comecei a me preparar para o sucesso. Minha mentora estava onde eu queria estar e, portanto, poderia me guiar a fim de evitar armadilhas e garantir que eu focasse o que era importante. Minha mastermind consistia em dez outros podcasters em diferentes pontos de suas jornadas, incluindo o próprio Cliff Ravenscraft, do *Podcast Answer Man*, liderando o caminho.

No entanto, havia um conselho que eu recebia de todos de maneira consistente.

Não tente fazer um podcast diário. Você fracassará. Ficará sem convidados, sem tempo, sem combustível para continuar. Seus ouvintes ficarão para trás, se sentirão frustrados e irão abandoná-lo. Existe um motivo para um podcast diário entrevistando empreendedores bem-sucedidos não existir — jamais funcionaria!

Não deixei esse conselho me desanimar. Na verdade, ele me deixou *em chamas*. Se alguns dos podcasters mais bem-sucedidos do mundo diziam que não dava para ser feito e eu conseguisse encontrar um meio de fazê-lo, *nossa*, seria um feito e tanto!

Sempre amei a citação *quanto maior o obstáculo, menor a concorrência*. Eu sabia que, se conseguisse uma forma de criar um podcast diário entrevistando os empreendedores mais bem-sucedidos do mundo, eu dominaria esse espaço. Eu sabia que, se eu fosse um pouco mais longe, não haveria concorrência.

> Não existem engarrafamentos quando vamos
> mais longe que o resto.
> —ZIG ZIGLAR

Eu sabia que o *Entrepreneurs on Fire* não era para qualquer um, mas também sabia que havia pessoas querendo desesperadamente acordar todas as manhãs com uma entrevista de um empreendedor inspirador. Eu sabia que, se descobrisse como produzir um programa diário, eu seria a única opção e com o tempo criaria um programa digno dos ouvidos de meus ouvintes.

Então, me sentei para descobrir como fazer. Por que todos estavam tão certos de que um podcast diário jamais funcionaria? Foi quando eu percebi: eles me imaginavam acordando toda manhã, montando meu cronograma, agendando, realizando e editando uma entrevista, escrevendo a página de apontamentos do programa, publicando a entrevista e criando uma publicação de rede social para ela.

Essa organização significa que eu gastaria todo meu dia publicando e divulgando um episódio. E se algo desse errado? E se eu ficasse doente? E se meu convidado ficasse doente? E se faltasse energia? E se? E se? E se?

Pensar nisso dessa maneira era assustador e eu conseguia ver por que os principais podcasters da indústria me davam esse conselho. Se um programa diário fosse acontecer, eu precisaria encontrar uma forma viável de fazê-lo.

Foi quando a ficha caiu mais uma vez. E se, em vez de fazer um episódio por dia, eu fizesse oito episódios em um dia da semana?

Agendaria cada entrevista por uma hora, bastante tempo para meus episódios de vinte minutos. Então, em oito horas eu teria os oito episódios feitos. Suficiente para uma semana inteira e mais um dia, só para garantir.

Quando levantei essa ideia, pensaram que eu era louco. Oito entrevistas em um dia? Você vai ficar morto de cansaço! Não discordei, pois seria mesmo muito trabalho. Mas eu os lembrei dos dias em que trabalhava dezesseis horas quando servia no Iraque. Pensei no calor, na poeira, no perigo.

Sentar em meu home office climatizado por oito horas semanais e conversar com empreendedores inspiradores seria mesmo tão louco assim? A resposta óbvia era *não*. E se eu olhasse para cada dia de entrevista como o meu "Super Bowl"?

Sim, o dia seria longo e cansativo, mas o sol continuaria a se pôr ao final e eu teria oito entrevistas gravadas, e a sensação seria incrível. Fui com tudo nessa abordagem Super Bowl.

Com essa nova perspectiva e comprometimento, o próximo passo era escolher o dia em que realizaria essas entrevistas. Após pensar um pouco, decidi escolher a terça-feira. Usaria a segunda-feira para organizar as coisas e me preparar. As terças seriam meu Super Bowl e o restante da semana seria para descansar, repensar e focar todas as outras partes do negócio que precisassem da minha atenção.

Por mais de 2.500 episódios, esse estilo de trabalho tem me feito bem. Implementei esse mesmo modelo em todas as partes do meu negócio. As terças-feiras se tornaram dias de entrevista, quartas-feiras se tornaram dias de edição e as quintas-feiras foram reservadas para tarefas gerais na minha lista de afazeres. Nas sextas-feiras eu me dedico a criar as publicações de redes sociais e e-mails da semana seguinte. Uso os fins de semana para relaxar, recarregar as energias e realizar algumas tarefas caso a oportunidade surja. Nas segundas-feiras meu foco é estabelecer o restante da semana e garantir que eu esteja preparado para ela.

Passei a me referir a esse método como "desempenho de craque" e tenho amado isso. Ao longo dos anos, conforme adicionamos membros à equipe e refinamos sistemas e processos, minha agenda semanal tem evoluído, mas uma coisa que nunca mudou é o agrupamento de nosso conteúdo em dias específicos.

Esse agrupamento me permite fazer aquilo que os outros no mundo do podcast julgaram impossível: entregar um podcast diário por 2 mil dias seguidos, gerar mais de 85 milhões de downloads e criar uma vida de realização e liberdade financeira.

8. Quem garantirá que você e seu plano de criação de conteúdo fiquem nos trilhos?

A mastermind da qual participei no começo de minha jornada empreendedora acabou sendo uma decisão incrível. Quando compartilhei minha visão de um podcast diário, todos os membros da mastermind tentaram me convencer do contrário. No entanto, quando viram que eu estava determinado e comprometido com minha visão, acabaram me apoiando muito. E, para ser sincero, a dúvida inicial deles serviu como combustível para o meu fogo.

Toda semana, nossa mastermind se reuniria e compartilharia nossas vitórias dos sete dias anteriores, pediria por orientações e apoio em nossas dificuldades atuais, além de estabelecer um objetivo para a semana seguinte. Eu estabelecia objetivos audaciosos a cada semana.

> Toda mágica acontece fora de sua zona de conforto.
> —ANÔNIMO

Todos os meus objetivos estavam fora da minha zona de conforto. Eu respeitava todos na minha mastermind. Todos buscavam seus sonhos, se arriscavam e trabalhavam até não aguentar mais. Algo especial acontece quando um grupo assim se reúne: você não quer decepcionar os outros. Você alcança lugares mais distantes do que julgava ser possível e voa mais alto do que sonhara.

Eu lembro das muitas vezes que nossa mastermind ocorreria no dia seguinte e eu ainda não havia concluído o objetivo. Se eu estivesse sozinho, teria adiado o prazo. Mas não era apenas eu. Havia outras nove pessoas com objetivos estabelecidos na semana anterior que trabalharam duro toda a semana para alcançá-los e que contavam comigo para fazer o mesmo.

Eu me imaginei compartilhando a razão por não ter alcançado o objetivo na mastermind. Não receberia a simpatia deles; eles não assentiriam com a cabeça, compreensivos. Nada disso. Eu receberia perguntas sobre a razão de ter falhado no único objetivo estabelecido para a semana.

Sabendo o que me aguardava, eu respirava fundo, encarava o trabalho e concluía o objetivo! Ao longo de todo o ano, nunca perdi um prazo autoimposto para meu plano de criação de conteúdo. Criei um plano de ação, compartilhei-o com minha mastermind e assisti ao progresso semana após semana.

É incrível o que você pode conseguir quando tem um grupo de pessoas para mantê-lo nos trilhos toda semana. Você precisa disso. Por quê? É fácil perder o ritmo. É fácil se perder. É fácil sentir-se sobrecarregado e se render. É fácil cair no abismo dos empreendedores.

Sua mastermind pode ser sua salvação. Ela pode ser sua rocha: o lugar aonde vai para reclamar, compartilhar medos, descarregar suas preocupações. O lugar em que faz perguntas, pede orientações e feedback.

Os outros presentes estão passando pelas mesmas emoções e têm as mesmas perguntas que você. Eles precisam de você tanto quanto você deles. O calor humano e a alegria que sentirá ao ajudar os outros também servirá como combustível para a sua chama.

Aqueles no trajeto comum ao sucesso incomum possuem parceiros que vão garantir o cumprimento do plano de criação de conteúdo. O Capítulo 6 teve foco nesse aspecto de sua jornada, então, por favor, use-o como um guia para criar ou participar da sua mastermind perfeita.

Você consegue!

9. Quais dias do mês você separará para avaliar seu plano de produção de conteúdo a fim de ajustá-lo conforme necessário?

Como compartilhei antes, nossas AARs (After-Action Reviews) eram umas das coisas mais valiosas do exército. Nós éramos a melhor força militar do mundo e cometíamos uma série de erros. Essas AARs nos permitiam refletir sobre esses erros, ajustando nossas ações e aprimorando nossos processos para que nos tornássemos melhores e mais eficientes a partir daquele momento.

Como empreendedores, precisamos fazer a mesma coisa ao menos uma vez por mês. Pessoalmente, eu escolho a última sexta-feira do mês. Reservo quatro horas da minha agenda para essas After-Action Reviews, garantindo que sempre aconteçam. Durante todo o mês até a última sexta-feira, sempre que termino um projeto ou penso que tenho algo interessante a adicionar, abro o convite da AAR e adiciono esses detalhes a uma lista de itens que farão parte da revisão do mês. Quando chega a hora, abro o convite e trabalho cada item, um de cada vez.

Ao longo dos anos, desenvolvi o seguinte conjunto de perguntas para me auxiliar nas AARs:

1. Qual foi o objetivo desse projeto?
2. O objetivo foi alcançado?
3. O que deu certo?
4. O que não deu tão certo?
5. O que aprendi com esse projeto?
6. Esse projeto está alinhado com os valores centrais do meu negócio?
7. Farei algo do tipo novamente?
8. O que eu faria diferente em uma próxima oportunidade?
9. Quais sistemas e processos posso implementar para melhorar a execução?
10. Esse é um projeto ao qual preciso dedicar tempo da minha vida pessoal ou posso delegá-lo a alguém na minha equipe ou funcionário terceirizado?
11. Que valor específico esse projeto adiciona ao meu negócio?
12. Quem mais está fazendo projetos como esse para que eu possa estudar os seus cenários?

A seguir está um exemplo da vida real de como conduzi uma AAR bem-sucedida.

1. **Qual foi o objetivo desse projeto?** Apresentar meu primeiro webinar promovendo meu novo curso de podcasting, o Podcasters' Paradise.

2. **O objetivo foi alcançado?** Sim, o webinar foi apresentado com êxito. Mais de 150 pessoas participaram do treinamento e quatorze pessoas compraram o Podcasters' Paradise.

3. **O que deu certo?** A entrega da minha apresentação foi muito bem. Ofereci muito valor e senti que foi uma boa entrega.

4. **O que não deu tão certo?** Minha interação com os participantes no bate-papo ao vivo. Houve muitas conversas e perguntas boas acontecendo, mas eu estava muito nervoso e focado na apresentação, ignorando os comentários. Essa foi uma oportunidade perdida, já que participantes engajados são uma ótima forma de construir uma conexão e remover barreiras para a compra.

5. **O que aprendi com esse projeto?** Aprendi que webinars serão uma ótima maneira de fornecer um enorme valor sobre podcasts, além de uma oportunidade incrível para apresentar a oportunidade de participar do Podcasters' Paradise aos outros.

6. **Esse projeto está alinhado com os valores centrais do meu negócio?** Com certeza. No *Entrepreneurs on Fire*, fornecer um conteúdo gratuito, valioso e consistente é o que fazemos.

7. **Farei algo do tipo novamente?** Se as pessoas comparecerem, realizarei esse treinamento pelo menos duas vezes por ano.

8. **O que eu faria diferente em uma próxima oportunidade?** Pediria a Kate (falarei mais sobre ela em breve) para moderar o bate-papo e me enviar as perguntas importantes a fim de que eu seja capaz de respondê-las.

9. **Quais sistemas e processos posso implementar para melhorar a execução?** Vou melhorar nossa sequência de e-mails para que os participantes tenham toda a informação de que precisam antes do webinar. Muitas

perguntas feitas poderiam ser respondidas antes do evento, permitindo que os participantes focassem o conteúdo.

10. **Esse é um projeto ao qual preciso dedicar tempo da minha vida pessoal ou posso delegá-lo a alguém na minha equipe ou funcionário terceirizado?** Preciso estar na liderança desse projeto. É importante para mim ser o responsável pela realização do treinamento, além de melhorar minhas habilidades de apresentação, responder às perguntas e interagir com os participantes. Trarei minha equipe para lidar com outras partes do processo, mas permanecerei na liderança.

11. **Que valor específico esse projeto adiciona ao meu negócio?** Esse webinar adiciona outra oportunidade para entregar um valor gratuito para meu público, aumentando a confiança deles em meu negócio. Também me posiciona como um especialista da área, ao mesmo tempo que traz uma grande exposição à nossa comunidade premium de podcasting, o Podcasters' Paradise.

12. **Quem mais está fazendo projetos como esse para que eu possa estudar a situação deles?** Lewis Howes e Russell Brunson são mestres em webinars. Me cadastrarei nos treinamentos deles e estudarei todo o processo para ver quais melhorias posso implementar na minha configuração atual.

O processo descrito foi apenas uma das muitas AARs que realizei em uma única sexta-feira.

Como pode imaginar, fazer AARs permite que você compreenda o que está funcionando em seu negócio, como aprimorar isso e, se fizer sentido, como expandir esses aspectos positivos. Foi por meio dessas AARs que eu reparei como é verdadeira é a regra 80/20: 80% da sua receita e impacto virá de 20% das suas atividades. Realizar AARs mensais o ajudará a identificar e aprimorar esses 20%, transformando seu negócio em uma máquina de geração de receita enxuta e implacável!

Um Empreendedor no Trajeto de Fogo ao Sucesso Incomum

KATE ERICKSON: CRIAR UM PLANO DE PRODUÇÃO DE CONTEÚDO

Se estiver muito ocupado para criar bons sistemas, então continuará muito ocupado para sempre. —BRIAN LOGUE

KATE ENCONTROU SEU emprego dos sonhos. Após anos se arrastando no departamento de recursos humanos de um banco, Kate finalmente tinha um emprego que amava. Ela era uma executiva de contas em uma agência de publicidade e propaganda.

Kate assistiu a *Mad Men* (duas vezes) e sabia que estava embarcando em uma aventura veloz, desafiadora e realizadora. Durante algum tempo, esse trabalho foi tudo o que ela esperava que fosse, até que deixou de ser.

Kate precisava lidar com o maior cliente da empresa e, sabendo da importância do relacionamento, tentou fazer tudo ao seu alcance para mantê-lo feliz. Mas essa não foi uma tarefa fácil e, com o tempo, a paciência e o amor pelo trabalho começaram a desaparecer.

Quando seu namorado, John (*eu!*), ofereceu a ela uma vaga em sua recente empresa voltada para podcasts, ela rejeitou. Estava aprendendo muito na agência e queria realmente provar que era capaz de trabalhar durante o longo turno e com os prazos apertados lançados contra ela. Três meses depois, em 2013, eu ofereci a vaga novamente e ela percebeu que a vida que estava tentando criar na agência com sua visão cor-de-rosa precisava parar. Essa era uma oportunidade que ela não poderia ignorar duas vezes.

Eu sabia que Kate era boa com detalhes e com organização, então a tornei responsável pela criação de sistemas e processos que se tornariam o motor do *Entrepreneurs on Fire*. Kate se sentou e criou a primeira versão do plano de produção de conteúdo. Um ano depois, *Entrepreneurs on Fire* era um negócio gerando milhões de dólares por ano. A próxima aventura de Kate havia começado de fato.

Vamos avançar até o ano de 2014. Kate estava trabalhando no plano de produção de conteúdo do *Entrepreneurs on Fire* por mais de um ano e agora era hora de descansar. Pela primeira vez desde o lançamento em 2012, tiraríamos férias. Essas férias consistiriam em diversas idas à Europa ao longo de duas semanas. Nosso objetivo? Desconectar-se completamente do negócio, confiando que nossa equipe resolveria todas as questões pendentes.

Kate criou uma conta especial do Gmail que somente seria usada por nossa equipe em caso de emergência. Com um pouco de ansiedade e tremedeira, embarcamos no avião e dissemos adeus às atividades do dia a dia no *Entrepreneurs on Fire*.

Vamos avançar mais duas semanas: a viagem foi um sucesso. A conta de emergência do Gmail não foi tocada e o negócio estava prosperando. Kate percebeu que ela tinha a oportunidade de integrar o "plano de produção de conteúdo das férias" em nossas operações diárias.

Em cada ano subsequente, aumentamos nossas férias em 15 dias. Em 2015, tiramos férias de 30 dias. Em 2016 as férias duraram 45 e, em 2017, 60 dias. Em 2018, tiramos férias de 70 dias. Nós definitivamente testamos os limites em 2019, com férias de 90 dias em que demos a volta ao mundo, saindo de Porto Rico a Colorado, seguindo para Fiji, Europa Oriental e Europa Ocidental antes de desembarcar em Porto Rico.

Enquanto isso, nosso negócio continuou a gerar um lucro líquido de seis dígitos todos os meses, tudo porque nossos sistemas, processos e planos de produção de conteúdo eram impecáveis. Aqui estão as sete chaves da Kate para criar um plano de produção de conteúdo bem-sucedido.

1. **Conheça o seu assunto.** Sobre o que, especificamente, você criará seu conteúdo? Isso deve se basear nas suas paixões/experiências (Zona de Fogo) e nas necessidades/vontades de seu avatar.

2. **Estabeleça um objetivo.** Todo conteúdo deve ter um objetivo e uma chamada para ação que diz ao seu público que passo tomar em seguida, seja uma publicação de blog, episódio de podcast, publicação de rede social, vídeo... Facilite o próximo passo para o seu público.

3. **Escolha um meio.** O ideal é focar *um* meio de cada vez. Ao criar um plano de criação de conteúdo completo para esse meio, você pode expandi-lo. Por exemplo, caso seu interesse seja iniciar um blog e um podcast, escolha um para ser lançado primeiro, monte seu plano de conteúdo e

então adicione outras coisas quando tudo estiver funcionando bem. Uma boa forma de determinar qual é o melhor meio para você é se perguntar: "Por onde meu avatar anda? O que ele gostaria de consumir?" E uma boa forma de testar diferentes meios é com o reaproveitamento. Ao se estabelecer em *um* meio, certifique-se de alavancar esse conteúdo em diferentes plataformas. Identifique áreas de foco em potencial com base nas preferências do meio.

4. **Estabeleça frequência e duração.** A consistência é a chave, então no começo você deve estabelecer uma frequência para publicar. Seja honesto consigo mesmo sobre o tempo disponível para seu comprometimento e também se certifique do que seu avatar gostaria de consumir. Um conteúdo diário pode ser muita coisa para ele. Uma publicação de blog que leva vinte minutos para ser lida pode ser muita coisa. Tenha a certeza de levar isso em consideração ao estabelecer a frequência e a duração.

5. **Crie um formato.** Seja um modelo, esboço ou checklist, crie um formato o quanto antes. Por exemplo, sempre que crio um episódio de podcast, tenho um banco de ideias de conteúdo para conferir. Isso garante que eu nunca me sentarei para criar e ficarei pensando no que falar. Eu tenho a mesma introdução, a mesma música e o mesmo cumprimento todas as vezes. Em seguida, eu apresento o assunto que discutiremos, falamos sobre alguns passos relacionados a esse assunto e em seguida recapitulamos. Minha conclusão também é sempre a mesma, seguida por minha chamada para ação. Ter um modelo, esboço ou checklist prontos para serem utilizados durante a criação de conteúdo facilita muito mergulhar na criação propriamente dita. E isso serve para qualquer meio: blogs, podcasts, vídeos, publicações de redes sociais — as possibilidades para a criação de um formato a ser seguido são infinitas!

6. **Consiga feedback.** Ao começar a publicação, peça o feedback do público! Esse é um passo importantíssimo para descobrir o que funciona, o que pode melhorar e o que você pode querer testar. Esse pedido de feedback pode surgir de várias formas — pode ser até sua chamada para ação de certos conteúdos. Algo tão simples quanto um "Adoraria ouvir sua principal lição do episódio de hoje! Me mande um e-mail falando sobre!" Ou você pode pedir um feedback por alguma rede social, seja nas respostas de comentários ou nas mensagens enviadas por seu

público. Outra ótima opção: pedir feedback como resposta aos e-mails e a outros tipos de interação que você recebe dos ouvintes.

7. **Coloque seu plano em ação.** Organize as coisas! Com uma base sólida, é hora de colocar tudo em um plano organizado. Sente-se e mapeie o que será preciso para executar um plano que sempre deixe você um mês à frente. Então, se estiver produzindo um podcast semanal, seu plano geral pode ser algo como:

- Segunda-feira, nove às onze da manhã: preparar o conteúdo de quatro episódios.
- Terça-feira, nove às onze da manhã: gravar quatro episódios.
- Quarta-feira, nove às onze da manhã: editar e enviar quatro episódios. Agendar publicações de rede social.

Seguindo esse plano, você estaria sempre um mês à frente com seu conteúdo usando apenas seis horas, distribuídas por três dias, *uma* vez por mês! O seu plano será diferente a depender de sua própria agenda, mas, caso o siga de maneira consistente, nunca precisará se preocupar com atrasos no seu plano de produção de conteúdo novamente. E isso significa mais tempo para trabalhar em crescer e escalonar o seu negócio! Nas palavras de Kate: "Nosso plano de produção de conteúdo garantiu que o público do *EOFire* crescesse de maneira consistente ao longo dos anos com pouquíssima publicidade paga, o que nos permitiu aumentar o nível de liberdade e realização em nossa vida e em nosso negócio."

Obrigado, Kate Erickson.

Você pode aprender mais sobre Kate em EOFire.com/about [conteúdo em inglês].

Confira o seu curso gratuito de acompanhamento para um apoio extra com *O Trajeto Comum ao Sucesso Incomum*: EOFire.com/success-course [conteúdo em inglês].

CAPÍTULO 8

Crie Conteúdo

O conteúdo não é o rei, é o reino.
—LEE ODDEN

Seu plano de produção de conteúdo está preparado. Agora é hora de trabalhar. Infelizmente, a "hora de trabalhar" é a parte mais difícil, e é por isso que a maioria dos empreendedores não chega a comemorar o aniversário de um ano do seu negócio.

Ter uma ideia é muito empolgante. Compartilhar suas ideias com os outros é divertido. Visualizar sua ideia mudando o mundo e criando uma vida de realização e liberdade financeira para você e seus entes queridos é incrível. Mas sentar, dia após dia, semana após semana, mês após mês... e trabalhar? Isso é completamente diferente. O trio perfeito para o trajeto comum ao sucesso incomum é produzir um conteúdo gratuito, valioso e consistente. Qual é a parte mais difícil desse trio? Ser consistente.

A maioria das pessoas pode se sentar uma vez e criar um conteúdo valioso. Também podem fazer isso duas vezes. Ora, já vi milhares de pessoas fazerem isso de maneira consistente durante um mês.

Mas o que separa os empreendedores que caem na obscuridade e aqueles que encontram o sucesso em comum? Consistência. Não por uma semana ou um mês, mas por anos.

É difícil manter a consistência durante esse período e é fácil parar. Se a sua razão não for forte o suficiente, você também irá parar. Todo mundo tem uma razão diferente para fazer o que faz e é importante identificar a sua cedo e com frequência.

Um pedido que fiz para todos os convidados dos primeiros 2 mil episódios foi: "Compartilhe conosco o seu momento *a-ha*, o momento em que você teve uma ideia que realmente decolou e levou até o sucesso que você vivencia hoje." Não percebi de primeira, mas, após a quadragésima vez que um convidado mencionou um evento específico em sua vida que coincidiu com seu momento *a-ha*, a lâmpada acima da minha cabeça acendeu.

Consegue adivinhar qual era esse evento? Eles tiveram um filho.

No começo, pareceu completamente contraintuitivo. Um filho não deveria jogar sua vida no caos? Você não teria menos tempo, em vez de mais? Você não teria todas as desculpas do mundo para não trabalhar?

Eu sabia que deveria investigar melhor.

O que descobri é que, sim, um filho lançaria sua vida no caos, consumiria uma quantidade enorme de tempo e daria a você todas as desculpas do mundo para abandonar seu trabalho. Mas uma coisa que um filho também te dá é uma *razão*.

É importante lembrarmos que, no fundo, todos somos humanos. As dúvidas, os medos, o estresse e a ansiedade são naturais quando tentamos algo novo, especialmente quando esse algo novo pode não funcionar. Dúvida, medo, estresse e ansiedade foram as coisas que nos deixaram vivos por milhares de anos. É por isso que nossos ancestrais não saíam para passear pela floresta durante a noite, evitando serem devorados por um tigre-dentes-de-sabre e ficavam nas cavernas, com o fogo e a companhia do resto do grupo. Permaneceram vivos, se reproduziram e, com essa reprodução, passaram adiante também suas dúvidas, medos, estresse e ansiedade, e agora você está lendo as palavras contidas neste livro.

O que eu quero dizer? Quero dizer que é normal passar por essas emoções e, quando sua razão não é boa o suficiente, você encontrará desculpas para evitar fazer as coisas que dão gatilho nessas sensações.

Por mais honestas que sejam suas intenções de trabalhar, milhares de anos de dúvidas, medos, estresse e ansiedade tentarão imobilizá-lo. Essas emoções querem protegê-lo de ficar vulnerável ao fazer algo novo e assustador. Elas querem que você continue no caminho daquilo que é conhecido e seguro.

A criação de uma vida de realização e liberdade financeira requer que você saia de sua zona de conforto. Demanda que você abrace essas emoções negativas e as supere. É o único meio pelo qual você será capaz de vencer o medo e criar o conteúdo que precisa para alcançar o sucesso incomum e impactar as pessoas em todo o mundo.

Voltando ao efeito bebê. É difícil sentar, encarar seus medos e trabalhar. O que é ainda mais difícil? Não ter condições de sustentar o seu bebê. Sabe aqueles e-mails que você não tem enviado? Enviará. Aqueles podcasts e vídeos que não gravou porque "não gosta do som da sua voz"? Feitos. O esboço do seu primeiro curso online que você não inicia? Concluído em uma hora.

Como tudo isso é possível? Por muitas razões, mas principalmente pelo seguinte: agora é mais assustador não fazer o que deve ser feito para o sucesso incomum. É mais assustador não oferecer uma base financeira sólida para seu bebê do que fazer ligações frias para clientes em potencial.

Antes você não tinha sua razão, então seguia a opção mais fácil: não trabalhar. Agora você vai imediatamente até a única opção possível, que é o trabalho.

E o fato de você ter menos tempo agora? Isso é algo bom e é chamado de Lei de Parkinson. As tarefas irão se expandir até o tempo designado a elas. Quando você tinha o dia inteiro para fazer alguma coisa, procrastinava o dia inteiro, justamente por ter o dia inteiro disponível. Quando tem uma hora para fazer tudo, você senta, seu cérebro se concentra e você faz o trabalho. Todo o trabalho.

Então por que muitos dos momentos *a-ha* de meus convidados coincidiram com o nascimento do filho deles? Antes desse evento transformador, faltava a eles uma razão, fazendo com que simplesmente ignorassem o trabalho. Eles estavam seguindo o fluxo sem pressa e cantarolando "um dia tudo isso vai se resolver". O nascimento de uma criança pegou "um dia" e o transformou em hoje. Todas as desculpas voaram pela janela. A dúvida, o medo, o estresse e a ansiedade de fazer todo o trabalho agora focavam o bebê, tornando o trabalho uma prioridade.

Veja, não estou dizendo que deva ter um filho, mas estou dizendo para encontrar o seu porquê. Você precisa encontrar uma razão para fazer o trabalho que seja maior do que trabalhar, e quando as dúvidas, medos, estresse e ansiedade surgirem, poderá focar novamente o porquê e continuar no trabalho.

Criei um processo para quando a dúvida, o medo, o estresse e a ansiedade invadem o meu mundo. Eu os reconheço, pois, afinal, sou um ser humano e essas são emoções completamente naturais. Em seguida, sorrio e me sinto grato por elas.

O motivo? Porque eu sei que a concorrência está sentindo as mesmas emoções naquele momento e provavelmente está sendo vencida por elas. A concorrência não está trabalhando porque permite a vitória da dúvida, do medo, do estresse e da ansiedade.

Então eu sorrio, acolho a dúvida, abraço o medo, reconheço o estresse e aceito a ansiedade. Em seguida, penso na minha razão, me coloco de pé e começo a criar. Quanto maior for o obstáculo, menor será a concorrência.

Dúvida, medo, estresse e ansiedade são enormes obstáculos, então, se quiser me acompanhar na aceitação e superação dessas emoções, você de fato está no trajeto comum ao sucesso incomum!

Como Eu Produzo Conteúdo

Quando comecei minha jornada empreendedora, minha produção de conteúdo era uma bagunça. Eu não tinha um plano, não era produtivo, disciplinado e nem focado. Eu não estava no trajeto comum ao sucesso incomum.

Felizmente descobri como endireitar o navio, mas levou tempo e não foi nada fácil.

Houve uma boa dose de tentativa e erro, muito coaching da minha mentora, muita orientação da minha mastermind e muito aprendizado dos convidados que eu recebi no *Entrepreneurs on Fire*.

Ao longo do tempo, desenvolvi um sistema. Com esse sistema, me tornei mais produtivo, mais disciplinado, mais focado.

Todos os dias melhoro algum aspecto do meu sistema. Com o tempo, o *Entrepreneurs on Fire* se tornou uma máquina bem lubrificada. Criamos conteúdo de maneira rápida e eficiente; estamos a todo vapor.

Percebi que o sistema era bem-sucedido porque dominei três coisas: produtividade, disciplina e foco. Decidi identificar a razão dessas três características serem tão importantes e como eu poderia continuar a melhorar em cada uma delas.

Produtividade

A maioria das pessoas pensa ser produtiva. Alerta de spoiler: isso não é verdade. A maioria das pessoas é ocupada. Estar ocupado não é ser produtivo.

Todos temos coisas que precisamos fazer todos os dias e que não nos deixarão mais perto da realização e da liberdade financeira, e não há problema nisso. No entanto, aqueles no trajeto comum ao sucesso incomum devem garantir que algum tempo seja reservado todos os dias para ser produtivo nas áreas corretas.

Minha definição de produtividade: produzir o conteúdo certo para o seu avatar.

Estar ocupado e ser produtivo são duas coisas completamente diferentes, mas é assim que muitas pessoas vivem suas vidas. Andando sempre a 1 milhão de quilômetros por hora, sempre ocupadas, pensando que são produtivas, mas nunca chegando perto de seus objetivos e aspirações porque não estão sendo verdadeiramente produtivas.

Você está no trajeto comum ao sucesso incomum. Você será verdadeiramente produtivo. Produzirá o conteúdo correto e alcançará a realização e a liberdade financeira.

Quando descobri o significado de ser produtivo, identifiquei o melhor uso do meu "tempo de produção". Eu era o apresentador do *Entrepreneurs on Fire*. Entrevistava empreendedores bem-sucedidos e inspiradores. Produzir o conteúdo certo significava criar as melhores entrevistas em podcast que eu pudesse. Qualquer coisa além disso não passaria de distração.

Qualquer coisa além disso era apenas "estar ocupado".

Disciplina

O próximo passo que eu precisava implementar em minha vida era a disciplina. Uma citação que aprendi como oficial no exército norte-americano foi: "Nenhum plano sobrevive ao primeiro contato com o inimigo", de Helmuth von Moltke. Essas palavras definem a vida da maioria dos empreendedores. Nós nos deitamos de noite com as melhores das intenções.

Planejamos acordar no dia seguinte cheios de energia, prontos para lidar com nossa enorme lista de afazeres e dominar o mundo. Então, acordamos e tudo vai por água abaixo. As crianças estão gritando, o cachorro está fazendo suas necessidades, a campainha está tocando e o telefone também. Nossa manhã oficialmente já saiu dos trilhos, o que nos leva a desistir ao final da tarde com a promessa de *carpe diem!* no dia seguinte.

Esse ciclo se repetirá até que a realização e a liberdade financeira pareçam apenas um sonho distante. Eu passei por esse ciclo e sabia que precisava fugir. Naquele momento, me comprometi a ser disciplinado.

Defino a disciplina da seguinte forma: ser um discípulo de um plano de ação. Eu não acordaria mais com as "melhores intenções". Comprometi-me a acordar com um plano de ação pronto a ser executado. Comprometi-me a elaborar o plano de ação na noite anterior. Chamei esse comprometimento de "vencer hoje o amanhã".

Eu sabia que, se deixasse meu cérebro sonolento e recém-acordado tomar conta, não realizaria nenhuma tarefa significativa. Mas, se tivesse um plano sólido criado no dia anterior e pronto para ser executado, então não haveria nada a ser feito a não ser executá-lo. Meu comprometimento estava diante de meus olhos e tudo que eu precisava fazer era seguir o plano.

Essa tática simples de escrever meu plano no dia anterior mudou tudo. Agora eu acordava com um propósito em mente. Não havia mais procrastinação ou dedicação de esforços mentais para descobrir o que deveria ser feito. Estava tudo lá, simples e direto.

Tornei-me um discípulo do plano de ação criado por mim. Tornei-me disciplinado.

Muitas pessoas gostam de apontar para meu período no exército como a razão da minha disciplina, e elas fazem isso para se sentirem melhores por sua própria falta de disciplina. Assim como qualquer ser humano, tenho dificuldade com distrações. No entanto, ao implementar a disciplina para vencer hoje o amanhã, evitei as distrações, sufoquei minha procrastinação e comecei a trabalhar no que era realmente importante.

Foco

Caso tenha escutado alguns episódios do *Entrepreneurs on Fire*, você sabe que foco [*focus*, no original] é minha palavra favorita. Eu amo essa palavra graças ao que ela significa, mas também porque é muito fácil transformá-la em um acrônimo incrível.

> Siga Um Único Caminho Até o Sucesso [*Follow One Course Until Success*, no original].

Acredito que o conceito é a maior razão pela qual construí um império multimilionário. Essa palavra me permitiu fazer o que ninguém mais queria tentar. Com foco, criei um podcast diário entrevistando os empreendedores mais bem-sucedidos e inspiradores desse mundo. Criei algo novo, diferente, único e desafiador.

Deixe-me levá-lo de volta até o dia 6 de maio de 1954. Naquele dia, Roger Bannister fez o impossível. Ele quebrou o recorde da milha (cerca de 1.600 metros) em 4 minutos com um tempo de 3:59.40.

Até então, muitos acreditavam que era cientificamente impossível para um humano correr a uma velocidade maior que uma milha em quatro minutos. Roger não focou nada além disso e provou ser uma crença falsa. Repentinamente, outros acreditaram que era possível e, ao longo dos cinco anos seguintes, 21 pessoas correram uma milha em menos de quatro minutos.

Coincidência? Acho que não.

Desde o lançamento do *Entrepreneurs on Fire*, muitas pessoas lançaram podcasts diários de entrevistas, alguns fizeram bastante sucesso.

Antes, quando eu não havia destruído essa falsa crença de que um podcast diário de entrevista não poderia ser bem-sucedido, os principais podcasters do mundo diziam que isso não podia ser feito. Não foquei nada além de encontrar uma forma de fazê-lo. Nada mais importava. Nada poderia me distrair. Eu segui uma direção até alcançar o sucesso.

Com o tempo, diversifiquei o *Entrepreneurs on Fire*, mas apenas depois de solidificar meu foco inicial.

Uma das principais dificuldades enfrentadas por empreendedores que estão começando é a dispersão do foco. Todos possuem ideias incríveis e dão a cada uma um pouco de seu tempo, energia e esforço.

Eles abordam sua miríade de ideias com superficialidade. Em seguida, ficam chocados quando suas impressões de dois centímetros não ganham nenhuma tração e nem criam algum impacto. Aqueles no trajeto comum ao sucesso incomum lidam com uma coisa de cada vez e sempre com profundidade.

Focamos uma única coisa, nos aprofundamos nela e servimos nosso nicho melhor do que qualquer um é capaz de fazer. Se não estiver servindo seu nicho melhor que a concorrência, então você não tem um nicho específico o suficiente.

No dia em que o *Entrepreneurs on Fire* foi lançado, ele era:

O melhor podcast diário de entrevistas com empreendedores de sucesso.

Ele era...

O pior podcast diário de entrevistas com empreendedores de sucesso.

Ele era...

O único podcast diário de entrevistas com empreendedores de sucesso.

Está vendo o que fiz? O *Entrepreneurs on Fire* era a única opção disponível. Se você quisesse um podcast capaz de entregar um episódio fresco com um empreendedor inspirador sete dias por semana, o *Entrepreneurs on Fire* era o seu programa.

Isso era importante por muitos motivos. Primeiro, eu sabia que não seria um bom apresentador de podcast desde o lançamento. Como poderia? Nunca tive um podcast antes. Precisava de tempo para aperfeiçoar minhas habilidades. Fazer um podcast diário me permitiria treinar rápido, mas ainda precisaria que meu público fosse paciente enquanto aprimorava esse meu conjunto de habilidades. Ser a única opção disponível significava que eles não teriam outra escolha a não ser esperar.

Se eu tivesse tentado lançar um podcast semanal enquanto escrevia meu primeiro livro e lançava meu primeiro curso, teria fracassado em todas essas coisas. Em vez disso, foquei uma única coisa. Preenchi um vazio no mercado e ganhei tração com o *Entrepreneurs on Fire*, um ouvinte de cada vez.

Anos mais tarde, esse nível de foco me levou a um momento *a-ha*. Era 2016 e o *Entrepreneurs on Fire* estava com força total há quatro anos. Gerávamos uma receita anual de sete dígitos e estávamos a todo vapor.

Conforme nosso negócio evoluiu, continuei a melhorar nossos sistemas, mas se tornou óbvio que nosso sucesso se devia a essas três palavras mágicas: produtividade, disciplina e foco.

Com a liderança dessas três palavras mágicas, o *Entrepreneurs on Fire* era implacável. O sucesso deixa rastros, e milhares de pessoas procuravam as pistas para o sucesso do programa. Decidi que era hora de revelar o mapa do tesouro.

Sentia-me confiante de que o processo funcionaria para qualquer empreendedor capaz de aplicar esses três simples princípios em seus negócios.

Ao longo dos três meses seguintes, criei o *Mastery Journal* para que as pessoas pudessem dominar a produtividade, a disciplina e o foco de centenas de maneiras diferentes. Até a publicação deste livro, o *Mastery Journal* foi meu melhor trabalho. Lançamos no Kickstarter e ficou evidente que meu público precisava dessa solução. Durante o mês de lançamento, o *Mastery Journal,* no valor de US$39, gerou mais de US$280 mil em vendas (caso queira aprender mais sobre o *Mastery Journal*, visite TheMasteryJournal.com [conteúdo em inglês]).

Um Empreendedor no Trajeto de Fogo ao Sucesso Incomum

PAT FLYNN: CRIAÇÃO DE CONTEÚDO

Quando criar seu conteúdo, seja a melhor resposta disponível na internet.
—ANDY CRESTODINA

O ANO ERA 2008. Pat, há alguns anos na sua carreira de arquiteto, terminara recentemente o exame LEED de arquitetura. Enquanto se preparava para o exame, ele ficou chocado com a escassez de informações online sobre o assunto, com exceção da empresa responsável por administrá-lo.

Pat criou um guia de estudos fantástico após ser aprovado e decidiu transformá-lo em um e-book para vendê-lo online. Essa decisão, com o tempo, rendeu a Pat mais de US$200 mil. Estudantes desesperados se amontoaram sobre seu e-book e pagaram o preço com um sorriso no rosto, sabendo que uma aprovação era fundamental para suas carreiras.

Demitido após realizar o exame, Pat sabia que tinha duas opções: ele poderia fazer parte dos milhares de outros arquitetos demitidos e entrar na fila da próxima vaga de emprego ou poderia se dedicar a promover seu guia e criar um site.

Felizmente para nós, Pat escolheu a segunda opção e lançou um blog chamado SmartPassiveIncome.com.

Por meio de tentativa e erro, Pat desenvolveu uma fórmula que ele usa em todo conteúdo criado por ele, visando alcançar mais pessoas, ensinar mais pessoas e criar um impacto maior. A fórmula de Pat é a seguinte:

1. Comece com o final em mente e faça uma engenharia reversa da transformação. Qual é a transformação que você deseja oferecer ao seu público? Qual é o propósito do conteúdo? Qual é seu objetivo, sua estrela-guia?
2. Use histórias, guias passo a passo, estudos de caso e citações para auxiliar a transformação.
3. Registre todas as suas ideias. O cérebro é ótimo em criar ideias, mas péssimo em organizá-las.
4. Organize suas ideias seguindo uma ordem e hierarquia. Organize as ideias desde onde você precisa começar até a transformação.
5. Crie o gancho. O que atrairá seu público? O que fará com que o público permaneça? Que ponta você pode deixar aberta para ser respondida pelo conteúdo?
6. Crie o título. Precisa ser claro e conciso, e use palavras-chave para que seu conteúdo tenha uma boa classificação com SEO (search engine optimization, ou otimização para mecanismos de busca).

Após seguir esses passos, Pat está pronto para criar sua publicação, podcast, vídeo ou até mesmo os três! Como ele mesmo diz: "Os seus ganhos são resultado direto de quão bem você serve seu público. Coloque-se no lugar deles e forneça soluções para suas dificuldades. Se puder ajudar seu público com pequenas vitórias, você terá a oportunidade de oferecer vitórias cada vez maiores, que resultarão em um maior sucesso para você e seus negócios."

Obrigado, Pat Flynn.

Você pode aprender mais sobre Pat em SmartPassiveIncome.com [conteúdo em inglês].

Confira o seu curso gratuito de acompanhamento para um apoio extra com *O Trajeto Comum ao Sucesso Incomum*: EOFire.com/success-course [conteúdo em inglês].

CAPÍTULO 9

Lançamento

> A maneira mais perigosa de nos autossabotarmos é aguardar o momento perfeito para começar. Nada funciona perfeitamente na primeira vez ou nas primeiras cinquenta vezes. Tudo tem sua curva de aprendizado. O começo é apenas isso — um começo. Desista da sua vontade de ser impecável na primeira tentativa, pois isso não é possível. Aprenda a aprender. Aprenda a fracassar. Aprenda a aprender com o fracasso.
>
> —VIRONIKA TUGALEVA

Perfeccionismo. Ele é uma maldição. Tenho certeza de que você já disse algo como: "Eu queria não ser tão perfeccionista." Pois é. Todos já fizemos isso.

Não é vergonha nenhuma oferecer a si mesmo algum tipo de elogio sarcástico; a vergonha é continuar a fazê-lo. O perfeccionismo é terrível, ele é apenas uma palavra que você usa para se esconder e para não precisar encarar a possibilidade de rejeição, fracasso ou medo.

Deixe aqueles que nunca provarão o trajeto comum ao sucesso incomum viverem em seu conto de fadas perfeccionista. Deixe que eles se escondam por trás dessa palavra e a usem como uma desculpa para fugir do mundo. Nos anos seguintes, quando perceberem quão pouco realizaram ao longo de suas vidas, essas pessoas se arrependerão por não terem agido.

Você não se arrependerá. De maneira imperfeita e desajeitada, lançará sua voz, mensagem e missão para o mundo no seu trajeto ao sucesso incomum.

Você irá tropeçar, cair, sofrer. Aprenderá a aprender, aprenderá a fracassar e aprenderá a aprender com o fracasso. A melhor parte de tudo isso? Você sobreviverá.

Esse processo se repetirá várias e várias vezes, então, em um dia mágico, algo vai acontecer e sua vida nunca mais será a mesma. Você verá o sucesso incomum se formando diante de seus olhos e todo o trabalho duro e as dificuldades pelas quais passou até então desaparecerão como uma memória distante de satisfação e dedicação.

> Primeiro eles ignoram você, depois riem de você, depois enfrentam você, e então você vence.
> —MAHATMA GANDHI

Mas nada disso acontecerá até você *lançar*. Até então, tenho guiado e preparado você para esse momento. Agora está nas suas mãos.

O botão vermelho está ao seu alcance. Vá em frente e aperte-o. É a hora. É a hora do lançamento.

Minha História de Lançamento

Você já ouviu parte dessa história, mas acho que ela é importante nesse contexto. O dia era 14 de agosto de 2012. Eu estava trabalhando com minha mentora há dois meses. Havia concluído e agendado quarenta entrevistas para lançamento. Meu site estava online, minhas contas de rede social estavam ativas e meu formulário de inscrição na newsletter funcionava adequadamente.

O dia seguinte seria o grande dia. O dia para o qual eu havia me preparado por meses. O *Entrepreneurs on Fire* seria lançado e minha ideia se tornaria realidade.

> Se você não está envergonhado com a primeira versão
> do seu produto, então o lançou tarde demais.
> —REID HOFFMAN

Naquela noite, não dormi muito. Eu me virei para um lado e para o outro e tive alguns sonhos perturbadores sobre meu lançamento. Às 4:30h da manhã, acordei com um susto, as mãos do terror se agarravam firmemente ao redor do meu pescoço.

Eu não estava pronto.

O *Entrepreneurs on Fire* não estava pronto.

Eu precisava impedir isso. Precisava impedir isso *agora*!

Pulei para fora da cama, corri até meu computador e, com o apressado digitar das teclas, cancelei tudo que estava agendado para lançar meu podcast em algumas horas. Redigi então um e-mail breve para minha mentora, explicando por que precisava adiar meu lançamento em algumas semanas. Assim que apertei o botão *enviar*, sabia que não havia escrito nada além de besteiras, mas o medo guiava todos os meus movimentos.

Com o lançamento oficialmente adiado, me sentei e suspirei, aliviado. Pensei sozinho: *acabei de desviar de uma bala! Meu site ainda não está perfeito, nem minhas redes sociais e minha newsletter, e agora tenho duas semanas para aperfeiçoar tudo isso.*

Digitando essas palavras hoje, elas me parecem muito bobas. Eu não sabia que o trajeto comum ao sucesso incomum estava cheio de imperfeições.

Meu adiamento inicial de duas semanas virou três. Três semanas viraram quatro. Quatro semanas viraram cinco. Acovardei-me por trás da parede do perfeccionismo e isso estava prejudicando tudo pelo qual tanto havia me dedicado.

Finalmente, minha mentora interveio e escreveu as palavras que salvaram o *Entrepreneurs on Fire*:

John, eu sei o que está fazendo e sei a razão, porque também já estive no seu lugar. É assustador expor sua arte para o mundo ver, especialmente quando você sabe que ela não é tão boa assim. Mas você tem que fazer isso. Na verdade, aqui vai um ultimato: se não lançar essa semana, eu o demito como pupilo.

Essas palavras abalaram o meu mundo. A única coisa que eu temia mais do que lançar o podcast era perder a orientação da minha mentora. Então, no dia 21 de setembro de 2012, lancei o *Entrepreneurs on Fire* e expus minha arte imperfeita para o mundo.

Olhando em retrospecto, eu sei exatamente a razão pela qual fui dominado pelo pavor no dia de lançamento. Estava vivendo uma fantasia pré-lançamento. Antes de você lançar alguma coisa, tudo é possível. Um sucesso muito além da sua imaginação é possível. O fracasso além de nosso pior pesadelo é possível. Qualquer coisa no meio desses dois extremos também é possível.

Eu sabia que o *Entrepreneurs on Fire* era uma boa ideia. Eu sabia que poderia funcionar, mas também sabia que poderia não dar certo.

Se eu permanecesse na minha fantasia pré-lançamento, poderia continuar esperando por um futuro resplandecente. Mas, ao apertar o botão *lançar*, a bolha da fantasia estouraria e a realidade tomaria conta. A realidade pode trazer um final feliz, mas também conteria finais tristes. Por que não viver apenas na aconchegante bolha do "e se?" um pouco mais? Por que não adiar a possível dor caso o *Entrepreneurs on Fire* não funcionasse?

Esses pensamentos ocorreram em um nível subconsciente. Eu sequer percebi estar pensando dessa forma até refletir sobre o assunto após o lançamento. Já vi um número incontável de empreendedores presos na mesma fantasia de pré-lançamento. Minha mentora, de maneira muito empática, estourou essa bolha, mas nem todos têm a mesma sorte.

Já vi empreendedores com uma arte incrível para compartilhar com o resto do mundo vacilando no portão de início, consumidos pela perfeição. Esses empreendedores nunca lançam nada e inevitavelmente mergulham no vazio, consumidos por seus próprios medos, dúvidas e questionamentos. A arte deles nunca é compartilhada com o mundo e suas mensagens acabam não impactando ninguém.

Você está no trajeto comum ao sucesso incomum. Nós lançamos. Nós lançamos de modo feio, desajeitado e até assustados. Mas o importante é que lançamos.

Você consegue!

Um Empreendedor no Trajeto de Fogo ao Sucesso Incomum

JEFF WALKER: LANÇAMENTO

O jeito de começar é parando de falar e começando a fazer.
—WALT DISNEY

QUANDO PEDI A JEFF para contribuir para este capítulo, ele respondeu, com um sorriso: "Claro, eu posso encaixar 25 anos de experiência em um capítulo." Nós faremos o possível.

Jeff começou como um pai dono de casa. Seu primeiro lançamento foi em 1996. Ele estava publicando uma newsletter gratuita sobre a bolsa de valores durante algum tempo e decidiu que era hora de ser pago!

Havia um grande problema: Jeff não tinha nenhuma experiência com marketing ou vendas. Além disso, ele se sentia desconfortável em tentar vender; ele não era um vendedor nato. Para enfrentar essas deficiências, Jeff se comprometeu a fornecer tanto valor ao seu público que, quando fizesse a oferta, ele não poderia recusar.

Nas semanas seguintes, Jeff cumpriu essa promessa. Entregou relatórios incrivelmente detalhados de ações com grande valor para seu público. Ele deixou sua clientela extremamente empolgada e então fez a oferta.

Uma semana depois, Jeff havia conseguido US$1.650. Para ele, esse dinheiro mudaria sua vida e iniciaria o seu negócio. Esse dinheiro provou que as pessoas comprariam seus produtos, além de ter provado que as pessoas comprariam de quem entregasse algum valor pela internet.

Lembre-se, isso foi em 1996.

Esse foi o momento *a-ha* de Jeff. Alcançou o sucesso na primeira vez, então por que não tentar de novo, e de novo? Ainda teria um benefício adicional de que Jeff ficaria cada vez melhor nisso.

O lançamento seguinte de Jeff o rendeu US$6 mil. O terceiro lançamento trouxe uma receita de US$8 mil. Avancemos alguns anos e ele fez um lançamento que arrecadou o valor de US$34 mil.

O céu era o limite. Jeff e sua família cada vez maior encontraram seu lar dos sonhos nas montanhas do Colorado, mas precisavam pagar um adiantamento. Essa necessidade inspirou um lançamento que colocou Jeff no radar.

Ele criou sua melhor oferta até então, gerando uma grande expectativa e concluindo um lançamento que gerou US$106 mil em 7 dias. Esse sucesso simplesmente chocou Jeff. Durante sua vida anterior no trabalho corporativo, ele nunca havia feito mais que US$35 mil anuais. Agora acabara de conseguir US$106 mil em uma semana.

Uau.

A essa altura você pode estar se perguntando: "O que exatamente é um lançamento?" Vamos falar sobre Hollywood. Quando um estúdio cinematográfico anuncia um novo filme, ele não simplesmente aparece. Existe a construção de expectativa. O estúdio monta trailers e envia seus atores para programas de entrevista para gerar a maior quantidade de publicidade possível antes do lançamento em si.

Você quer fazer o mesmo. Quer que as pessoas esperem por sua oferta *antes* de ela estar disponível. Quer criar barulho.

Em 2005, Jeff lançou o curso *Product Launch Formula* para ajudar os outros a aprenderem como lançar seus produtos e serviços com êxito. Todos os anos, Jeff e sua equipe publicam uma versão atualizada. Ao longo dos mais de quinze anos, as pessoas usaram o *Product Launch Formula* em todos os lugares, nichos e idiomas que você puder imaginar.

Jeff publicou o livro *A Fórmula do Lançamento*, que ocupou imediatamente o primeiro lugar dos best-sellers do *New York Times*.

Quando se trata de lançamentos, Jeff é o líder reconhecido e ama compartilhar o conhecimento acumulado ao longo dos anos com aqueles que buscam sucesso em seus lançamentos.

Aqui estão algumas das lições importantes que podemos aprender com Jeff sobre lançamentos:

1. O lançamento dá a você uma posição no mercado como um recurso de referência.
2. Existem negócios ilimitados para os quais as pessoas podem oferecer seu dinheiro. Se você quer ser escolhido, precisa se destacar.
3. O "marketing esperançoso" é quando você cria o produto e espera que alguém o compre.
4. Esse marketing esperançoso nunca funciona.
5. Um lançamento projetado e estruturado dará o impulso necessário para criar seus seguidores e garantir que consiga vendas no dia do lançamento.
6. Vendas são como oxigênio para o seu negócio, porque permitem que você monte sua equipe, aumente seu marketing e aprimore seu produto ou serviços.
7. As vendas colocam você no negócio e são elas que o manterão lá.
8. Continue lançando, com um passo após o outro, aprendendo com seus erros e melhorando a cada nova tentativa.

Jeff já ajudou a gerar mais de 1 bilhão de dólares em vendas com seu *Product Launch Formula*. Nas próprias palavras dele: "O lançamento está ao seu alcance. Tudo que precisa ser feito é entregar um valor com antecedência, criar a expectativa e ter um lançamento planejado e bem-estruturado. Ao final do dia, você precisa realizar o lançamento. Não poderá depender do marketing esperançoso."

Obrigado, Jeff Walker.

Você pode aprender mais sobre Jeff em JeffWalker.com [conteúdo em inglês].

Confira o seu curso gratuito de acompanhamento para um apoio extra com *O Trajeto Comum ao Sucesso Incomum*: EOFire.com/success-course [conteúdo em inglês].

CAPÍTULO 10

Identifique a Maior Dificuldade de Seu Avatar

> Há uma oportunidade no interior de todo problema.
> —ROBERT KIYOSAKI

Existe um grande equívoco sobre o trajeto comum ao sucesso incomum que impede a maioria das pessoas de sequer começar: as pessoas duvidam de suas habilidades para identificar uma ideia capaz de gerar receita para seus negócios. Essa dúvida vira medo, o medo se torna paralisante e tudo para.

Isso não acontecerá com você. Por quê? Porque você está no trajeto comum, e esse trajeto é reto e claro.

Você identificou sua grande ideia e alcançou um nicho pouco atendido. Criou seu avatar e escolheu sua plataforma. Conseguiu o seu mentor e participou de (ou criou) uma mastermind.

Agora você dará o próximo passo. Que passo é esse? A identificação da maior dificuldade de seu avatar.

Seguindo a orientação do trajeto comum ao sucesso incomum, você está produzindo um conteúdo grátis, valioso e consistente na plataforma de sua escolha. Talvez tenha optado pelos podcasts, vlogs, blogs, redes sociais, alguma outra plataforma escolhida, ou uma combinação de tudo isso. Ao produzir conteúdo gratuito, valioso e consistente para seu avatar, você estará aumentando seu público de forma natural.

Esse público está começando a conhecer, gostar e confiar em você graças ao valor que está adicionando na vida dele. Agora é hora de interagir com seu público e fazer quatro perguntas simples.

1. Como ouviu falar de mim/encontrou meu conteúdo?
2. O que você gosta no conteúdo que estou produzindo?
3. O que você não gosta?
4. Qual é a sua maior dificuldade atualmente?

Você deve estar se perguntando: "Como interagir com o público que estou construindo?" Não complique demais as coisas. Caso esteja construindo uma lista de e-mail, envie um ao público. Se estiver conectado com eles pelas redes sociais, envie-os uma mensagem privada.

Seja lá qual plataforma você esteja usando para a produção do conteúdo, use essa mesma plataforma para fazer essas perguntas.

Pode ser uma mensagem simples, como:

Oi, [nome].

Obrigado por ouvir/assistir a meu conteúdo. Adoraria entrar em contato com você para fazer quatro perguntas. Isso me ajudaria muito a aprender mais sobre você.

Obrigado!

—John

A chave é interagir com a maior quantidade de pessoas possível, individualmente.

Sim, eu disse individualmente. Conheço muitas pessoas que só acreditam em fazer as coisas em escala. Você as ouvirá dizer: "Falar com pessoas individualmente é trocar tempo por dinheiro e eu quero alimentar um negócio em que poderei alavancar meu tempo e conhecimento."

Essas pessoas nunca alcançam o sucesso incomum. Você alcançará um lugar onde estará alavancando tempo e conhecimento, mas ainda não está lá. Nesse estágio do trajeto comum, você precisa fazer coisas que não geram escala. É preciso fazer essas perguntas às pessoas que estão consumindo seu conteúdo, e precisa ser individualmente. Essa é a única forma de conseguir as respostas honestas e detalhadas das quais você precisa.

Por que essas quatro perguntas específicas? Deixe-me explicá-las.

Como ouviu falar de mim/encontrou meu conteúdo?

Essa pergunta é importante porque revelará como as pessoas estão encontrando você e seu conteúdo. Ao coletar diversas respostas para essa pergunta, será capaz de priorizar os meios pelos quais as pessoas estão encontrando-o. E, tão importante quanto isso, não perderá mais tempo nas áreas menos importantes.

Talvez muitos de seus avatares estejam falando sobre uma publicação que leram no site de outra pessoa. Agora você sabe que precisa encontrar uma forma de trabalhar com essa pessoa em mais projetos.

Talvez nenhum de seus avatares mencione os anúncios do Facebook que você estava patrocinando, o que pode poupar tempo e dinheiro ao encerrar essa estratégia de aquisição de leads que não está promovendo os melhores leads.

Seus melhores leads são aqueles que embarcarão em uma chamada de cinco minutos com você para responder a essas quatro perguntas, então os trate como os clientes valiosos que são.

O que você gosta no conteúdo que estou produzindo?

Essa pergunta é importante porque, enquanto não perguntarmos, nunca saberemos de fato com o que nossos avatares se identificam. Além disso, eles vão amar saber que estão sendo ouvidos. Quando você começa a ver tendências sobre assuntos específicos, é hora de explorar a fundo esse tipo de conteúdo e não deixar a temperatura esfriar!

O que você não gosta no conteúdo que estou produzindo?

Essa pergunta garantirá que você não esteja cometendo um erro simples que pode ser facilmente corrigido. Um erro que muitas pessoas cometem ao começar a coleta das respostas para essa pergunta é mudar as coisas imediatamente.

Nunca ajuste o que você está fazendo com base em uma única resposta. Essa pessoa pode ser uma exceção e oferecer um feedback ruim. Você precisa encontrar uma tendência de muitas pessoas não gostando de uma mesma característica de seu conteúdo antes de implementar alguma mudança.

Qual é sua maior dificuldade atualmente?

Essa é, de longe, a pergunta mais importante a ser feita. As respostas ditarão o próximo passo a ser tomado. Você precisa documentar todas as respostas para essa pergunta e separá-las com base em semelhança. Você verá o desenvolvimento das tendências.

Minha recomendação é conseguir pelo menos trinta respostas e buscar por grupos de no mínimo cinco respostas semelhantes.

Agora é sua vez de identificar para quais dificuldades você deseja criar soluções. Não complique demais as coisas. Você precisa de um viés de ação e uma aversão à perfeição.

Nosso objetivo é oferecer soluções reais para os problemas reais de nosso avatar. Escolha a dificuldade para a qual você criará uma solução. Siga sua intuição.

Sua primeira oferta pode não funcionar, assim como a segunda, mas, se continuar esse processo por tempo suficiente, identificará uma oferta irresistível para a qual seu público estará disposto a investir seu suado dinheiro.

Ao identificar a dificuldade que você resolverá, é hora de focar a criação da solução perfeita, algo que discutiremos no próximo capítulo.

A Maior Dificuldade do Meu Avatar

> Problemas não são sinais de parada; eles são diretrizes.
> —ROBERT H. SCHULLER

Era agosto de 2013. O podcast *Entrepreneurs on Fire* estava a todo vapor há 11 meses e eu havia publicado mais de 330 episódios. Eu tinha alcançado muitos de meus objetivos, como me conectar com empreendedores incríveis, que atuaram como convidados do meu programa, e aumentar meu público e influência, fornecendo um conteúdo gratuito, valioso e consistente — tudo isso enquanto conseguia algumas gotas de receita por meio de patrocínios e coaching.

Entretanto, era hora de transformar essas gotas em uma cachoeira. Era hora de levar as coisas até o próximo nível financeiro. Como? O primeiro passo era identificar a maior dificuldade do meu avatar.

A maioria das pessoas aborda esse problema do jeito errado. As pessoas pensam que devem se trancar em uma sala escura e fria e não sair até encontrar o maior problema enfrentado por seu avatar. O problema dessa linha de raciocínio é que seu avatar não é mais apenas palavras escritas em um papel.

Você tem criado um conteúdo gratuito, valioso e consistente já há algum tempo. O seu avatar é uma pessoa real. O seu avatar é um público que você tem construído enquanto fornece valor, e esse público conhece, gosta e confia em você.

Agora é hora de perguntar ao seu público: "Qual sua maior dificuldade atualmente?" No mês de agosto de 2013, essas foram exatamente as perguntas que fiz para meu público, o qual apelidei carinhosamente de Fire Nation.

Enviei e-mails, criei um episódio de podcast específico pedindo um feedback direto sobre essa pergunta, criei publicações para redes sociais e enviei mensagens privadas por essa plataforma, tudo isso com a mesma pergunta: "Qual sua maior dificuldade atualmente?"

As respostas começaram a aparecer. Dolorosamente, documentei e classifiquei cada uma delas e fiquei fascinado. Em uma semana, aprendi mais sobre a Fire Nation do que nos onze meses anteriores.

Aprendi sobre suas esperanças, medos, sonhos e dúvidas. Isso moldou o tipo de conteúdo que eu produzi nos anos seguintes. E, mais importante ainda, isso forneceu a resposta que eu buscava. "Qual é sua maior dificuldade atualmente?"

De todas as respostas, um tema se destacou entre os outros.

> John, eu amo como você criou uma plataforma para compartilhar sua voz, mensagem e missão com o mundo. Minha paixão é [jardinagem, exercícios, música etc.] e gostaria de criar um podcast para compartilhar minha paixão e conhecimento com o mundo e me tornar uma autoridade e influência nessa área, mas eu não sei nada sobre criar podcasts. Poderia me ajudar a criar e lançar meu podcast e, em seguida, me mostrar como expandir e monetizar essa plataforma?

Francamente, fiquei um pouco atordoado. Nunca me ocorreu que, mesmo tendo um pouco menos de um ano de experiência, as pessoas me veriam como alguém com expertise suficiente para ajudá-las na criação de seu próprio podcast. Além disso, eu não fazia ideia de que tantas pessoas tinham vontade de criar seus próprios podcasts. Pensei ser um desses estranhos solitários que desejavam apresentar seu próprio programa, mas vi o quanto estava errado.

Então lá estava eu. Perguntei e a Fire Nation respondeu de forma clara. Era hora de criar a solução, e esse será o foco do próximo capítulo.

Alerta de spoiler: minha primeira tentativa de criar a "solução" foi um grande fracasso.

Com o tempo eu acertei, mas ao mesmo tempo que desejo vê-lo imitando meus sucessos, também espero que evite meus fracassos, e existem muitos fracassos a serem evitados, pode acreditar em mim.

É hora do próximo estágio em nosso trajeto comum ao sucesso incomum: o desenvolvimento da solução para a maior dificuldade do seu avatar.

Vamos nessa!

Um Empreendedor no Trajeto de Fogo ao Sucesso Incomum

RYAN LEVESQUE: IDENTIFICAR A MAIOR DIFICULDADE DO SEU AVATAR

Para tornar nossas comunicações mais eficazes, precisamos mudar nosso pensamento de "Que informação preciso comunicar?" para "Quais questões quero que meu público faça?"

—CHIP HEATH

JOIAS COM PEÇAS DE SCRABBLE? Ryan se olhou no espelho e se perguntou como sua vida o levou até esse momento.

Ele se graduou em uma das universidades da Ivy League. Era ambicioso, motivado e inteligente. Mesmo assim, estava tentando ensinar como criar joias com peças do jogo Scrabble na internet. Sua vida realmente teve algumas reviravoltas interessantes.

Era hora de caminhar. Ryan precisava esfriar a cabeça e de algum tempo para pensar.

Enquanto caminhava por uma calçada movimentada, ele pensou nos outros nichos obscuros que conquistou ao longo dos anos: cuidados com orquídeas, TV por satélite, sistemas de filtragem de água, aprimoramento da memória — e, é claro, joias com peças de Scrabble.

Como ele conseguiu? Qual era o denominador comum do sucesso? Ele fez as perguntas certas para as pessoas certas.

Simples assim, de verdade. Naquele mesmo momento, Ryan se comprometeu a transformar esse conceito simples em uma metodologia que poderia utilizar para ajudar donos de outros negócios a expandir e escalonar seus negócios, assim como havia feito com o seu.

Ryan teve sua grande ideia e ela não mais envolvia joias com peças de Scrabble. Avancemos alguns anos e a grande ideia de Ryan havia se tornado uma empresa que apareceu três vezes na lista Inc. 5000, que registra as empresas privadas de maior crescimento nos Estados Unidos, e ajudou milhares de pessoas a expandirem seus negócios ao saber quais perguntas fazer e quando fazê-las.

Mas espere um segundo...

Henry Ford não disse: "Se eu perguntasse às pessoas o que elas queriam, então teriam pedido por cavalos mais rápidos"?

Steve Jobs não disse: "As pessoas não sabem o que querem até eu mostrar a elas"?

Sim, eles disseram isso. As pessoas não sabem o que querem até que você as mostre o que querem. Para descobrir o que seu avatar quer, primeiro deve entrar pela porta lateral. Essa porta lateral abrirá assim que essas três perguntas forem feitas.

1. P.M.I.T.: A pergunta mais importante de todas: quando se trata de X, qual é o maior desafio ou frustração que você está enfrentando agora? Por favor, seja o mais detalhado e específico possível. Sempre preste muita atenção à linguagem específica que seu avatar utiliza. Essa é a linguagem que você deverá usar em seus trabalhos de marketing a partir de então. Sempre busque respostas detalhadas, porque esses serão os seus compradores. Exemplo: quando se trata do cuidado com orquídeas, qual é o maior desafio ou frustração que você está enfrentando agora? Por favor, seja o mais detalhado e específico possível. Você está atrás de respostas como "Tenho dificuldades em replantar minha orquídea — ela sempre morre, não importa o que eu faça". Esse é realmente um problema. Se puder criar uma solução para isso, terá um comprador.

2. Se precisasse quantificar, quanto tempo você investiu tentando resolver o problema? Está procurando pessoas que sofreram bastante e gastaram muito tempo para resolver esse problema. Essas são as pessoas que pagaram pela solução certa nesse momento.

3. Quanto dinheiro você investiu na solução desse desafio? O comportamento anterior é a melhor forma de prever o comportamento futuro. Se as pessoas gastaram dinheiro no passado, serão mais propensas a investir dinheiro no futuro.

O livro de Ryan, *Ask*, é um best-seller internacional com centenas de exemplares vendidos. Adquira uma cópia para aprofundar seu conhecimento a respeito desse assunto. De acordo com o próprio Ryan: "Essas três perguntas ajudarão você a identificar o segmento hiper-responsivo do seu mercado e a linguagem específica que eles usam para descrever o problema, dessa forma você poderá usar isso no seu marketing e em seu produto."

Obrigado, Ryan Levesque.

Você pode aprender mais sobre Ryan em AskMethod.com [conteúdo em inglês].

Confira o seu curso gratuito de acompanhamento para um apoio extra com *O Trajeto Comum ao Sucesso Incomum*: EOFire.com/success-course [conteúdo em inglês].

CAPÍTULO 11

Comprove o Conceito e Crie a Solução

*Aborde cada cliente com a ideia de ajudá-lo
a resolver um problema ou alcançar um objetivo,
não com a ideia de vender um produto ou serviço.*
—BRIAN TRACY

Você fez tudo direito ao longo do seu trajeto comum ao sucesso incomum. Entregou um conteúdo gratuito, valioso e consistente ao seu avatar. Agora tem um público que conhece, gosta e confia em você e já perguntou a esse público qual a maior dificuldade dele, documentando e classificando essas respostas. Você identificou para qual dificuldade criará uma solução.

Agora é hora de arregaçar as mangas e criar a solução, certo? Errado.

É aqui que muitos se afastam do caminho rumo ao sucesso incomum. É aqui que muitos ficam presos por meses, construindo a solução perfeita, finalmente emergindo de suas cavernas isoladas para anunciar de maneira orgulhosa ao mundo: "*Retornei trazendo comigo a maior solução do mundo para o seu pior e mais injusto problema.*"

Então essas pessoas seriam recepcionadas com o barulho de grilos.

Não me entenda mal, essa estratégia funciona algumas vezes porque você fez muitas coisas do jeito certo no trajeto comum ao sucesso incomum. Mas essa é uma trilha estreita e não há motivo para afastar-se dela.

Antes de criarmos a solução perfeita para nosso público, precisamos nos certificar de que as pessoas pagarão pela solução. Lembre-se do seguinte truísmo: *as pessoas votam com suas carteiras.*

Se você vai gastar seu recurso mais valioso, tempo, para criar a solução perfeita para a maior dificuldade do seu público, você deve saber com 100% de certeza que seu público está disposto a investir nessa solução. Cometi o terrível erro de não comprovar minha ideia antes de criar e fui recebido por grilos.

Felizmente, aprendi minha lição. Agora, antes de gastar meu tempo para criar a solução, insisto para meu público comprovar o conceito ao votar com sua carteira. Se as pessoas não estiverem dispostas a pagar com antecedência, ou ao menos pagar algum adiantamento pela solução que ofereço criar, então a dificuldade deles não é tão dolorosa assim.

Eu me poupei de centenas de horas de trabalho infrutífero ao seguir essa estratégia. Na seção seguinte, compartilharei um exemplo pessoal de como fracassei e como obtive sucesso com essa estratégia.

Mas, primeiro, vamos identificar como sua solução poderia ser. Sua solução provavelmente será um produto, serviço ou comunidade. Descrevo alguns exemplos a seguir:

- Coaching individual
- Coaching em grupo
- Liderar uma mastermind
- Escrever um livro
- Criar um curso
- Apresentar uma cúpula virtual
- Realizar um desafio pago
- Criar um software (SaaS: *Software as a Service*, ou Software como Serviço)
- Criar um produto físico

- Administrar uma comunidade premium
- Tornar-se um afiliado e promover o produto, serviço ou comunidade de outra empresa
- Oferecer certificação
- Realizar eventos ao vivo ou virtuais

A seguir estão alguns exemplos da minha experiência pessoal como administrador do *Entrepreneurs on Fire*.

Coaching Individual

Nunca me esquecerei da primeira receita que consegui com o *Entrepreneurs on Fire*. Alguns meses após o lançamento, um ouvinte me abordou e compartilhou comigo que lançaria seu podcast em breve e estava com alguns problemas. Ele estava acompanhando meu lançamento bem-sucedido e queria orientação.

Eu ainda não tinha um programa de coaching em execução, mas o pedido desse ouvinte me fez entrar em ação. Na mesma hora, criei um programa de coaching de um, dois e três meses. Ainda me lembro dos preços de cada serviço: US$800 por um mês, US$1.400 por dois meses e US$1.800 por três meses. Esbocei que o coaching teria uma chamada semanal de trinta minutos e acesso ilimitado ao meu e-mail. Apertei o botão *enviar*. Minutos depois, recebi a resposta de que ele gostaria do programa de três meses. Eu fiquei em um pequeno estado de choque. Consegui gerar US$1.800 em alguns minutos com base em um e-mail que havia acabado de receber. Obviamente, ainda havia muito trabalho a ser feito, mas eu estava em êxtase. Consegui uma proof of concept para o coaching individual e me comprometi a entregar mais do que aquele meu primeiro aluno esperava receber.

Liderar uma Mastermind

Após aproximadamente um ano de *Entrepreneurs on Fire*, estava com um bom impulso, tanto com o podcast quanto com o crescimento do meu público. As reproduções diárias estavam aumentando, o nível de engajamento estava alto e eu estava aparecendo em diversas mídias sobre esse pequeno nicho chamado podcasting. Estava gostando das minhas interações com o meu público, a Fire Nation, fossem elas por e-mail, redes sociais ou pela boa e velha correspondência.

Um tema consistente dessas comunicações era que meu público adoraria um lugar para interagir com outros ouvintes do *Entrepreneurs on Fire*. Eu percebi que essa era minha oportunidade para criar uma mastermind. Entrei em contato com outros empreendedores que administraram masterminds pagas e bem-sucedidas e aprendi as melhores práticas realizadas por eles. Sem demora, estava pronto para anunciar o lançamento da Fire Nation Elite.

A Fire Nation Elite consistiria em chamadas ao vivo semanais para uma seção aberta de perguntas e respostas, um grupo de Facebook para interações diárias e todos os meses apresentaria um palestrante convidado para falar sobre um assunto da sua área de experiência. Decidi estabelecer um limite de vaga de cem membros para a Fire Nation Elite e entrevistei cada um dos candidatos antes de oferecer uma das vagas.

Ela seria uma família no futuro próximo e eu sabia que era importante formar uma comunidade comprometida em apoiar e guiar uns aos outros nessa difícil jornada do empreendedorismo.

Nós iniciamos com o valor de US$300 por trimestre, com um comprometimento mínimo de três meses. Nós aumentamos esse valor nos meses seguintes com base na oferta e demanda e sempre nos comprometemos a entregar dez vezes o valor da assinatura.

Nunca me esquecerei da primeira chamada ao vivo que fizemos com a Fire Nation Elite. Foi incrível ver tantas pessoas excepcionais e comprometidas em um único lugar, todas ansiosas para aprender e apoiar umas às outras. Ao longo dos dois anos e meio seguintes, ela gerou uma média de US$12 mil mensais em receita. Kate e eu dedicamos nossos corações e almas a esse projeto, as amizades que formamos ainda estão presentes entre nós e as histórias de sucesso ainda fazem meu coração cantar.

Escrever um Livro

Três meses após o lançamento do *Entrepreneurs on Fire*, tudo estava indo bem. Eu decidi que era hora de aprimorar meu conhecimento sobre podcasting, então fui até a Amazon para comprar todos os livros que conseguisse achar sobre o assunto. Fiquei surpreso quando não encontrei um livro sequer dedicado ao mundo dos podcasts.

Naquela época, estava imerso nesse assunto por cerca de sete meses e eu não chegava perto de ser o maior especialista em podcasts do mundo, eu sabia mais que 99% das pessoas sobre isso. Para essas pessoas, eu era um especialista. Eu sabia que um livro sobre podcasting precisava ser escrito e decidi que seria eu a fazê-lo.

No dia seguinte, criei um esboço e escrevi o primeiro rascunho do *Podcast Launch* em cerca de vinte horas de escrita. Quando apertei para publicar o livro *Podcast Launch* na Amazon, foi uma sensação incrível.

Foi perfeito? Não. Foi o melhor livro sobre podcasting na Amazon? Sim. Foi o pior? Sim. Esse era o *único* livro sobre podcasting na Amazon.

Observei os benefícios da publicação imediatamente. As vendas surgiam a uma taxa de dez a vinte por dia. O preço do livro era US$2,99, então nunca me renderia muito dinheiro, mas provou ser um incrível gerador de leads.

Os downloads do *Entrepreneurs on Fire* aumentaram de maneira perceptível. Minha lista de e-mails e os seguidores nas redes sociais também cresceram substancialmente. Mensagens específicas sobre os livros começaram a surgir como uma enxurrada. Eu entreguei um valor real por um preço justo e as pessoas estavam gratas.

O livro também aumentou minha credibilidade. Mais oportunidades de palestras surgiram, afinal, agora eu era o rapaz que havia escrito o livro sobre podcasting. No geral, escrever *Podcast Launch* aumentou exponencialmente a percepção e valor da minha marca, além de gerar receita por meio das vendas, aumentar minha lista de marketing por e-mail e atrair mais ouvintes para o *Entrepreneurs on Fire*, aumentando a receita do patrocínio e das vendas de curso quando implementei ambos nos anos que se seguiram.

Se encontrar uma lacuna no mercado de livros para o seu nicho, escrever um livro é um uso incrível do seu tempo e esforço.

Criar um Curso

Na próxima seção deste capítulo, compartilharei minha experiência com o lançamento do Podcasters' Paradise, mas nesta seção compartilharei um breve resumo do lançamento do nosso curso, Webinar on Fire.

Em 2014, nosso curso de podcasting (Podcasters' Paradise) estava funcionando a todo vapor há quase um ano e realizávamos webinars ao vivo toda semana para promover o curso. Estávamos tendo bastante sucesso com webinars e, além de perguntas relacionadas ao podcasting, também recebíamos muitas perguntas sobre nosso sistema de webinar.

Quando a enésima questão sobre webinars surgiu, eu sabia que era hora de criar um curso. Lançamos o Webinar on Fire em janeiro de 2014 e foi um complemento perfeito para o Podcasters' Paradise. O Webinar on Fire foi uma grande fonte de receita para nós ao longo dos anos. Ele nos ensinou a lição valiosa de sempre ouvir o seu público e deixar suas maiores dificuldades guiarem você.

Apresentar uma Cúpula Virtual

Uma cúpula virtual é tipicamente uma coleção de entrevistas em vídeo com especialistas focados em um certo tópico e que é entregue a um público no curso de alguns dias, normalmente com uma oferta ao final do evento. A cúpula fará você escolher um assunto específico, identificar suas maiores dificuldades e entregar as melhores soluções.

Ao escolher o assunto, você precisará identificar figuras de autoridade dispostas a realizar uma apresentação sobre a especialidade delas. Cúpulas virtuais acelerarão suas habilidades de marketing online, porque você precisará aprender a criar uma landing page, conectá-la ao seu servidor de e-mail, enviar vídeos e lançá-los de acordo com uma agenda pré-programada — além de criar e lançar uma oferta.

O domínio dessas habilidades é muito importante ao longo do seu trajeto comum ao sucesso incomum, então é igualmente importante realizar algo do tipo no começo de sua jornada, uma vez que você precisará de múltiplas tentativas de criar eventos como esse para dar início à criação de sistemas e processos que o levarão até o sucesso futuro.

Acima de tudo, uma cúpula virtual o auxiliará a construir sua lista de e-mails, criar conexões com figuras de autoridade, melhorar suas habilidades de apresentação e o forçará a aprender como lançar uma oferta. O Dr. Mark. T. Wade, no HustleandScale.com [conteúdo em inglês], é minha referência para tudo relacionado às cúpulas virtuais.

Realizar um Desafio Pago

Um desafio pago é, normalmente, um evento online com duração de três, cinco, sete, quinze ou trinta dias, que entrega um resultado esperado. Um exemplo de desafio que participei foi o "Desafio da Cristy 'Code Red' Nickel para a Perda de 4,5 kg" [*The Ten-Pound Takedown by Cristy 'Code Red' Nickel*, no original]. O objetivo do desafio era perder 4,5 kg em 30 dias. Todos os dias, ao longo de um mês inteiro, Cristy enviou um e-mail com as ordens para o dia e um vídeo motivacional para nos manter animados. Também ganhamos acesso a um grupo de Facebook em que estavam todos os participantes do desafio para auxiliar e orientar uns aos outros durante esses trinta dias.

Quando você tem sua visão concentrada em um único objetivo e o está buscando com indivíduos que apoiam e pensam como você, a chance de sucesso aumenta de forma significativa. O desafio custou US$47, e ao longo de todo o evento houve muitos convites para a compra do coaching privado de Cristy, que é onde está o verdadeiro lucro do projeto.

Eu também já administrei alguns desafios. Um deles foi durante a preparação para o lançamento do curso de Tony Robbins, chamado *Knowledge Broker Blueprint*. Como afiliado, eu sabia que precisaria aquecer o público para o dia do lançamento, então Kate e eu nos reunimos com Jill e Josh Stanton do projeto *Screw the Nine to Five* e criamos um desafio de cinco dias chamado "Pense Como um Especialista".

Ao longo do desafio, nós fornecemos treinamentos ao vivo diários com chamadas de ação específicas em cada um desses dias. Também administramos um grupo de Facebook bem ativo no qual respondemos perguntas e abordamos dificuldades todos os dias. Quando chegou o dia do lançamento, realizamos uma festa para assisti-lo, aumentando a expectativa pelas ofertas. Nós geramos mais de US$500 mil em vendas para o curso do Tony e, entre os mais de 5 mil afiliados, alcançamos o quinto lugar, recebendo uma viagem até Fiji para passar cinco dias com Tony em seu resort privado, Namale.

Quando analisamos nossas vendas, descobrimos que a vasta maioria surgiu daqueles que participaram do desafio de cinco dias. Nós fomentamos um ambiente familiar que estava transbordando de confiança. Quando contamos aos participantes do nosso desafio que acreditávamos no curso do Tony e que eles deveriam investir nele, muitos seguiram o conselho — e ainda hoje ouvimos histórias de sucesso das pessoas que nos ouviram.

Concluindo, um desafio pago pode ser uma incrível maneira de entregar uma grande quantia de valor para um grupo de pessoas com um pensamento semelhante, além de entregar um resultado incrível que será responsável por devolver um maior·nível de confiança. Normalmente, desafios pagos custam entre US$7 e US$97 e podem durar entre 3 a 30 dias. Vale a pena testar desafios gratuitos quando você está começando nesse mundo, mas, ao montar seus sistemas e ofertar, você vai querer trabalhar com pessoas que estão mais envolvidas e investiram no desafio. Quando as pessoas pagam, elas prestam atenção.

Criar um Software

Eu não tenho nenhuma experiência direta com SaaS (*Software as a Service*), mas compartilharei com você o que vi e aprendi ao longo dos anos. O modelo SaaS tem seus prós e contras.

Vamos começar falando sobre as vantagens. Se você fizer tudo certo, poderá expandir e alavancar muito rápido. O Slack é um ótimo exemplo de empresa que criou um software para sua equipe interna e, quando reconheceram que ele era melhor que qualquer coisa disponível no mercado, decidiram mudar seu foco para escalonar e vendê-lo.

Outra vantagem é uma receita recorrente mensal consistente. Quando você consegue certo número de assinantes mensais de um determinado serviço, poderá prever sua receita com grande precisão e planejar seu futuro de acordo com isso.

Uma desvantagem do SaaS é o custo adiantado de investimento na infraestrutura e na equipe necessária para disponibilizar o software no mercado. Não existe nenhuma garantia de que o serviço fará sucesso, e talvez você não seja capaz de recuperar seu investimento inicial.

Realizamos uma parceria com uma empresa em 2014 para montar uma oferta de SaaS. Eles tinham a equipe, uma ideia muito boa e o desejo de escalonar. Mas, mesmo com nosso público considerável, fomos incapazes de gerar a tração inicial necessária para prosseguir com o projeto. Olhando para trás, não estávamos oferecendo uma solução para uma dificuldade incômoda o suficiente.

No geral, acho que o SaaS é um modelo de negócios avançado que não deve ser testado no começo de sua jornada empreendedora.

Criar um Produto Físico

Considero como um produto físico qualquer coisa que possa tocar ou segurar com as mãos. Mantive-me longe de produtos físicos nos primeiros três anos do *Entrepreneurs on Fire* e me concentrei em ofertas virtuais. O Podcasters' Paradise foi um sucesso, o Webinar on Fire estava a todo vapor, todos os dólares do patrocínio estavam aparecendo e nós gerávamos uma receita significativa com nossas parcerias de afiliados.

Era hora de adicionar outra fonte de receita, então perguntei ao meu público qual era sua maior dificuldade. A resposta mais frequente foi a dificuldade em estabelecer e cumprir objetivos. No *Entrepreneurs on Fire*, meus convidados compartilhavam a importância de estabelecer objetivos. Meus ouvintes anotaram isso e pediram um passo a passo que pudessem aplicar para conquistar seus objetivos em um período específico.

Quando me sentei para planejar a criação desse passo a passo, sabia que precisaria ser algo que meu público pudesse tocar com as mãos. Esbocei o conceito de uma agenda com imitação de couro, e pareceu ser a coisa certa. Entrei no modo de pesquisa e aprendi tudo que pude sobre estabelecer e cumprir objetivos. O resultado foi o *Freedom Journal*, um guia passo a passo para estabelecer e alcançar seu objetivo número um em cem dias. Com o conceito finalizado, fiz uma parceria com uma empresa chamada

Prouduct.com, do meu amigo Richie Norton. A Prouduct pegou o conceito e criou a versão física.

Quando eu segurei o produto finalizado em minhas mãos, sabia que o *Freedom Journal* era algo especial. Eu sabia que ele representava uma solução real para o problema do meu público.

Meu próximo passo era decidir como revelar esse produto ao mundo. Após muito pensar, decidi usar uma plataforma de crowdfunding chamada Kickstarter. As plataformas de crowdfunding são ótimas, já que permitem a você comprovar o conceito da sua ideia antes de ir com tudo.

Imprimi alguns exemplares do *Freedom Journal* para o lançamento, mas estava esperando para fazer o grande pedido com base nos resultados do Kickstarter. Eu comprovaria o seu conceito antes de mergulhar de cabeça no produto.

Realizei uma campanha de 33 dias e dediquei todos os meus esforços de marketing a ela. Dentro de 25 minutos, alcancei meu objetivo inicial de US$25 mil e, ao final do primeiro dia, conquistei US$100 mil em receita. Ao final da campanha, o *Freedom Journal* se tornou a sexta maior campanha de publicação de todos os tempos, gerando US$453.810.

O *Freedom Journal* agora já ultrapassou a marca de 1 milhão de dólares em vendas e eu lancei outras duas agendas, a *Mastery Journal* e a *Podcast Journal*. (Confira as agendas nos seguintes sites: TheFreedomJournal.com, TheMasteryJournal.com e ThePodcastJournal.com [conteúdo em inglês].)

Acredito que produtos físicos possam ser um poderoso diferenciador nos cenários corretos, mas você deve conhecer suas margens de lucro e compreender o custo de inventários de armazenagem e transporte. Caso contrário, você trabalhará muito para conseguir um lucro líquido muito pequeno.

Administrar uma Comunidade Premium

Uma comunidade premium é normalmente um grupo de pessoas que pagam uma taxa mensal para fazer parte de um grupo de indivíduos que buscam aumentar seu conhecimento e aprimorar sua receita por meio de um certo assunto ou setor. Nós administramos uma comunidade premium chamada Podcasters' Paradise no *Entrepreneurs on Fire* desde 2013. Não entrarei em muitos detalhes agora, porque compartilharei a história completa na seção seguinte, mas o que costuma diferenciar uma comunidade premium de uma mastermind são os tutoriais em vídeo, modelos e guias estruturados para ajudar os membros da comunidade a se tornarem especialistas no assunto abordado.

Essa oportunidade mais uma vez ilustra o poder de buscar um nicho pouco atendido, tornar-se o especialista desse nicho e criar as ferramentas necessárias para que outros melhorem seu conhecimento e competência.

Tornar-se um Afiliado para um Produto ou Serviço

Tornar-se um afiliado para promover os produtos ou serviços de outra empresa é uma ótima forma de gerar receita, especialmente no começo de sua jornada. Quando você se torna um afiliado, está recomendando os produtos ou serviços de uma empresa em troca de uma comissão sobre as vendas realizadas. A porcentagem dessa comissão variará de acordo com vários fatores, mas é um ótimo modo para encontrar produtos e serviços que você conhece, gosta e confia o suficiente para recomendar ao seu público.

Uma forma incrível de animar seu público sobre os produtos e serviços promovidos por você é escrever análises, criar tutoriais em vídeos sobre como utilizar o produto, entrevistar o fundador e anunciar. Nós temos gerado uma receita significativa como afiliados durante anos no *Entrepreneurs on Fire*. Nossa maior e mais significativa receita vem da nossa parceria com a ClickFunnels.

A ClickFunnels é uma empresa que usamos em nosso negócio durante anos para a criação de landing pages, funis de venda, páginas de venda, one-click upsells e muito mais. Sou grande amigo do fundador, Russell Brunson, e ele já foi diversas vezes convidado do *Entrepreneurs on Fire*.

Conheço muitas pessoas no meu público que se beneficiariam usando um serviço valioso como o da ClickFunnels, então felizmente promovemos a empresa quando a oportunidade permite. Como resultado disso, geramos até hoje mais de US$1,3 milhão em comissões.

Meu conselho para você é criar uma lista dos produtos e serviços que usa com frequência. Vá até o site de cada uma das empresas, desça até o fim da página, e geralmente no rodapé encontrará um link para afiliados. Nessa página, as empresas compartilharão os detalhes de seu programa de afiliados e como você pode se inscrever. Se não encontrar facilmente o link de afiliados, use o formulário de contato e peça para falar com o gerente de afiliados responsável.

A receita de afiliados pode ser uma grande fonte financeira quando feita da forma correta. Comece seguindo os passos que indiquei e compartilhe seu link de afiliado com seu público onde e quando isso for oportuno.

O último conselho que compartilharei aqui é o seguinte: você deve acreditar nos produtos e serviços que promove. Sempre faça o que for o melhor para seu público, assim permanecerá firme no trajeto comum ao sucesso incomum.

Oferecer Certificação

Credibilidade é muito importante. Eu não gostaria de ser operado por um cirurgião que não fez a faculdade de medicina. Também não gostaria de um arquiteto sem a graduação de uma faculdade de arquitetura projetando a minha casa. A maioria das pessoas quer ver algum tipo de certificação descrevendo onde você adquiriu o conhecimento que afirma possuir.

É aqui que o certificado é importante. Quando você se tornar um especialista no seu setor e alcançar um certo nível de sucesso, as pessoas vão querer aprender com você. Já aconteceu comigo com podcasting, e o resultado foi o Podcasters' Paradise. Além de criar um curso, você pode explorar a opção de criar uma certificação. Quando um indivíduo passar por seu programa de certificação, estará apto a realizar a atividade que seu certificado atesta.

Lembre-se de que sua reputação está em jogo, então garanta que todos aqueles que conseguirem o certificado por meio do seu programa de fato sejam dignos e estejam prontos para realizar o serviço. Um programa de certificação, se feito do jeito certo, pode ser um grande gerador de receita, já que normalmente você recebe um adiantamento pelo programa e uma taxa recorrente anual para atualizar a certificação. É claro, isso significa que você também precisará atualizar o programa em si.

Normalmente vejo o uso das certificações nos campos de saúde e bem-estar, embora possam ser usadas em outros setores, também.

Realizar Eventos ao Vivo ou Virtuais

Esses eventos podem ser presenciais ou online, nos quais você entrega um valor sobre um assunto predeterminado, geralmente ao longo de um, dois ou três dias.

Começarei com os eventos presenciais. Embora coordenar a viagem e acomodação possa dar trabalho, a energia e experiência dos eventos presenciais são imbatíveis. Kate e eu realizamos eventos de um, dois e três dias ao longo dos anos e sempre nos surpreendemos com o quanto gostamos de realizá-los. Existe algo de especial em reunir pessoas de todo o mundo para aprender e apoiar umas às outras. Realizar um evento ao vivo é difícil de muitas formas, mas, segundo minha experiência pessoal, não existe meio melhor de causar um impacto na vida das pessoas do que com um evento ao vivo e presencial.

Reunimos quarenta pessoas para um evento de três dias e foi simplesmente incrível testemunhar as descobertas e conexões feitas em um período tão curto. Se você está buscando por um enorme impacto em sua tribo, realize um evento ao vivo. Não irá se arrepender.

Eventos virtuais também podem ser muito poderosos se feitos da maneira certa. Eles possuem diversas semelhanças com as cúpulas virtuais, então não entrarei em detalhes, mas o principal a lembrar é o seguinte: você conhece seu avatar e seu público. Crie o evento que *eles* desejariam. A sorte favorece os audazes, então seja ainda mais audaz e faça a mágica acontecer.

Concluindo

Descrito anteriormente estão diversos meios para gerar receitas com soluções fornecidas às maiores dificuldades de seu público. Não se sinta sobrecarregado por todas essas opções — lembre-se apenas de que o melhor curso de ação é pedir ao seu público para compartilhar sua maior dificuldade, identificar a solução que deseja entregar a eles, conseguir a proof of concept e, então, criar e entregar essa solução.

Você consegue!

Minha Solução

No capítulo anterior, compartilhei o processo de como identifiquei a maior dificuldade do meu público. Agora recapitularei e expandirei esse assunto para, em seguida, demonstrar uma solução que criei e fracassou, e outra que deu muito certo.

> Para cada problema, existe uma solução simples, clara e errada.
> —H. L. MENCKEN

O *Entrepreneurs on Fire* estava *en fuego*. O mês era agosto de 2013 e eu havia lançado 330 episódios ao longo de 11 meses. Os downloads aumentavam mês após mês e minha confiança crescia a cada entrevista publicada. Tudo estava funcionando como planejado.

Com exceção de uma coisa: a receita. Com a aproximação do aniversário de um ano do *Entrepreneurs on Fire,* olhei para os números e descobri que faria menos de US$28 mil no ano. Não era um valor terrível, mas também não desejava repeti-lo no ano seguinte.

Parei e fiz uma pergunta simples para mim mesmo: o que os 330 empreendedores de sucesso que entrevistei nos últimos 11 meses estavam fazendo para gerar receita? Me debrucei sobre os apontamentos do programa, fui até o site deles, ouvi novamente um sem número de episódios — e finalmente a resposta apareceu bem na minha cara.

Os empreendedores mais bem-sucedidos estavam oferecendo uma solução incrível para um problema real. Eles se posicionaram como os "especialistas de referência" em suas respectivas áreas e focaram um só assunto. Em outras palavras, se recusaram a se distrair com qualquer outra coisa senão fornecer a melhor solução de um problema real vivenciado pelo seu público.

O grande foco deles era inspirador, e eu sabia que o modelo deles era de sucesso.

Meu próximo passo: perguntei ao meu público, a Fire Nation, qual era sua maior dificuldade. Como disse antes, enviei e-mails, criei um episódio específico do podcast pedindo feedback direto para essa pergunta, criei publicações nas redes sociais e enviei mensagens privadas, todas com a mesma pergunta: "Qual sua maior dificuldade atualmente?"

Recebi uma miríade de respostas, mas uma resposta consistente era uma variação de: "Quero criar e lançar um podcast sobre aquilo que conheço e sou apaixonado. Pode me ajudar?"

Eu me sentei para pensar em que solução poderia oferecer para isso. Me perguntei o que faltava quando iniciei minha jornada em podcasts, apenas quinze meses antes. A resposta veio como um golpe de mestre (ou o que eu esperava que fosse um): as pessoas se sentiam intimidadas com o podcast porque imaginavam que levaria muito tempo, energia e esforço, fossem eles mentais ou físicos.

Essas pessoas já se sentiam sobrecarregadas com o trabalho, família e todo o resto que precisavam resolver em suas vidas. E se eu criasse uma plataforma capaz de fazer todo o trabalho difícil sobre podcasting? Uma plataforma que permitisse a meus clientes fazer apenas o mínimo — gravar o conteúdo em áudio e enviá-lo para mim?

Quanto mais pensava nesse conceito, mais empolgado ficava. Era isso! Eu criaria uma plataforma que faria tudo, menos a criação de áudio. Eu chamaria isso de PodPlatform e seria incrível! A PodPlatform iria:

- Armazenar o podcast
- Editar todas as entrevistas
- Adicionar introduções e conclusões

- Criar os apontamentos do programa
- Publicar o episódio em todos os principais diretórios
- Ajudar o apresentador a divulgar com êxito o seu programa

Eu estava pegando fogo. Na minha cabeça, esse serviço faria sucesso. Sabia que esses serviços possuem muito valor aparente e, com a equipe certa, poderia escalonar o serviço até gerar lucro. Já estava vendo números surgindo na minha cabeça e eles eram ótimos.

Era aqui que eu deveria ter voltado ao meu público e obtido a proof of concept. Deveria ter apresentado a ideia ao meu público e pedido por um comprometimento financeiro adiantado. Se isso os ajudasse, a Fire Nation ficaria feliz em gastar alguns trocados para usar o serviço, o que me forneceria a proof of concept que nunca recebi.

Em vez disso, abaixei a cabeça, arregacei as mangas e comecei a trabalhar. Montei uma equipe, consegui uma conta para armazenar os arquivos, treinei essa equipe em uma série de atividades que ela precisaria aprender até o lançamento e diversas outras coisas menores que precisamos resolver para administrar um negócio movido por um serviço.

Dois meses se passaram enquanto eu investia dinheiro, tempo e esforços na PodPlatform. Então chegou o dia do lançamento e eu estava *em chamas*.

Escrevi o e-mail para avisar a todos que imaginei estarem impacientes para jogar seu cartão de crédito na minha direção graças a esse serviço incrível. Passei os olhos pelo e-mail mais uma vez e apertei *enviar*.

Aguardei pelas vendas, ansioso.

Bum!

Uma venda apareceu de imediato.

Bam.

Outra venda.

Maravilha! Tudo estava dando certo! Era hora de sentar, relaxar e assistir ao dinheiro entrar.

Não fiz nenhuma outra venda durante o curto período de vida da PodPlatform. Já faziam 48 horas desde o e-mail anunciando o lançamento. Eu estava em estado de choque.

Duas vendas? Só duas vendas? Pensei que essa era a solução que todos buscavam.

Bem, eu tinha dois clientes e era hora de trabalhar. Foi quando vi que um desses clientes havia acabado de me enviar um e-mail.

Abri a mensagem e li as seguintes palavras: *John, após muito refletir, decidi que esse serviço não é para mim e gostaria de pedir um reembolso.*

Ai! Acabei de perder 50% da minha clientela.

Alerta de spoiler... minha cliente restante, uma única pessoa, acabou se tornando um pesadelo. Ela tinha 1 milhão de dúvidas sobre todas as etapas do processo e nunca estava satisfeita com meu trabalho. O ponto de ruptura foi quando recebi, de madrugada, um e-mail exigindo que eu removesse o som *um* no minuto 28:43 do seu programa, que seria publicado na manhã seguinte.

Realizei o pedido dela e escrevi um e-mail dizendo que a reembolsaria integralmente e encerraria o serviço.

A PodPlatform foi um enorme fracasso. Era hora de pegar as peças do projeto e descobrir o que havia feito de errado. Refiz todos os passos tomados e fui capaz de identificar o momento exato em que me distanciei do trajeto comum ao sucesso incomum.

Não havia recebido a proof of concept para meu serviço. Meu público desejava aprender como criar e lançar um podcast, mas a PodPlatform não era a solução que ele buscava. Fiz muitas suposições, gastei muito tempo, energia, esforços e dinheiro nessa empreitada e ela foi um completo fracasso.

Hora de voltar ao quadro branco. Não precisava começar do zero, só do momento em que fracassei em receber a proof of concept do meu público antes de seguir adiante.

Em retrospecto, o fato de que apenas duas pessoas participaram da PodPlatform foi uma bênção. Se dez ou vinte pessoas participassem, ela poderia ter sido bem-sucedida apenas o bastante para manter minha equipe ocupada, servir bem meus clientes e me deixar uma pequena fatia de lucro ao final do mês. Esse teria sido o verdadeiro desastre, porque teria consumido meses e talvez até anos da minha vida sem deixar nenhum espaço ou tempo para a criação de algo capaz de se tornar um verdadeiro sucesso.

Infelizmente, vejo muitos negócios que funcionam dessa forma. As pessoas vão com tudo em um modelo que mal cobre os gastos necessários de funcionamento, mas consome todo o seu tempo e energia. Esses negócios são considerados um sucesso, mas eu os classificaria como um sucesso comum.

Você e eu nos comprometemos a alcançar o sucesso incomum, e o fracasso da PodPlatform abriu as portas da possibilidade e permitiu que refizesse meus passos, identificasse o erro, realizasse alguns ajustes e um pequeno pivot para o lançamento da solução que resultou na conquista da realização e da liberdade financeira.

Podcasters' Paradise
Algumas semanas se passaram desde o encerramento da PodPlatform. Eu estava correndo por Mission Bay, em San Diego, ouvindo um podcast e deixando minha mente ponderar sobre qual solução criaria para meu público. Respirei a brisa salgada e me deleitei com o sol quente. Por ter nascido no Maine, o clima de San Diego era algo que sempre soube valorizar.

Olhei para as palmeiras que balançavam e comentei comigo mesmo: *Uau, aqui é o paraíso!* Precisava criar uma versão online desse sentimento para os podcasters. Foi então que o nome me veio à cabeça: *Podcasters' Paradise*!

Eu criaria um lugar em que os podcasters poderiam ir em busca de respostas para todas as suas dúvidas, preocupações e dificuldades relacionadas com a criação de podcasts. O Podcasters' Paradise também forneceria apoio e orientação de outros podcasters (incluindo eu).

Esse parecia o caminho correto.

Porém, a PodPlatform também parecia ser a coisa certa. Eu não cometeria o mesmo erro duas vezes seguidas. Fui para casa e esbocei um simples conceito daquilo que imaginava sobre o Podcasters' Paradise: tutoriais em vídeo e uma comunidade online. Então, enviei um e-mail para meu público com o conceito primitivo do projeto e pedi que compartilhassem suas opiniões e sugerissem adições.

O feedback foi imediato e positivo. Recebi algumas sugestões incríveis. Uma sugestão que implementei assim que recebi foi a criação de uma coleção de modelos para todos os aspectos do podcasting, como chamar um convidado para seu programa, formulários de lançamento de podcasting, a escolha do patrocinador, entre outros.

Eu estava pegando fogo! Mas, como um veterano calejado por um lançamento fracassado, eu não iria simplesmente mergulhar de cabeça e criar o Podcasters' Paradise. Nada disso, era hora da proof of concept. Era hora das pessoas votarem com suas carteiras. Precisava separar minhas líderes de torcida dos meus compradores.

As líderes de torcida são aquelas pessoas do seu público que lhe desejam o melhor, esperam pelo seu sucesso e acreditam que todas as suas ideias são ótimas. São pessoas bem-intencionadas, mas podem prejudicar seus negócios, pois não são compradoras. Quando você lança um produto ou serviço que elas o encorajaram de maneira tão firme a criar, permanecem ao lado, dizendo: "Boa sorte! Tenho certeza de que você vai se sair muito bem. Quero dizer, não vou comprar seu produto, mas tenho certeza de que vai dar muito certo!"

Estava cansado de criar produtos e serviços para líderes de torcida. Comprometi-me a criar produtos e serviços para *compradores*, as pessoas que só falam quando estão dispostas a gastar. Pessoas que votam com suas carteiras, não com palavras gentis. Pessoas que investem nelas mesmas e em seu futuro.

Ao aprender a lição com o fracasso da PodPlatform, me comprometi a receber a proof of concept do Podcasters' Paradise antes de gastar qualquer tempo, dinheiro ou esforços mentais. Em uma sexta-feira, escrevi um e-mail agradecendo a todos pelo feedback incrível. Em seguida, destaquei os pontos importantes do Podcasters' Paradise.

- Tutoriais em vídeo sobre como criar, crescer e monetizar seu podcast
- Amostras de modelos cobrindo todos os aspectos do podcasting
- Uma comunidade online em que as pessoas interagiriam diariamente, fazendo perguntas a mim e aos outros membros enquanto receberiam orientação e apoio
- Uma livestream mensal em que eu responderia perguntas e traria outros grandes nomes do meio podcaster para compartilhar suas melhores dicas, ferramentas e táticas

Finalizei o e-mail anunciando que as portas para o Podcasters' Paradise se abririam em 45 dias caso pelo menos vinte pessoas investissem até a meia-noite de domingo. Incentivei esses primeiros inscritos compartilhando que seu investimento seria de US$250 e incluiria um acesso vitalício à plataforma. Além disso, poderiam fornecer um feedback e orientação ao longo dos próximos 45 dias, conforme criávamos juntos o Podcasters' Paradise.

Também compartilhei que, quando as portas se abrissem, o preço normal seria de US$500, então economizariam 50% ao investir naquele instante. Encerrei compartilhando de maneira franca que, se não recebesse as vinte inscrições até domingo, o Podcasters' Paradise permaneceria sendo nada mais que um sonho.

Mais uma vez, prendi minha respiração e apertei *enviar*. Dentro de duas horas, consegui as vinte vendas. Proof of concept! Na meia-noite de domingo, eu tinha 35 membros pioneiros no Podcasters' Paradise.

Os 45 dias seguintes voaram enquanto eu preparava tutoriais e modelos sobre um assunto que eu conhecia e amava: podcasting. Esses primeiros inscritos me ajudaram bastante, já que pedi por seu feedback em todas as etapas do processo e implementei muitas de suas ideias. Como prometido, o Podcasters' Paradise abriu suas portas para o mundo no dia 31 de outubro de 2013 e se tornou um sucesso imediato.

Eu não estava tão chocado, já que havia conquistado a proof of concept 45 dias antes. Até o momento em que escrevo este livro, o Podcasters' Paradise já deu suas boas-vindas a mais de 6 mil membros e gerou mais de US$5 milhões em receita. Enquanto a PodPlatform foi um grande fracasso, o Podcasters' Paradise se tornou um sucesso retumbante.

Cada produto e serviço que lançamos desde o Podcasters' Paradise seguiu a mesma fórmula de obter a proof of concept antes de gastarmos tempo, dinheiro e energia mental na criação de uma solução para nosso público.

Muitas de nossas ideias fracassaram na fase de proof of concept e algumas até dão errado pouco depois do lançamento, apesar de conquistarem aquilo que acreditávamos ser proof of concept porque, sinceramente, esse tipo de coisa acontece no mundo empreendedor. O trajeto comum ao sucesso incomum não é uma linha reta até o sucesso, mas um guia para melhorar as chances a seu favor.

Você consegue!

Um Empreendedor no Trajeto de Fogo ao Sucesso Incomum

OMAR ZENHOM E NICOLE BALDINU: COMPROVAR O CONCEITO E CRIAR A SOLUÇÃO

Se definir um problema corretamente, você quase tem a solução.
—STEVE JOBS

O ANO ERA 2012. Nicole e Omar davam aulas profissionalmente há treze anos e ambos possuíam mestrado em educação. Estavam fartos disso. Com pouca remuneração e muito trabalho, estavam prontos para iniciar uma jornada por conta própria e conquistar uma vida de realização e liberdade financeira.

Em 2013, lançaram The US$100 MBA, com a promessa de um treinamento empresarial prático e uma comunidade por apenas US$100. Durante oito anos, cumpriram essa promessa. Toda semana, Omar e Nicole entregavam um treinamento ao vivo por meio de webinars e ofereciam a inscrição no US$100 MBA.

Os negócios iam bem, com uma exceção: toda semana, Omar passava horas preparando um único webinar. Ele transformou o processo em uma espécie de Frankenstein, conectando o marketing de e-mail com as landing pages, que eram conectadas aos lembretes do calendário e ao webinar em si. Então ele ligava o webinar, conectava-o a um software de bate-papo, realizava o evento, enviava a gravação ao Vimeo, garantia o acesso e distribuía os vídeos.

Na semana seguinte, ele fazia tudo novamente.

Por ser um camarada organizado, Omar desenvolveu uma checklist para acompanhar seu processo detalhado toda semana sem precisar reinventar a roda. O checklist se transformou em um momento *a-ha*. Por que não vender esse checklist? Outras pessoas estavam tendo dificuldades parecidas e essa era uma ótima solução.

Naquele momento nasceu o *DIY Webinar Guide*. Omar e Nicole estavam certos de que isso faria sucesso e gastaram muito tempo, energia e esforços para tornar esse guia DIY algo incrível.

Com grande alarde, lançaram o guia, comemoraram e aguardaram as vendas, que nunca apareceram. No total, eles fizeram duas vendas — uma para mim (que ainda vejo como um grande investimento) e uma outra que rapidamente se transformou em um estorno.

Omar e Nicole ficaram chocados. Eles estavam em um estado bem parecido com o meu após o fracasso da PodPlatform. Eles vivenciaram o seu momento Ben Horowitz: *às vezes você tem que criar um produto ruim para criar um produto ótimo.*

O *DIY Webinar Guide* foi o momento do produto ruim. Mais tarde, eles perceberam que as pessoas buscam uma solução sob medida, e não uma grande checklist Frankenstein.

Desistiram do projeto e voltaram para o que estava funcionando, webinars ao vivo e o US$100 MBA. Omar tinha algumas habilidades de desenvolvimento no WordPress e criou um plugin para simplificar a tarefa onerosa de apresentar um webinar ao vivo toda semana.

Durante seus webinars, os inscritos começaram a perguntar qual software ele usava para realizar esses eventos tão sem atritos. Quando Omar contou sobre o plugin, perguntaram se podiam comprar o acesso a ele: momento *a-ha* número dois!

Dessa vez eles não investiriam tanto tempo e energia em um produto polido; primeiro provariam o conceito. Eles montaram uma landing page grosseira que listava as características e benefícios do plugin e enviaram um e-mail para sua pequena lista. Foram sinceros sobre o fato de que o plugin não ficaria pronto em menos de quatro meses, mas aqueles que se inscrevessem naquele momento receberiam acesso vitalício.

Limitaram sua primeira rodada a 150 pessoas e as vagas esgotaram em 48 horas. Eles abriram outras 100 vagas e elas esgotaram em 24 horas. Finalmente, Omar e Nicole alcançaram sua proof of concept: esse foi o nascimento do *WebinarNinja*.

Durante quatro meses, Omar e Nicole trabalharam ao lado de um único desenvolvedor freelancer, criando a versão beta do *WebinarNinja*. Esses primeiros inscritos foram fundamentais. Sempre que Omar e Nicole tinham perguntas, eles traziam as respostas.

Cumprindo com a palavra, o *WebinarNinja* foi lançado quatro meses mais tarde. Dessa vez, o lançamento foi um sucesso. Desde 2014, Omar e Nicole conseguiram mais de 15 mil membros. Mais de 1 milhão de pessoas participaram de um webinar do *WebinarNinja*.

Mesmo com todo o sucesso, Omar ainda apresenta todos os webinars de venda e demonstração. A equipe dele conduz entrevistas com usuários regularmente e pesquisas para garantir que estejam sempre por dentro do que seus melhores usuários desejam. A equipe também possui um formulário de cancelamento que estudam todos os meses para ver as maiores razões pelas quais as pessoas estão saindo da plataforma. Isso garante que estejam sempre trabalhando nas principais cinco ou dez razões para que as pessoas abandonem o *WebinarNinja*.

As três maiores áreas em que eles direcionam seu foco são:

1. Manter o *WebinarNinja* uma plataforma simples, tudo-em-um, onde você pode apresentar rapidamente um webinar de qualidade.

2. Suporte de alta qualidade. Eles sempre se manterão comprometidos a fornecer o melhor suporte do setor.

3. Manter o contato com os usuários para garantir que o *WebinarNinja* evolui conforme as necessidades do mercado e de seus usuários.

De acordo com as palavras de Omar e Nicole: "A solução do seu produto só será tão boa quanto sua equipe, e uma das melhores coisas que fizemos é realmente entender o consumidor que atendemos e fazer parte da comunidade ao atuarmos como usuários, também. Seja como um embaixador para sua comunidade."

Obrigado, Omar e Nicole.

Você pode aprender mais sobre Omar e Nicole em 100MBA.net e WebinarNinja.com [conteúdo em inglês].

Confira o seu curso de acompanhamento gratuito para um apoio extra com *O Trajeto Comum ao Sucesso Incomum*: EOFire.com/success-course [conteúdo em inglês].

CAPÍTULO 12

Construa Seu Funil de Vendas

Você precisa contar uma história antes de vender uma história
—BETH COMSTOCK

Quantas pessoas se casam no primeiro encontro? Quantas pessoas compram a primeira casa que veem? É claro que essas coisas acontecem, mas são a exceção, não a regra. Se você administra seu negócio com base em exceções, nunca alcançará o sucesso incomum.

Vamos usar o exemplo da compra de uma casa. Qual corretor imobiliário você acredita que seria mais bem-sucedido?

Aquele que se encontra com você e diz: *"Oi! Me chamo Mary e tenho a casa perfeita para você. Sei que acabamos de nos conhecer, não sei nada sobre você e não fiz nenhuma pergunta, mas acredite, você irá amá-la."*

Ou o corretor que diz: *"Oi, me chamo Maria e aqui está um panfleto sobre os dez maiores erros dos donos de casa de primeira viagem. Quero me certificar de que você não cometerá nenhum deles! Adoraria conversar, conhecer você, ouvir como seria sua casa dos sonhos. Depois, posso compartilhar meu conhecimento sobre as oportunidades imobiliárias dessa área capazes de satisfazer suas necessidades. Então vamos dar uma volta e eu posso apresentar os diferentes bairros, podemos ver algumas casas, você me diz o que gosta e o que não gosta nelas e eu ajustarei a pesquisa até encontrarmos sua casa dos sonhos."*

Obviamente, Maria arrasou e Mary se questiona por que não vende casa alguma, por que ninguém a recomenda e, é claro, por que não consegue nenhuma receita. Infelizmente, a maioria dos empreendedores trata seu avatar como Mary sem ao menos se dar conta disso.

Quando identificar sua grande ideia e seu nicho; criar seu avatar; escolher sua plataforma, seu mentor e sua mastermind; projetar seu plano de produção de conteúdo; criar um bom conteúdo; lançar e identificar a maior dificuldade do seu avatar; e criar uma solução para ele, é hora de construir seu funil de venda.

Um funil de venda é a jornada que seu avatar faz do momento em que é apresentado ao seu conteúdo pela primeira vez até se tornar um consumidor, cliente ou evangelizador. Os dias de "Oi, meu nome é John, compre meu produto" se foram. Na verdade, esses dias nunca chegaram a existir.

A primeira coisa a saber é que humanos compram de humanos. Em segundo lugar, humanos compram de humanos que conhecem, gostam e confiam.

Ao seguir o trajeto comum ao sucesso incomum, você conhece as maiores dificuldades do seu avatar. Você fornece soluções para esses problemas na plataforma da sua escolha e entrega essas soluções valiosas de maneira grátis e consistente. Como resultado disso, seu avatar conhece, gosta e confia em você.

Agora é hora de construir o funil que levará seu avatar em uma jornada para se tornar seu consumidor. No *Entrepreneurs on Fire*, temos múltiplos funis ocorrendo de forma simultânea, cada um entregando um valor específico com base nas dificuldades de nosso avatar. Cada funil termina com a oferta de um produto, serviço ou comunidade.

Mais tarde, ainda neste capítulo, detalharei um de nossos funis que gerou milhões de dólares, mas, primeiro, deixe-me mostrar como nossa corretora imobiliária em apuros (Mary) poderia transformar o seu negócio ao seguir o trajeto comum ao sucesso incomum.

Outro mês se passou e, novamente, Mary conseguiu um total de zero vendas. Durante o almoço, enquanto reclamava para uma amiga sobre sua "má sorte", ela afirma que desistirá do ramo.

Sua amiga a recomenda um livro chamado *O Trajeto Comum ao Sucesso Incomum*. "Sarah coloca a mão no fogo por esse livro e ela tem arrasado no trabalho ultimamente!" diz a amiga. Sem nada a perder, Mary compra o livro e se compromete com ele.

Após ler o primeiro capítulo, ela percebe que tem muito a aprender. Ela confirma que sua grande ideia é o mercado imobiliário, mas nunca pensou em encontrar um nicho. A corretora dá uma volta e tenta identificar uma lacuna a ser preenchida no mercado imobiliário da sua região. Sua mente foge para as lembranças de quando era mais jovem.

Seu pai servia no exército e eles se mudavam *muito*. Sempre que chegavam em uma nova região, eles se encontravam com um corretor imobiliário, compravam uma casa e, alguns anos mais tarde, usavam o mesmo corretor para vender o imóvel e seguir para a próxima base militar. Os seus pais ficaram muito bem com essas transações imobiliárias e agora estavam aposentados, com conforto e vivendo de suas economias e rendas passivas de imóveis.

Mary pensou de imediato na base militar mais próxima. Ela era enorme e sempre havia familiares de militares indo e vindo. Após uma rápida busca na internet, não encontrou um único corretor focado em servir esses homens e mulheres das forças armadas. *Bum!* Mary encontrou um espaço que precisava ser preenchido.

Em seguida, criou seu avatar, uma mulher de 35 anos cujo marido era um oficial do exército. Eles tinham três filhos e um cachorro e queriam uma casa com quatro quartos e um grande quintal.

A corretora encontrou um mentor que estava onde ela desejava estar no mundo imobiliário, desenterrou suas economias e investiu no programa de três meses de mentoria.

Ela iniciou uma mastermind com dois colegas e os três começaram a se reunir semanalmente.

Mary estava muito bem. Ela decidiu começar um podcast focado em dicas imobiliárias para famílias de militares e começou a publicar dois episódios por semana, compartilhando soluções para os maiores problemas enfrentados por essas famílias durante a mudança.

Também foi até a base militar mais próxima e entrou em contato com o departamento de assuntos habitacionais. Ela perguntou qual valor poderia fornecer a eles e, após uma breve discussão, ficou óbvio que uma das maiores perguntas feitas pelas famílias de militares recém-alocadas era sobre os melhores bairros para morar.

Então, criou um panfleto para responder a essas perguntas e imprimiu centenas deles. Entregou esses panfletos ao departamento de assuntos habitacionais, que começou a incluí-los nas pastas que enviavam aos militares atribuídos à base. Após algumas semanas, o telefone de Mary começou a tocar.

Quando pegou o telefone, o seu avatar estava do outro lado da linha falando que recebeu o panfleto de Mary, estava muito agradecido e gostaria de agendar apresentações para a semana seguinte, quando a família chegaria ao local.

Antes, cada cliente era uma batalha. Eles tinham muitas opções e Mary não oferecia nada especial ou único. Agora era diferente. Seus avatares já estavam na fase da pré-venda. Eles a viam como uma especialista de referência para realocação militar e eram muito gratos pelo valor oferecido gratuitamente, seja pelo panfleto, seja pelo podcast.

A reciprocidade é real. Quando você fornece muito valor sem cobrar nada em troca, as pessoas buscam uma forma de retribuir. No caso de Mary, seus clientes retribuíram com lealdade e indicações. Antes que ela se desse conta, se viu forçada a contratar uma secretária para atender chamadas e agendar reuniões, além de um agente de visitação para assumir o excesso de clientes com o qual tinha que lidar.

Ela finalmente estava no trajeto comum ao sucesso incomum.

Onde isso começou? Com a sua identificação de um nicho ignorado, atendendo dez vezes melhor do que sua concorrência poderia sequer sonhar.

Mary construiu seu funil de vendas e, agora, seu único foco era continuar alimentando-o. O trajeto comum ao sucesso incomum era finalmente uma realidade, e ela estava *em chamas*!

Meu Funil

O mês era janeiro de 2014. O Podcasters' Paradise estava aberto há dois meses e havia gerado mais de US$100 mil em vendas. Isso era ótimo, mas eu podia ver o que estava por vir. O lançamento inicial foi bem-sucedido e todos do meu público que aguardavam por um curso como esse haviam ingressado.

Agora é que o trabalho de verdade começaria. As vendas estavam diminuindo e eu precisava descobrir uma forma de manter um fluxo contínuo de leads qualificados na minha direção. Eu precisava construir um funil de venda.

Eu precisava encontrar gente interessada em podcasting, dar a elas um valor sem oferecer nada em troca e levá-las em uma jornada cujo fim era uma oferta para fazer parte do Podcasters' Paradise. Essa jornada consistiria em entregar um grande valor em todos os passos do funil, até apresentar a oportunidade de ingressar no Podcasters' Paradise.

Tirei um tempo para construir o funil de venda perfeito para o podcast. Meu primeiro passo era identificar a origem dos meus leads atuais. A resposta era simples: *Entrepreneurs on Fire*.

Eu sabia que uma certa porcentagem dos ouvintes queria aprender mais sobre podcasting, mas não estava pronta para investir em um curso ou uma comunidade premium. Precisava de um modelo intermediário para entregar esse valor a eles e deixá-los empolgados para saber mais.

Decidi criar um curso gratuito de podcast. Esse curso seria de alta qualidade e consistiria em tutoriais em vídeo e modelos para ensinar como criar e lançar seu podcast.

Comecei a trabalhar. Usando o ScreenFlow, o Keynote e minha webcam, criei cinco tutoriais em vídeo que eram uma mistura da minha imagem na câmera e apresentações de slides. Isso permitiu que eu me conectasse diretamente com os alunos enquanto entregava algum valor a eles por meio do Keynote.

Ao criar um curso gratuito, é importante entregar um resultado claro. Criar um curso gratuito com muita enrolação irritará as pessoas e as levará em outra direção para buscar o conteúdo que desejam.

Com meu curso gratuito sobre podcasts, forneci um treinamento de alta qualidade e com um resultado claro. Ao final do curso, você teria criado e lançado seu podcast.

Com o curso gratuito concluído, comecei a divulgá-lo em todas as minhas plataformas. Ao final de cada episódio do *Entrepreneurs on Fire*, criei a seguinte chamada para ação: *Ei, Fire Nation, espero que tenham gostado do episódio de hoje com o Tim. Aliás, caso esteja ouvindo esse episódio e pensando que gostaria de começar o seu próprio podcast, trago ótimas notícias para você. Criei um curso completamente gratuito que o ensinará a criar e lançar seu podcast! Visite FreePodcastCourse.com para começar ainda hoje. Te vejo lá!*

Quando as pessoas visitavam o FreePodcastCourse.com, elas inseriam o e-mail para desbloquear o curso gratuito. Não demorou até centenas de pessoas se inscreverem todas as semanas. As pessoas concluiriam o curso em seu próprio ritmo e, quando me dei conta, estava recebendo dezenas de e-mails de pessoas que lançaram seu podcast com sucesso ao seguir os tutoriais do Free Podcast Course.

Foi aí que esse funil começou a render bons frutos. Eu cumpri minha promessa. O Free Podcast Course ensinou como criar e lançar um podcast. Agora que meus alunos lançaram seu conteúdo com sucesso, buscariam a próxima solução para sua mais nova dificuldade: aumentar seu público e monetizar seu conteúdo. Eu apresentei a solução.

> Faça parte do Podcasters' Paradise e eu o ensinarei como aumentar seu público. Ao conquistar um grande público, o Podcasters' Paradise lhe fornecerá o treinamento para monetizar o conteúdo!

As pessoas que concluíram o Free Podcast Course estavam ingressando no Podcasters' Paradise no mesmo dia!

Será que 100% dos concluintes do Free Podcast Course ingressariam no Podcasters' Paradise? Não. Nem todo mundo estará na posição de aceitar sua oferta quando ela é apresentada, mas, ao construir um funil e cumprir uma promessa valiosa, você estará criando uma emoção muito poderosa: reciprocidade.

Poderia levar semanas, meses ou até mesmo anos para que chegasse o momento certo de alguém tomar o próximo passo e ingressar no seu curso, comunidade ou programa. O valor gratuito promovido em seus funis são as sementes que florescerão em diversos momentos dos anos seguintes.

Conforme o tempo passava, continuei a adicionar camadas e valor a esse funil. Criei um podcast de vinte episódios chamado *Free Podcast Course Podcast*. Criei um webinar de treinamento de sessenta minutos chamado The Podcast Masterclass. Criei uma série de quinze e-mails com dicas, ferramentas e táticas sobre podcasting. Todas as estradas levam a um único destino: o Podcasters' Paradise.

Ao longo dos anos, recebi mensagens de pessoas que participaram de sete Podcast Masterclasses antes de ingressar, ou que leram os e-mails três vezes, ou que realizaram o Free Podcast Course cinco vezes.

Quando você fornece um conteúdo gratuito, valioso e consistente, além de construir um funil de venda apresentando uma oferta irresistível, a colheita dos frutos de seu trabalho será apenas uma questão de tempo.

Um Empreendedor no Trajeto de Fogo ao Sucesso Incomum

RUSSELL BRUNSON: A CONSTRUÇÃO DE UM FUNIL DE VENDAS

*Quem consegue gastar mais dinheiro
para adquirir um cliente, ganha.*
—DAN KENNEDY

RUSSELL ESTAVA NO TOPO do mundo. Ele vendia um DVD de US$27 sobre como fazer pistolas de batata e os custos de publicidade eram menos de US$10 por venda. Russell conseguia mais de US$17 por transação e imaginou que seu caminho até a riqueza seria brilhante. Não foi.

O Google aumentou suas taxas de publicidade e, repentinamente, uma única venda custava a Russell US$50, o que significava que ele estava perdendo dinheiro sempre que alguém comprava seu produto. Russell precisava descobrir o que fazer, e rápido. Sua solução foram os funis de venda, e eles mudaram a vida de Russell para sempre.

Antes de navegarmos mais a fundo na história de Russell, vamos voltar um pouco. *O que exatamente é um funil de vendas?* Resumindo de forma simples, um funil de vendas é a jornada do consumidor do momento em que ele conhece sua solução inicial até sua solução final.

Funis de vendas existem há muito tempo. As empresas mais bem-sucedidas da história alavancaram seus funis de vendas para alimentar seus lucros. Pense na compra de um carro. A geração de leads começa com comerciais, letreiros e eventos. Esses anúncios o levarão até a porta onde o vendedor o ajudará a escolher um carro. A maioria das pessoas acha que é aí que o funil de vendas acaba, mas esse é apenas o começo. Quando o vendedor leva você até o escritório para assinar o contrato, o verdadeiro funil está apenas começando.

É aqui que o vendedor consegue a maior parte de sua comissão e a concessionária consegue a maior parte de seu lucro. *Você quer uma garantia? Paralamas? Proteção de chassi contra o sal nas ruas? Que tal pneus melhores?* Essas são algumas das vendas adicionais que as concessionárias usam para conseguir o dinheiro de verdade.

O McDonald's usa a mesma estratégia. Eles anunciam o saboroso Big Mac. Não é exatamente isso que você quer para o almoço? *Delícia!* Então, ao pedir o Big Mac, você escuta as palavras *"gostaria de batatas fritas e uma Coca-cola para acompanhar?"* Essa é a venda adicional do McDonald's, e ela permite que vendam o Big Mac a preço de custo (ou mesmo perdendo dinheiro). O dinheiro de verdade está na batata e na Coca-cola.

Agora vamos falar sobre a Amazon. No começo da internet, as pessoas não pensavam sobre funis de vendas. Elas tinham uma página estática de venda com um produto disponível. Então veio a Amazon e aperfeiçoou o funil de vendas do varejo. Quando você visita a Amazon e compra um livro, vê imediatamente *"as pessoas que compraram este livro também compraram..."*. A plataforma analisa seus dados de maneira estratégica e promove os produtos mais prováveis para esse comprador escolher em seguida. Ela está vencendo porque conhece o próximo problema lógico do comprador e controla todos os passos do processo.

Voltemos a Russell e seu negócio de pistolas de batata. Para evitar a falência, ele precisava descobrir como voltar a ter lucro. Por sorte, recebeu o contato de um amigo que vendia produtos semelhantes na internet e que descobriu o "segredo" para aumentar as margens de lucro.

Ele compartilhou o conceito de "venda adicional". A venda adicional aumentava o valor médio do carrinho ao oferecer aos compradores a próxima solução lógica após a compra do produto. O amigo de Russell conseguia uma venda adicional a cada três clientes, permitindo manter o lucro mesmo com a alta dos preços publicitários.

Russell pensou sobre o próximo passo lógico de seus compradores após comprar o DVD. Eles iam até a Home Depot, onde comprariam os itens necessários para a pistola de batata. Russell pesquisou e encontrou uma empresa próxima que vendia kits de pistolas de batata. Eles formaram uma parceria em que cada pessoa que comprasse o seu DVD receberia uma oferta para comprar um kit. Russell receberia US$200 de comissão por cada kit vendido.

Um entre cada três clientes começaram a comprar o kit, o que levou o preço médio do carrinho de Russell para US$93,66. Russell agora podia pagar os US$50 por venda da publicidade e ainda lucrar US$43,66. Esse foi o momento em que Russell se apaixonou pelo conceito de funis de venda e pela jornada do consumidor. Russell começou a aplicar esses princípios em outros mercados, obtendo os mesmos resultados. Eles estudariam a jornada do consumidor e descobririam o próximo passo lógico após cada compra. Essa estratégia permitiu que Russell gastasse mais com publicidade que toda sua concorrência, já que o valor médio de seu carrinho sempre era o maior do setor quando se levava em consideração as vendas adicionais.

Ao criar um funil, você precisa perguntar: "Qual é o próximo problema óbvio que precisa ser solucionado?"

Vamos usar o exemplo da barriga "tanquinho". Quando alguém aparece na sua página de vendas em busca do tanquinho perfeito, o seu trabalho é convencer essa pessoa de que você poderá solucionar esse problema. Caso tenha êxito e a pessoa compre seu produto, ela ainda não terá conquistado o tanquinho, mas na cabeça dela já o terá conquistado, uma vez que a única coisa entre ela e o tanquinho é um pouco de tempo e o seu produto.

Se sua venda adicional for um livro sobre barriga tanquinho, fracassará, porque essa pessoa já tem a ferramenta que precisa para consegui-lo, por que ela compraria um produto duplicado? Em vez disso, precisa perguntar "Qual é a próxima solução lógica necessária?" Essa solução pode ser "Quais suplementos são necessários para conseguir o tanquinho mais rápido" ou "Quais alimentos preciso evitar para acelerar o processo?" Lembre-se, ao vender um produto e solucionar um problema, outro problema surge.

O seu funil de vendas é construído em cima da pergunta "Como resolver esse próximo problema?" Como diz o próprio Russell: "Pensar de maneira estratégica a jornada do consumidor, isso é, seu funil de vendas, ajudará você a ganhar mais dinheiro de qualquer pessoa que adentrar o seu mundo. Isso permitirá que você gaste mais dinheiro para conseguir um consumidor e, como meu mentor Dan Kennedy costuma dizer, 'Quem consegue gastar mais dinheiro para adquirir um cliente, ganha'."

Obrigado, Russell Brunson.

Você pode aprender mais sobre Russell em ClickFunnels.com [conteúdo em inglês].

Confira o seu curso de acompanhamento gratuito para
um apoio extra com *O Trajeto Comum ao Sucesso Incomum*:
EOFire.com/success-course [conteúdo em inglês].

CAPÍTULO 13

Diversifique Seus Fluxos de Receita

Você não precisa ver toda a escada, basta dar o primeiro passo.
—MARTIN LUTHER KING JR.

Todos nós já ouvimos as sábias palavras *não coloque todos os seus ovos em um único cesto.*

Essas palavras ainda são válidas hoje. Vivemos em um mundo incrivelmente dinâmico. As oportunidades estão mudando e evoluindo de maneira rápida.

O que bombou hoje pode ser completamente ignorado amanhã. O que pode ser um sucesso para você este mês pode ser um fracasso no mês seguinte. O trajeto comum ao sucesso incomum não significa encontrar uma coisa e arrasar, mas construir um negócio diversificado com uma fundação que perpassará os ciclos e mudanças econômicas futuras.

Sucesso incomum significa que você prosperará durante os bons tempos e sobreviverá durante as quedas. Sucesso incomum significa que você deve criar fluxos diversificados de receita para se adaptar quando a economia, a Mãe Natureza ou a vida em geral resolver pregar-lhe uma peça.

O trajeto comum ao sucesso incomum o guiará à identificação da sua grande ideia, à descoberta do nicho e à criação da melhor solução para a dificuldade do seu avatar. Isso lhe permitirá ganhar tração e impulso.

Conforme seu público cresce, você precisa realizar interações individuais sempre que possível. No Capítulo 10, falamos sobre as quatro perguntas a serem feitas para o seu público de modo a identificar a maior dificuldade dele. Esse exercício era concluído com a escolha da solução a ser oferecida. Você criou a solução, construiu o funil de vendas e agora é hora de identificar seu próximo passo.

É hora de voltar a chamar seu público e fazer as cinco perguntas a seguir. Elas são semelhantes às do Capítulo 10, mas o objetivo dessas conversas é medir a pulsação do seu público e revelar ideias em potencial que o permitirão diversificar seus fluxos de renda.

1. Como descobriu meu conteúdo?
2. O que mais você gostaria de ver?
3. O que gostaria de ver menos?
4. Qual sua maior dificuldade atualmente?
5. Se eu pudesse lhe dar um botão mágico que, quando pressionado, revelasse a solução perfeita para esse problema, qual seria essa solução?

Agora vamos detalhar cada uma das questões, sua importância e como essas conversas o ajudarão a revelar outros fluxos de renda.

1. **Como descobriu meu conteúdo?** Quando você cria um conteúdo gratuito, valioso e consistente, adiciona novos membros ao seu público de forma igualmente consistente. É importante saber as principais maneiras pelas quais as pessoas passam a conhecer seu conteúdo a fim de focar seus esforços de marketing nessas áreas.

2. **O que mais você gostaria de ver?** Conforme seu negócio amadurece, seu conteúdo e o modo de entregá-lo sofrerão pequenos ajustes que podem não ser perceptíveis para você como criador de conteúdo. Essa pergunta garantirá

que permaneça ciente da razão de seus ouvintes serem atraídos ao seu conteúdo e o que mais eles querem ouvir.

3. **O que gostaria de ver menos?** O conteúdo que seus ouvintes amavam quando você começou pode não ser tão interessante agora. Essa pergunta garantirá que você identifique tendências negativas com antecedência para se ajustar e pivotar conforme necessário.

4. **Qual sua maior dificuldade atualmente?** Essa pergunta será sempre a mais importante a ser feita para seu público. Ela permite que você fique por dentro do que realmente importa para aqueles que consomem seu conteúdo e, assim, possa fornecer de maneira contínua as soluções mais importantes e urgentes. A dificuldade do seu público evoluirá junto com seu negócio. Além disso, ao aperfeiçoar sua solução inicial, é hora de adicioná-la a um conjunto de soluções, diversificando seus fluxos de receita e protegendo você de vulnerabilidades futuras.

5. **Se eu pudesse lhe dar um botão mágico que, quando pressionado, revelasse a solução perfeita para esse problema, qual seria essa solução?** Essa é uma pergunta especial, pois dá ao seu público a oportunidade de compartilhar seus pensamentos e ideias do que seria uma solução perfeita. Isso é como quando Henry Ford caminhava em meio às suas linhas de montagem e perguntava o que fariam para melhorar a operação. Às vezes, a menos que você esteja passando pela dificuldade, não conseguirá identificar a melhor solução. Dê ao seu público uma chance para revelar pérolas de sabedoria que, caso contrário, permaneceriam desconhecidas.

Em suma, é importante lembrar-se de que este mundo é um lugar louco, frágil e em constante evolução.

Toda a oportunidade do futuro repousa sobre o mundo imprevisível em que vivemos, então abrace-a.

Ouvi muitas pessoas compartilhando alguma versão do que descrevo a seguir:

John, não posso acreditar que deixei passar a onda do podcast/Snapchat/Instagram/TikTok [preencha a lacuna da próxima grande febre].

Minha resposta é sempre a mesma...

Mantenha o olhar no horizonte, porque a "próxima grande febre" está sempre por vir e haverá uma oportunidade para você embarcar e criar algo especial.

Não fui o primeiro a criar um podcast. Eu lancei meu podcast oito anos após a publicação do primeiro episódio, mas fui a primeira pessoa a mergulhar de cabeça na plataforma e criar um podcast diário entrevistando os empreendedores mais inspiradores do mundo.

Dominar esse nicho me levou até o topo da pirâmide do podcast e solidificou minha posição como autoridade e especialista na plataforma. Ao alcançar essa posição, o efeito bola de neve ganha vida própria e sua autoridade cresce com ou sem seus esforços.

Por exemplo, quando alcancei certo nível de sucesso no mundo do podcast, mídias como *Forbes*, *Inc.*, *Fast Company* e outros gigantes do setor começaram a escrever sobre meu sucesso e trazer links do meu site, produto e serviço. Isso exemplifica o poder dessa vantagem de ser um pioneiro.

No trajeto comum, você conquistará essa vantagem e surfará na onda até alcançar o sucesso incomum.

Diversificando Meus Fluxos de Receita

Ao longo dos anos, criamos diversos funis de sete dígitos. Uma pergunta comum que me fazem é: "John, como você consegue tantas ideias boas?" A verdade? Não consegui nada disso. Simplesmente segui o trajeto comum ao sucesso incomum.

Construí um público que confiava em mim porque dei a eles um conteúdo gratuito, valioso e consistente. Perguntei qual era a sua dificuldade. Consegui uma proof of concept e criei a solução. Então, usando as táticas discutidas no capítulo anterior, construí um funil que levasse meu público a uma jornada em que a conclusão razoável era o produto, serviço ou comunidade oferecidos por mim.

O Podcasters' Paradise cresceu rapidamente, tornando-se um funil de sete dígitos, e aquele funil estava a todo vapor. Era hora de buscar o próximo passo.

Analisei nosso negócio. O que funcionava? De onde vem nossa receita? Quem estava causando o maior impacto?

A resposta era clara: webinars. Nossos webinars ao vivo estavam convertendo tão bem que começamos a apresentá-los semanalmente. Criamos sistemas e processos para garantir que todos fossem bem atendidos e que tudo funcionava como deveria. Começamos a receber muitas perguntas sobre webinars...

- Qual plataforma usar para armazenar nosso webinar?
- Como são nossas sequências pré e pós-e-mail?
- Como fizemos tantas pessoas participarem regularmente?

Essas são as perguntas que nos deram um momento *a-ha*. Criamos um ótimo sistema para entregar webinars regularmente ao nosso público do podcast — por que não ensinar esse sistema aos outros? Esse poderia ser o primeiro passo da diversificação de nossa receita enquanto fornecemos ainda mais valor ao público.

Após um rápido brainstorming, decidimos chamar o curso em potencial de *Webinar on Fire: Create a Webinar That Converts* ["Webinar em Chamas: Crie um Webinar que Converte", em tradução livre]. Seguindo o trajeto comum ao sucesso incomum, oferecemos uma pré-venda do Webinar on Fire para comprovar o conceito antes de investir tempo, dinheiro e esforços em tal empreitada. Felizmente, a demanda existia e as pré-vendas começaram a surgir, provando que existia um mercado pronto e disposto de indivíduos buscando criar webinars incríveis para seu público.

Webinar on Fire provou ser um fluxo incrível e complementar de receita para o Podcasters' Paradise. Ao longo dos anos, o Webinar on Fire gerou centenas de milhares de dólares e ajudou nosso negócio a se tornar financeiramente mais forte e seguro.

Quando você segue o trajeto comum ao sucesso incomum, está construindo uma fundação sólida — fundação que apoiará fluxos diversificados de receita para que você possa se ajustar e adaptar conforme necessário.

Você não precisa conhecer todos os elementos constitutivos da sua fundação agora. Esses elementos se revelarão conforme você continua no trajeto comum ao sucesso incomum.

Esse é o trajeto comum ao sucesso incomum, não o caminho confuso aos resultados instáveis. Confie no processo, confie em você e, acima de tudo, dê o primeiro passo!

Um Empreendedor no Trajeto de Fogo ao Sucesso Incomum

STU MCLAREN: DIVERSIFICAR SEU FLUXO DE RECEITA

Nunca dependa de uma única renda.
Invista para criar uma segunda fonte.
—WARREN BUFFETT

QUANDO STU ESTAVA com vinte e poucos anos, foi sortudo o suficiente para ter como mentor John, um milionário self-made. John não ficou rico da noite para o dia, mas ao longo do tempo. Ele ensinou a Stu a diferença entre fortuna de curto prazo e uma riqueza de longo prazo. Fortunas de curto prazo estão aqui e irão embora amanhã. Riquezas de longo prazo duram uma vida inteira.

John administrava um negócio de seminários que produzia fortunas de curto prazo. Isso fornecia o fluxo de caixa. John alavancou seu fluxo de caixa para abastecer sua riqueza de longo prazo na forma do mercado imobiliário.

Durante a primeira metade de sua carreira, John atuou como um mecânico de carros com nenhum fluxo de caixa. Foi só aos quarenta anos que ele entrou no negócio de seminários e começou a investir no mercado imobiliário. John investiu em propriedades residenciais, escritórios comercias e outros empreendimentos imobiliários para a geração de renda. Ao longo do tempo, o seu portfólio imobiliário cresceu e a receita produzida virou uma bola de neve.

O seu negócio na área de seminários ensinava aos outros como ele estava construindo sua riqueza no mercado imobiliário e como eles poderiam fazer o mesmo. John usou o tempo para passar seu conhecimento para Stu, que agora pensa em diversificação de duas formas: online e offline.

Stu gera a fortuna de curto prazo online, que ele pode investir na criação offline de riquezas. A fortuna de curto prazo de Stu vem na forma de venda online de informação, como livros, cursos, software, coaching, masterminds e eventos ao vivo. Essa fortuna de curto prazo surge na forma de vendas únicas e vendas recorrentes.

Entre os dois tipos de vendas, Stu foca as recorrentes. Um exemplo de fluxo de receitas recorrentes é quando as pessoas pagam uma taxa mensal para manter o acesso a um serviço de coaching, masterminds ou software. De acordo com a experiência de Stu, quanto mais receita recorrente você possuir, mais estável é seu negócio.

Quando se trata da diversificação do seu negócio, Stu se aprofunda em um segmento específico do mercado e *empilha o impulso*. Esse "empilhamento" permite que você atenda o mesmo mercado com ofertas semelhantes para não precisar inventar a roda todas as vezes. Isso, mais uma vez, tem a ver com se tornar um líder reconhecido em sua área e fornecer diversas soluções para seu público em sua área de experiência.

Offline, Stu foca dois tipos de imóveis. Ele gosta dos aluguéis residenciais de longo prazo porque fornecem uma renda constante e confiável. E também gosta dos aluguéis de luxo de curto prazo, por serem mais caros e com maior margem de lucro.

A beleza da diversificação é que, se um fluxo de receita secar, você ainda poderá contar com seus outros fluxos para manter seu negócio enquanto aguarda pelo fim da tempestade ou pela correção do curso. Nas palavras do próprio Stu: "A chave é 'empilhar' o impulso, permanecendo no mesmo mercado e se aprofundando cada vez mais para descobrir novas e melhores formas de atender seu público. Isso permite a você ter uma diversificação nas suas ofertas e uma inclinação aos fluxos de receita recorrente, como clubes de assinatura, masterminds e softwares. Então, use sua fortuna de curto prazo para investir offline em aluguéis de longo prazo e aluguéis de luxo de curto prazo a fim de construir uma riqueza para toda a vida."

Obrigado, Stu McLaren.

Você pode aprender mais sobre Stu em Stu.me [conteúdo em inglês].

Confira o seu curso de acompanhamento gratuito para um apoio extra com *O Trajeto Comum ao Sucesso Incomum*: EOFire.com/success-course [conteúdo em inglês].

CAPÍTULO 14

Aumente Seu Tráfego

> Você está fora do negócio se não possuir um prospect.
> —ZIG ZIGLAR

Se estiver seguindo o trajeto comum ao sucesso incomum, você está *em chamas*! Construiu uma base incrível e está impactando o mundo. Agora, você precisa acelerar e aumentar o tráfego que está gerando. Sempre haverá oportunidades pagas para aumentar o seu tráfego, seja por meio da publicidade no Facebook, seja no Google, seja em qualquer um dos geradores de leads de última geração no mundo online.

No trajeto comum ao sucesso incomum, mantemos nosso foco nas estratégias perenes, que sempre funcionarão. Você tem sua plataforma; é hora de usá-la.

Vamos usar o YouTube como exemplo. As pessoas que assistem a vídeos nele já estão convertidas. Elas conhecem a plataforma e já levantaram as mãos como pessoas que gostam de consumir conteúdo em vídeo. Então, tudo o que precisa ser feito é criar ótimos conteúdos em vídeo, sentar e deixar seu avatar criar um caminho até a porta da sua casa, certo?

No filme *Campo dos Sonhos*, Kevin Costner é famoso por dizer: "Se você construir, eles virão." Infelizmente, o mundo real não é o *Campo dos Sonhos*. Uma citação mais precisa seria: "Se você construir, a maioria das pessoas não estará nem aí."

Palavras duras, mas verdadeiras. Eu acredito que uma citação ainda mais precisa poderia ser: "Se você construir, ninguém se importará até que você *faça* com que se importem." Como fazer isso? Certamente não será criando conteúdo dentro da sua bolha e permanecendo dentro dela. Você precisa criar um bom conteúdo e *colaborar* com outros criadores do seu nicho que estão criando material bom para seus avatares.

No exemplo citado, você precisa encontrar outros YouTubers cujo público esteja cheio de seus avatares, entrar em contato com eles e colaborar. Precisa encontrar uma forma de agregar valor ao mundo deles e permitir que eles agreguem valor ao seu. Talvez você possa criar um conteúdo para o canal deles e eles façam o mesmo. Talvez possa entrevistá-los em seu canal e ser entrevistado no canal deles.

Isso é criar um relacionamento de benefício mútuo e permitir que o público deles perceba você, e vice-versa. Antes de pensar muito nisso, lembre-se do seguinte: *Todos os navios sobem durante a maré cheia.*

É preciso abordar essa tarefa com uma mentalidade de abundância. Sempre haverá aqueles que não desejam colaborar; simplesmente siga para a próxima oportunidade. Essas pessoas estão exibindo uma mentalidade de escassez e não há razão para descer até o nível delas.

A abundância é a sua palavra de ordem, e existem muitos criadores de conteúdo que pensam da mesma forma. Abra seus braços, abra seu coração, e encontre outras pessoas em um momento semelhante de suas jornadas para colaborar e reunir seus públicos.

Como Aumentei Meu Tráfego

Converta os convertidos. Essas são as palavras que sigo. Quando lancei o *Entrepreneurs on Fire*, em 2012, o podcasting *não* estava pegando fogo como hoje em dia. Eu poderia ter gasto uma quantia considerável de tempo, energia e esforços para tentar mudar os hábitos das pessoas, apresentá-las a algo diferente e implorar para inserir o podcast em suas rotinas diárias, mas essa teria sido uma dificuldade muito grande.

> Os ouvintes de podcasts ouvem podcasts.
> —JOHN LEE DUMAS

Em vez disso, optei por converter os convertidos. As pessoas que ouviam podcasts *amavam* ouvir podcasts. Essas pessoas eram convertidas. Elas tinham seu app de podcast favorito no smartphone e horários específicos para ouvir os podcasts, seja durante a viagem ao trabalho, seja na academia, seja em uma série de outras atividades.

Foquei meu marketing nesses indivíduos. Eu sabia que o ouvinte médio de podcasts se inscrevia em sete programas, então busquei me tornar um desses sete para aqueles que ouviam podcasts sobre negócios e empreendedorismo.

A seguir está o passo a passo usado por mim para aumentar o tráfego do *Entrepreneurs on Fire* em dez vezes ao longo de dois anos. Foi muito trabalhoso, mas foi o tipo *certo* de trabalho e me diverti bastante durante o trajeto.

Passo a passo de JLD para incendiar o tráfego do podcast:

1. Fui até o diretório da Apple Podcast e vi os principais 2 mil podcasts da seção de negócios.
2. Documentei todos os podcasts com base em entrevistas.
3. Estudei seus últimos dez episódios e ouvi por completo o último episódio de cada.
4. Caso eu sentisse que poderia agregar ao programa, clicava no link *site*, logo abaixo da logo do podcast.
5. No site do programa, eu clicava no botão *sobre* para aprender mais a respeito do apresentador e seu negócio.
6. Então eu clicava no botão *contato*.
7. Feito isso, eu preenchia o formulário de contato.

Oi XXX, meu nome é John Lee Dumas e sou o apresentador do podcast *Entrepreneurs on Fire*. Tenho conferido o seu podcast e devo dizer que estou impressionado. Acabei de ouvir o seu episódio recente chamado XXX e minha lição favorita foi XXX. Percebi que nos últimos dez episódios você tem falado sobre bons assuntos, mas não focou o assunto XXX, que, por sinal, é minha especialidade. Adoraria agregar esse valor ao seu público e, para facilitar sua aceitação, aqui está o título proposto para o episódio com alguns tópicos para o fluxo da entrevista. Como mencionei antes, sou um apresentador de podcast e também adoraria ter você como convidado no meu programa para compartilhar sua experiência e conhecimento com meu público, a Fire Nation. Poderíamos agendar uma hora nas próximas duas semanas e usar trinta minutos para cada entrevista, dois pelo preço de um! Além disso, como apresentador de um podcast, eu sei como é importante para seus convidados compartilhar seus episódios quando são publicados, então pode contar comigo para compartilhá-los com todo o meu público! Aqui está o link da minha agenda se quiser encontrar um horário adequado para você, ou, por favor, me envie sua agenda e ficarei feliz em encontrar um horário para nós dois!

—John Lee Dumas, do *Entrepreneurs on Fire*

P.S.: Também sei como classificações e avaliações são importantes para os podcasts, então dei a você uma bem merecida classificação e avaliação de cinco estrelas. Continue criando um conteúdo incrível e espero que entremos em contato em breve!

Essa proposta conquistará *centenas* de entrevistas em outros podcasts, além de várias entrevistas para o seu, também! Atualmente, recebo mais de quatrocentas propostas de pessoas querendo ser convidadas para o *Entrepreneurs on Fire*. A proposta anterior se tornaria uma das cinco melhores propostas que já recebi. Em *todos* esses anos.

É por isso que é importante fazer coisas não escalonáveis. Quanto mais pessoal e específico você for ao entrar em contato, mais sucesso conseguirá. O que é melhor? Enviar quatrocentas propostas engessadas com uma taxa de sucesso de 0,01% ou vinte propostas pessoais com uma taxa de sucesso de 60%?

Foi o que pensei.

Esse exato processo garantiu que eu fosse convidado de pelo menos dez podcasts todos os meses. Sempre que atuava como convidado, entregava o melhor valor que era capaz, construía um ótimo relacionamento com o apresentador e minha chamada para ação ao final de toda entrevista era um pedido para conferir meu programa, *Entrepreneurs on Fire*.

Essa exposição foi a maneira mais eficaz de espalhar a palavra do *Entrepreneurs on Fire*. Eu construí, saí e recrutei os convertidos, *então* eles vieram.

Existem muitas formas de aumentar seu tráfego, e minha recomendação é testar todas elas, rastrear os resultados e se concentrar naquelas com os melhores resultados. A estratégia anterior precisa ser parte de seu plano de crescimento caso crie conteúdo. Pense em seu avatar, onde ele se encontra atualmente, como pode acessá-lo da melhor forma e como pode agregar valor ao mundo dele para que ele busque seu conteúdo e se torne parte da sua tribo.

Um Empreendedor no Trajeto de Fogo ao Sucesso Incomum

BILLY GENE: AUMENTAR SEU TRÁFEGO

Um homem que para de anunciar visando economizar dinheiro é como o homem que para o relógio a fim de poupar tempo.
— HENRY FORD

BILLY GENE não tem medo de ofender as pessoas; tanto não tem medo que seu podcast se chama *Billy Gene Offends the Internet* [Billy Gene Ofende a Internet]. Toda a estratégia dele para aumentar o tráfego pode ser resumida em duas palavras: gastar dinheiro.

Sim, é contraintuitivo, mas Billy garante que é a forma mais rápida de alcançar seu objetivo. Neste exato momento, você deve estar pensando: "É fácil falar, Sr. Billy Endinheirado." Billy Endinheirado entende.

Ele sabe como é não ter dinheiro. Quando começou, Billy tinha uma dívida de mais de US$50 mil. Um banco encerrou sua conta e o bloqueou duas vezes. Durante muito tempo, a vida dele consistia em cobranças de cheque especial, contas atrasadas e um saldo negativo no banco.

Billy gosta de brincar: "Se você nunca viu US$400 negativos na sua conta bancária, então não está vivendo." Ele sabe como é ler um livro como este com o conselho de *gastar dinheiro para aumentar o tráfego* quando você não tem dinheiro. É como um tapa na cara e um desperdício de tempo.

Aqui está o segredo: Billy oferece a você US$5 para ficar na fachada de seu negócio e girar uma placa por quatro horas. Você precisa do dinheiro, então faz o que é preciso. Graças ao seu serviço, Billy consegue que seis pessoas vão até sua loja e façam compras, conseguindo US$100 extras no dia. Tudo isso com um gasto publicitário de US$5.

Billy ganhou ou perdeu dinheiro? Ele ganhou dinheiro. A chave de Billy para a publicidade: *Recupere seu dinheiro o mais rápido possível, de preferência no mesmo dia.*

Quando ele avalia uma oportunidade de publicidade, identifica como recuperar seu dinheiro quase imediatamente. É por isso que ele ama a publicidade online. Com o anúncio certo, você pode alcançar mil pessoas por apenas US$5.

A pergunta é: você pode vender para essas mil pessoas um produto ou serviço que irá gerar US$20, US$30 ou até US$50? Ainda mais importante, você pode fazer essa venda no mesmo dia? Toda a sacada do aumento de tráfego é sobre comprá-lo e recuperar o dinheiro no mesmo dia.

Avancemos para a atualidade — Billy pode gastar mais de US$50 mil em um único dia. Como ele faz isso? Pedindo sempre para que as pessoas comprem. A maioria tem medo de pedir isso. Essas pessoas preferem criar conteúdo gratuito, construir boa-fé com seu público e aguardar pelo momento deles.

Por quê? Porque é seguro, a sensação é melhor. Porque isso está na zona de conforto dessas pessoas.

O segredo de Billy para alcançar mais pessoas é pedir todas as vezes para que comprem. Assim, ele consegue mais vendas e mais dinheiro para comprar mais tráfego.

Como as gravadoras conseguem dinheiro? Elas pagam para colocar seus artistas em letreiros, rádios e na capa da *Vogue*. A gravadora sabe que conseguirá muito mais que seus custos de publicidade quando o artista ficar famoso.

Empresas compram os comerciais do Super Bowl porque sabem que as vendas aumentarão.

Empresas na Fortune 500 gastam bilhões em publicidade porque possuem décadas de dados demonstrando que é a melhor forma de aumentar os lucros.

Aqui está como transformar US$10 em um orçamento publicitário mensal de US$300. Se você gastar US$10 por dia trazendo tráfego até sua oferta e ganhar US$10, você pode usar os mesmos US$10 no dia seguinte e fazer tudo novamente. Trinta dias depois, você usou os mesmos US$10 para um orçamento publicitário de US$300. Tudo isso com a mesma nota de US$10.

Quando recupera rápido seu dinheiro, pode usá-lo novamente.

E se sua crença limitante for "não tenho nada a vender"? Então venda o produto ou serviço de outra pessoa e receba uma comissão. Nas palavras do próprio Billy: "Você nunca está travado, só não está sendo criativo o suficiente, e a falta de criatividade e ser entediante tirará seu negócio das ruas."

Obrigado, Billy Gene.

Você pode aprender mais sobre Billy Gene em BillyGeneIsMarketing.com [conteúdo em inglês].

Confira o seu curso gratuito de acompanhamento para um apoio extra com *O Trajeto Comum ao Sucesso Incomum*: EOFire.com/success-course [conteúdo em inglês].

CAPÍTULO 15

Implemente Sistemas e Monte uma Equipe

> Todo sistema é perfeitamente projetado para conseguir o resultado que consegue.
> —DONALD BERWICK

Aqueles de nós no trajeto comum ao sucesso incomum estão comprometidos a se exercitar. Nós trabalhamos. Nós cumprimos as tarefas. Conforme nosso negócio amadurece, implementamos sistemas e montamos uma equipe que nos permite expandir e escalonar.

Mas, como sempre na vida, há uma hora e local para tudo. Esperei até agora para falar sobre sistemas e montagem de equipe por um motivo. É importante conhecer seu negócio de trás para frente antes de começar a implementar sistemas e montar a equipe que permitirá essa expansão e escala.

Precisamos entender como funciona cada aspecto de nosso negócio. Henry Ford sabia como montar um carro do zero; ele já havia feito isso inúmeras vezes. Apenas depois de dominar cada passo do processo foi capaz de implementar uma linha de montagem para tornar a criação mais rápida, melhor e eficiente.

Imagine Henry Ford andando de um lado a outro da linha de montagem, estudando cada etapa do processo, fazendo ajustes aqui e ali e se orgulhando de cada carro feito. Você é o Henry Ford de seu negócio; precisa entender como o molho secreto é feito para garantir que um produto de alta qualidade sempre seja entregue ao seu público.

A boa notícia é que você está no trajeto comum ao sucesso incomum. Você trabalhou, arregaçou as mangas e compreendeu cada parte do processo.

Agora é hora de crescer, de escalonar. É hora de implementar sistemas e montar sua equipe.

Como? Um passo de cada vez...

Seu primeiro passo na criação de sistemas e montagem de equipe para alcançar a expansão e a escala é anotar tudo que precisa fazer no decorrer de uma semana. Seja diligente. Tome nota de todas as tarefas que realiza e, ao final da semana, deverá ter uma lista bem completa.

O próximo passo é separar as tarefas em duas listas. A primeira conterá todas as que você fará na semana seguinte e a segunda consistirá em tarefas únicas, que não se repetirão.

Livre-se da segunda lista.

Agora organize a primeira, partindo da tarefa que mais consome tempo para a que menos o consome.

Comece no topo da lista e identifique a tarefa que mais consome tempo para a qual gostaria de criar um sistema. Em seguida, escreva um processo passo a passo de como realizá-la. Então, olhe para o esquema e veja se pode identificar quaisquer passos desnecessários. Remova-os até ter o processo mais enxuto e eficiente possível.

Em seguida, crie um vídeo falando e passando por esse processo. É possível usar um serviço gratuito, como o Loom, para isso. Ao finalizar, nomeie corretamente o vídeo e o armazene em uma pasta no seu computador chamada *Sistemas*.

Toda semana, seu objetivo deve ser criar pelo menos um treinamento seguindo os passos mencionados. Em um curto período, terá uma biblioteca de tutoriais das tarefas que mais consomem tempo. Quando começar a montar sua equipe, terá todo o treinamento preparado para que eles o consumam o quanto antes e com frequência. Além disso, se em algum momento futuro precisar substituir um membro da equipe ou trazer alguém novo, sua biblioteca de treinamento estará aguardando você.

Esse processo permitirá que crie sistemas para seus negócios de forma eficaz, já que estará focando primeiro as tarefas mais repetitivas e consumidoras de tempo, descendo cada vez mais na lista.

Agora vamos para a montagem da equipe.

Implementando Nossos Sistemas e Montando o "Team Fire"

Era fevereiro de 2013. O *Entrepreneurs on Fire* havia recém-completado seis meses e estava crescendo rapidamente. Havíamos acabado de cruzar a marca de 100 mil execuções mentais. Eu havia retornado recentemente da minha palestra na New Media Expo, em Las Vegas. Alcancei um ponto de virada em que mais pessoas me procuravam para serem convidadas ao *Entrepreneurs on Fire* do que a quantidade de vagas disponíveis.

> Sozinho não posso mudar o mundo, mas posso jogar uma pedra na água para criar muitas ondas.
> —MADRE TERESA

O fundador de uma empresa de patrocínio de podcast entrou em contato e trabalharia para conseguir patrocinadores para meu programa! Os visitantes do site estavam aumentando, as inscrições por e-mail também aumentavam diariamente e meus seguidores das redes sociais cresciam de forma consistente. Tudo parecia estar indo bem.

Senti que era a hora certa e sabia que estava pronto para montar o Team Fire.

Quando você trabalha como um empreendedor solo, você tem suas limitações. Gastei os nove meses anteriores (três meses pré-lançamento e seis meses pós) aprendendo todos os aspectos de expandir um podcast e uma marca online. Eu sabia as ações que deveriam ser realizadas todos os dias e como queria realizá-las.

Estava chegando ao ponto em que meu prato estava transbordando. Se eu tentasse adicionar mais coisas ao prato, a essência do *Entrepreneurs on Fire* sofreria. Eu sabia que minha prioridade era como apresentador do programa. O meu principal emprego era como entrevistador de empreendedores bem-sucedidos e inspiradores. Ninguém mais poderia assumir meu emprego principal, mas todas as outras tarefas diárias poderiam ser terceirizadas.

Eu li o livro de Chris Ducker, *Virtual Freedom,* e fiz páginas de anotações. O *Virtual Freedom* apresentou o processo necessário para fazer minha primeira contratação e montar a equipe.

Eu sabia a primeira função que precisava preencher: um gerente de mídias sociais. Eu sabia que as redes sociais seriam grande parte da expansão da marca e notoriedade do *EOF*, mas não poderia aumentar minha presença nas redes sociais e ser o melhor apresentador possível para o *Entrepreneurs on Fire.*

Usei o Virtual Staff Finder para iniciar minha busca e enviei o tipo de experiência e conjunto de habilidades que procurava. Dentro de três dias, recebi três candidatos que se encaixavam na descrição exata que queria. Entrevistei-os separadamente no Zoom e dei a cada um uma tarefa para ver seu conjunto de habilidades em ação. Após receber as tarefas concluídas, havia um claro vencedor. Fiz minha primeira contratação para o Team Fire e me senti ótimo!

Agora, com uma assistente virtual em tempo integral, era hora de começar a descarregar minhas tarefas de rede social. Criei tutoriais em vídeo das tarefas diárias que queria concluídas, respondi às perguntas da minha AV conforme surgiam e forneci feedback ao trabalho produzido por ela. Dentro de uma semana, minha AV estava administrando todos os meus canais de rede social sem supervisão e eu poderia focar as partes do negócio que precisam de atenção.

Alguns meses depois, convidei minha namorada, Kate, a fazer parte da equipe e assumir diversas operações no negócio. Ao longo dos anos seguintes, adicionamos outros dois AVs para simplificar nossa operação e escalonar até novas alturas. Somos uma equipe enxuta, mas sabemos nossas tarefas e as executamos com orgulho.

A criação de sistemas e montagem de equipes não acontece de repente, mas, se você trabalhar de maneira consistente, ficará muito orgulhoso do negócio que construiu durante seu trajeto comum ao sucesso incomum.

Você consegue!

Um Empreendedor no Trajeto de Fogo ao Sucesso Incomum

AMY PORTERFIELD: IMPLEMENTAÇÃO DE SISTEMAS E MONTAGEM DE EQUIPE

Sozinhos fazemos muito pouco; juntos fazemos muito.
—HELEN KELLER

AMY PORTERFIELD costuma dizer que sua equipe virtual é pequena, mas poderosa, e não poderia ser diferente. Em 2009, Amy abandonou seu emprego corporativo para lançar seu próprio negócio online. Ela prometeu nunca construir uma equipe grande demais, pois estava farta do ambiente corporativo e de todas as regras, políticas e diretrizes.

Durante anos, Amy manteve a promessa. Ela lançou diversos cursos e comunidades e, quando se deu conta, estava atendendo milhares de alunos. Ela sabia que, se precisasse aumentar sua receita e apoiar seus alunos o máximo possível, seria necessário montar uma equipe.

Um passo de cada vez, Amy montou sua equipe dos sonhos. Uma série de erros foram cometidos ao longo do caminho, mas ela espera que você possa aprender com os sucessos e fracassos dela durante a montagem da equipe.

Atualmente, Amy possui dezoito funcionários em tempo integral e cinco freelancers. Para administrar sua equipe de forma efetiva, ela montou quatro departamentos: departamento de marketing, departamento de conteúdo, departamento de comunidade e departamento de operações.

Amy contratou um diretor para administrar cada um dos departamentos. Toda semana, ela se reúne com os quatro diretores para discutir as operações da empresa. Esses quatro diretores são as únicas pessoas gerenciadas diretamente por Amy; eles possuem gerentes e coordenadores sob seu comando, e essa estrutura hierárquica garante que ninguém gerencie muitas pessoas de uma só vez.

A cada trimestre, Amy se reúne com seus diretores durante dois dias.

Nessa reunião de 48 horas, eles discutem os objetivos do trimestre, o que deu errado no trimestre anterior, o que precisa ser corrigido, como melhorar o negócio e o desempenho de cada funcionário. Com o retorno deles, os objetivos trimestrais e anuais atualizados são anunciados para garantir que a equipe esteja falando a mesma língua e caminhando na mesma direção.

Para a comunicação, a equipe usa o Slack. É lá que os anúncios são feitos e as conversas divertidas podem ocorrer.

Para todas as coisas relacionadas ao trabalho, Asana é a única ferramenta utilizada. Na Asana está a listagem de todos os itens de ação, o rastreamento de projetos e o controle das tarefas. A frase de Amy para isso é: *O trabalho acontece na Asana*.

Quando se trata de contratação, Amy e sua equipe trabalharam muito para desenvolver um processo funcional. Eles recrutam talentos que, de outra forma, não teriam se inscrito para as vagas, a fim de manter a diversidade e a inclusão. Além disso, Amy trabalha com um consultor de recursos humanos e DEI (diversidade, equidade e inclusão). Durante o processo de entrevista, ela e seus diretores determinam se a pessoa seria uma boa adição à cultura empresarial.

Não se trata de mera adequação à cultura, mas uma *adição*. Uma adequação significaria contratar apenas pessoas semelhantes aos que já estão na equipe. Eles, por outro lado, desejam contratar pessoas que possam somar experiências e visões que apenas uma equipe diversa é capaz de criar.

O próximo passo é um teste. Esse teste é feito para ver como o entrevistado trabalha e se ele consegue cumprir os prazos.

O último passo é a entrevista presencial com todos os níveis da gerência.

Ao ser contratado, o funcionário passa por um período de noventa dias de "experiência". Isso significa que tanto o funcionário quanto o empregador podem encerrar essa relação trabalhista no momento em que acharem melhor. Durante esses noventa dias, Amy possui um detalhado processo de integração que inclui um plano completo do que é esperado todas as semanas. Isso garante que o funcionário possa se habituar com o negócio em vez de sentir que está bebendo água diretamente de uma mangueira de incêndio.

Ao final do teste de noventa dias, o funcionário recebe plano de saúde, folgas flexíveis, um retiro "exclusivo para se divertir" anual com a equipe e um bônus de 20% no final do ano se o objetivo de lucro da empresa for alcançado. Não existem avaliações anuais e os funcionários são avaliados conforme o necessário. Isso garante que todos saibam exatamente onde estão e cultiva um ambiente familiar.

Nas palavras da própria Amy: "O e-mail é a morte do empreendedor. A comunicação acontece no Slack, o trabalho acontece na Asana. Sem exceções."

Obrigado, Amy Porterfield.

Você pode aprender mais sobre Amy em AmyPorterField.com [conteúdo em inglês].

Confira o seu curso de acompanhamento gratuito para um apoio extra com *O Trajeto Comum ao Sucesso Incomum*: EOFire.com/success-course [conteúdo em inglês].

CAPÍTULO 16

Crie Parcerias de Afiliados

*Para causar um impacto em seu público,
é preciso entender a dor dele.*
—NEIL PATEL

Nós já conversamos sobre como entender as dores do seu avatar é um importante ingrediente do trajeto comum ao sucesso incomum.

Revelar essas dificuldades permite que você crie soluções na forma de um produto ou serviço, o que leva a uma oferta irresistível e à geração de receita.

No entanto, não podemos (e não devemos) criar soluções para todos os problemas. Isso seria abordar as coisas com pouco foco e profundidade. No trajeto comum ao sucesso incomum, nós mantemos o foco e tratamos as coisas de maneira profunda. Nos concentramos em servir a melhor solução para a maior dificuldade de nosso avatar. O seu objetivo é ser tão bom que a concorrência em potencial decida que não vale a pena competir. É aí que você sabe que criou algo especial.

Mas e todas as outras dificuldades do seu público ao longo da jornada? Essa é a hora de criar parcerias de afiliados. Em resumo, essas parcerias acontecem quando você recomenda um serviço ou produto para seu público. Se o público decidir investir, então seu parceiro afiliado pagará a você uma porcentagem da venda. Isso é chamado de comissão de afiliado.

Para rastrear seus leads e conversões, seu parceiro afiliado lhe fornecerá um *link de afiliado* para garantir que você receba o devido crédito por cada venda realizada. Alternativamente, seu parceiro afiliado pode criar um código especial para você promover.

Um exemplo disso é quando peço para meu público usar o código promocional FIRE no carrinho de compras para receber um desconto de 15%. A desvantagem do código promocional é que você saberá apenas quantas pessoas compraram, enquanto o link de afiliados permite saber a quantidade de tráfego que você enviou para a página de vendas. Isso permite a você ver a conversão de leads em vendas, o que é importante, pois poderia indicar que a página de venda em si deveria ser aprimorada — uma informação valiosa. No geral, a parceria de afiliados é ótima porque permite a você se concentrar na entrega das soluções enquanto recomenda as soluções de seus parceiros para outras dificuldades do público. Essas parcerias garantem que você continuará como a referência para as dúvidas do público, já que poderá redirecioná-los até a melhor solução. Elas permitem que você consiga receita quando o público investe em seus produtos e serviços e também quando aceita suas recomendações e investe em seus parceiros afiliados.

Pense na última vez em que seu melhor amigo o chamou e disse: "Assisti a um filme incrível na noite passada e sei que você vai amar!" Você assistiu ao filme e provavelmente amou, porque seu melhor amigo o conhece e só oferecerá esse tipo de análise elogiosa quando sabe que também irá amá-lo.

Esse é o poder das recomendações quando surgem de relacionamentos confiáveis, e você tem construído esses relacionamentos no trajeto comum ao sucesso incomum. Tem entregado conteúdos gratuitos, valiosos e consistentes ao seu público. Ele conhece, gosta e confia em você. Seus ouvintes admiram o sucesso conquistado até então.

Se precisam de conselhos sobre qual a solução para um problema atual, você é a pessoa que buscarão como referência. Criar as parcerias de afiliados certas permite que você se torne um local de centralização para as soluções de seu público. Mesmo que a solução não seja fornecida diretamente, sua recomendação irá guiá-los na direção certa.

Quando mostrar para seus parceiros afiliados que é capaz de enviar leads bem qualificados, é hora do próximo passo. Esse passo consiste em fazer seu parceiro afiliado criar uma landing page especial para você. Essa página é para onde seus leads serão enviados ao clicar em seu link de afiliado. Ela terá sua marca pessoal e uma oferta exclusiva para seu público. A oferta exclusiva pode ser um período de teste estendido, uma maior porcentagem de desconto ou serviços adicionais que normalmente não são oferecidos.

Além disso, essa é sua chance de agregar seu valor e incentivar ainda mais o investimento de seu público. Na seção seguinte, compartilharei como gerei de forma bem-sucedida mais de 1 milhão de dólares em receita com as estratégias descritas anteriormente. Essa é uma estratégia que pode ser trabalhosa no começo, mas oferecerá grandes dividendos com o passar do tempo.

Você trabalhou duro por esse lead. Recomendou uma solução confiável, então, se ele decidir comprar, você merece sua comissão de afiliado.

Vi muitos empreendedores não levarem essa estratégia a sério e perderem um valor incontável de receita. Imagine o seguinte exemplo:

Um ouvinte do seu público escuta você falar sobre um ótimo produto ou serviço recomendado e seu link de afiliado o levará até a página de vendas. Na hora ele estava correndo, então não se lembra exatamente do link mencionado e, em vez disso, apenas busca o nome da empresa no Google e encontra o produto diretamente no site deles. Se ele acabar comprando, você não receberá sua comissão de afiliado, ainda que tenha sido a razão da venda. Porém, se seguir o trajeto comum ao sucesso incomum e comunicar de maneira *muito clara* ao seu público para "usar meu link de afiliado e receber um desconto adicional de 15% e um período de testes estendido", pode ter certeza de que seu público fará o possível para usar seu link de afiliado em busca dos benefícios extras.

Lembre-se, você mereceu essa receita. Ela não está vindo dos bolsos do seu público, mas dos bolsos da empresa que ajudou a enriquecer ao entregar um comprador a ela. Você mereceu essa comissão; então se assegure de que vai recebê-la!

Minhas Parcerias de Afiliados

Enquanto escrevo estas palavras, a receita de afiliado é responsável por aproximadamente 50% da minha receita geral mês após mês. Além de ser um de meus maiores fluxos, também é um dos meus favoritos. Depois de recomendar o produto ou serviço, recebo minha comissão e meu trabalho está feito. Não existe nenhum treinamento ou suporte extra a ser realizado por mim. O lead é abraçado calorosamente por meu afiliado e agora é trabalho dele lidar com todos os aspectos desse relacionamento.

Meu relacionamento de afiliado mais bem-sucedido até então é com uma empresa chamada ClickFunnels (que você já ouviu falar nos Capítulos 11 e 12). Essa é uma empresa que fornece todas as ferramentas necessárias para criar um funil de vendas para seu negócio, com landing pages, formulários de registro, formulários de pedidos, vendas adicionais, reduções de propostas e qualquer coisa que esteja nesse meio. É um serviço que uso diariamente e me ajudou a gerar milhões de dólares em receita ao longo dos anos. Além disso, sou um amigo pessoal do fundador e CEO, Russell Brunson, e por meio dele eu sabia que a ClickFunnels estava dedicada a melhorar a plataforma todos os dias.

Então, quando começaram a me perguntar como eu estava gerando receita, respondi com honestidade. Eu compartilhei como meus funis eram responsáveis por uma porção significativa da minha receita e como a ClickFunnels facilitava a criação de funis. Então compartilhei meu link de afiliado, EOFire.com/click, e insisti para que meu público testasse gratuitamente durante quatorze dias.

Com os anos, implementei muitas das estratégias que mencionei no decorrer deste capítulo.

Ofereci um *Freedom Journal* para cada pessoa que participou do ClickFunnels por meio de meu link de afiliado. Russell e eu realizamos uma masterclass gratuita sobre funis de venda que só podia ser acessada ao ingressar na ClickFunnels por meio de nosso link de afiliado. Nós até promovemos o desafio "A Um Funil de Distância" da ClickFunnels, em que todos aqueles que participaram receberam um livro escrito por

Russell com um capítulo inteiro dedicado ao que eu faria caso tivesse trinta dias para criar um funil de vendas.

No começo, vi como a ClickFunnels seria uma fonte valiosa de receita de afiliado. A empresa oferece um serviço *grudento* — no sentido de que, quando alguém se registra na ClickFunnels e começa a montar seus funis, landing pages, formulários de pedidos e páginas de saída no software deles, é preciso um ato divino para que essa pessoa migre para outro serviço.

O tempo, a energia e o esforço necessários para aprender um software são significativos e, quando nos sentimos confortáveis com um serviço específico, resistimos a mudanças. A ClickFunnels é um exemplo perfeito desse truísmo. Quando meu público se inscreve na ClickFunnels, ele permanece com a ClickFunnels.

O que ganho com isso? Mês após mês, ano após ano, estou gerando receita sempre que a mensalidade do meu afiliado é paga. Até este momento, essa receita já soma um valor superior a US$1.350.000. Tudo isso é dinheiro entrando no meu bolso por recomendar um ótimo serviço.

Quando vi como era lucrativa minha parceria com a ClickFunnels, comecei a criar mais formas de recomendar o serviço deles ao meu público. Ofereci a eles um desconto para patrocinar meu podcast, com a ressalva de que eu poderia promover meu link de afiliado em troca do desconto de patrocínio.

Criei um curso gratuito em que ensinava meu público a criar um funil de vendas capaz de converter. Após concluir o *Funnel on Fire* ["Funil em Chamas", em tradução livre], recomendei o teste de quatorze dias da ClickFunnels para aqueles que desejavam criar seu funil em chamas. Essa estratégia me permitiu gerar muito valor de graça, recomendar um teste gratuito de um ótimo serviço e deixar a ClickFunnels fazer o que sabe fazer de melhor e converter testes gratuitos em consumidores de longo prazo e evangelizadores.

Também promovi a ClickFunnels na minha sequência de e-mails de boas-vindas e na página de recurso, EOFire.com/resources. Basicamente, sempre que fazia sentido recomendar uma ótima empresa com uma solução incrível para as principais dificuldades do meu público, eu o fazia por trazer um benefício triplo: era bom para o meu público, pois teriam a melhor solução para seus problemas; era bom para meu afiliado, porque ganhariam um comprador; e era bom para mim, porque conseguiria adicionar mais valor às vidas dos meus ouvintes e ganhar uma comissão de afiliado nesse processo.

Espero que esse exemplo possa acender uma sensação de empolgação e novas ideias em você. Não é necessário ser tudo para todos. É possível se concentrar no que faz melhor e promover serviços e produtos de outras empresas nas áreas de excelência delas, criando essa situação benéfica para todos os envolvidos.

Você consegue!

Um Empreendedor no Trajeto de Fogo ao Sucesso Incomum

JILL E JOSH STANTON: CRIAR E ADMINISTRAR PARCERIAS DE AFILIADOS

O marketing de afiliados gerou milhões para os negócios e transformou pessoas comuns em milionários. —BO BENNET

O ANO ERA 2011. Jill e Josh Stanton decidiram que era hora de acabar com o turno de trabalho tradicional. Eles juraram nunca entrar em um "emprego de verdade" novamente e embarcaram em busca da melhor forma de alcançar a liberdade financeira e de estilo de vida.

Após uma pesquisa online, decidiram que a melhor aposta para alcançar seus objetivos era por meio do marketing de afiliados. Eles amavam como o modelo de afiliado permitiria a eles recomendar às pessoas os produtos e serviços que elas estavam buscando enquanto não precisavam lidar com o pedido em si. Esse tipo de negócio permitiria a eles conquistarem seus sonhos de viajar para o exterior sem estarem presos a um fuso horário ou a algum chefe.

A primeira aventura dos dois no marketing de afiliados foi no setor de skincare, porque a pesquisa de mercado do casal revelou que muitas pessoas estavam comprando esse tipo de produto online. Jill e Josh não tinham certeza de como dar o pontapé inicial, então começaram criando conteúdo sobre cuidado com a pele. Pediram amostras de produtos e as usaram para avaliações em vídeo no site do negócio.

Com o tempo, o tráfego orgânico começou a surgir, conforme o Google percebia que as pessoas recebiam as respostas que precisavam para perguntas específicas sobre skincare.

Os artigos continham links de afiliados, e as comissões variavam entre 5% e 50%. Eles continuaram a criar publicações de blog, avaliações em vídeos e publicações com convidados.

Ao final do primeiro mês, conseguiram mais de US$1.100 em comissões. Jill e Josh estavam animados e estabeleceram um GAO (Grande e Audacioso Objetivo) de conseguir US$5 mil todos os meses. Essa quantia permitiria que realizassem o sonho de se tornarem nômades digitais na Ásia.

Alguns meses mais tarde, eles alcançaram o objetivo de US$5 mil e comemoraram com estilo, com uma garrafa de vinho em um lago de Toronto. Os dois amavam como o dinheiro continuava surgindo e não estavam presos à entrega de nenhum produto, a nenhum atendimento ao cliente ou a qualquer atividade semelhante. Eles decidiram que era hora de diversificar e adicionaram à sua máquina de marketing de afiliados produtos de maquiagem, cabelo, higiene pessoal, perda de peso, suplementos e alguns outros nichos.

Foram para a Tailândia e continuaram com o mesmo modelo de afiliados, aumentando a receita para US$13 mil mensais. Na maioria dos dias, Jill e Josh estavam trabalhando entre duas e três horas, aproveitando a vida ao máximo. Eles lançaram o site ScrewTheNineToFive.com como um blog sobre estilo de vida com o objetivo de contar suas histórias e ajudar os outros a alcançar o sucesso financeiro conquistado por eles.

ScrewTheNineToFive.com teve problemas em ganhar tração até Jill e Josh começarem a ensinar aquilo que sabem fazer: marketing de afiliados. Até este momento, eles já ajudaram centenas de empreendedores a lançar com êxito seus negócios de marketing de afiliados em uma ampla variedade de nichos ao mesmo tempo que continuam a arrasar em sua própria área.

No período de um ano (agosto de 2019 a agosto de 2020), geraram US$890 mil em comissões. Jill e Josh dão três dicas quando o assunto é marketing de afiliados:

1. Faça uma lista dos produtos em potencial no seu nicho que você pode avaliar e adicionar no seu site e rede social.

2. Faça uma lista dos produtos e programas que você usa e crie tutoriais sobre como potencializar o valor deles. Um bom exemplo disso é o ScreenFlow. Eu queria aprender mais sobre o ScreenFlow antes de comprá-lo, então fiz um breve tutorial online. Quando optei pela compra, usei o link de afiliado do criador do tutorial. Se conseguir um acordo com a empresa oferecendo o produto para dar um desconto ou bônus ao seu público, aumentará exponencialmente suas conversões.

3. Existem cursos ou comunidades em que você não é especialista e para onde você pode direcionar seu público? Foque aquilo que faz de melhor e apresente seu público às soluções que eles precisam em todas as outras áreas.

Nas palavras de Jill: "Marketing de afiliados é conectar nosso público com pessoas, produtos, programas e ferramentas que usamos, gostamos e confiamos. Confiança é a moeda do marketing de afiliados."

Obrigado, Jill e Josh Stanton.

Você pode aprender mais sobre Jill e Josh em ScrewTheNineToFive.com [conteúdo em inglês].

Confira o seu curso de acompanhamento gratuito para um apoio extra com *O Trajeto Comum ao Sucesso Incomum*: EOFire.com/success-course [conteúdo em inglês].

CAPÍTULO 17

Guarde o Dinheiro que Receber

Não se trata de quanto dinheiro você recebe, mas de quanto dinheiro guarda, o quanto ele trabalha para você e durante quantas gerações você o mantém guardado.

—ROBERT KIYOSAKI

Palavras mais verdadeiras nunca foram ditas. Lembra de como iniciei este livro com as palavras "Mentiram para você"? Isso acontece todos os dias, e as mentiras mais danosas são aquelas que as pessoas contam sobre o dinheiro que conquistam. Algumas pessoas mentem de forma direta em uma tentativa de "mentir até chegar lá". Outros acabam moldando suas palavras para soar como se estivessem arrasando, quando mal conseguem sobreviver.

As mídias sociais estão cheias de afirmações do tipo: *Acabei de ter um lançamento de seis dígitos! Meu negócio ultrapassou a marca de 1 milhão de dólares este ano! Estou conseguindo um valor de cinco dígitos por semana.*

Algumas dessas declarações são mentiras, nuas e cruas, enquanto outras, embora tecnicamente verdadeiras, são igualmente enganosas. Não é difícil ter um lançamento de US$100 mil ao gastar US$200 mil. Não é difícil gerar US$15 mil em uma semana quando seu gasto com salários e publicidade é de US$20 mil. Não é difícil fazer 1 milhão de dólares em vendas na Amazon quando sua margem de lucro é de 1% para doze meses de *trabalho duro* (esses são valores reais que consegui de um antigo convidado meu).

Tenho vários amigos que trabalham *muito*, agregam muito valor ao mundo, geram *muita* receita com seus esforços e, ao final do ano, se perguntam onde foi parar todo o dinheiro conquistado.

Direi a você para onde foi o dinheiro. Gasto publicitário, salários e, acima de tudo, impostos. Esses três grandes obstáculos consumirão seu lucro a cada segundo em que não estiver concentrado em guardar o dinheiro conseguido.

Os empreendedores amam apontar para o fato de a Amazon nunca lhes gerar lucro e como Jeff Bezos é uma das pessoas mais ricas do mundo. Minha resposta a eles é: boa sorte criando a próxima Amazon.

O trajeto comum ao sucesso incomum não é sobre criar a próxima Amazon, é sobre criar uma vida de realização e liberdade financeira. É sobre montar um negócio que o deixe animado todos os dias. Um negócio capaz de agregar um enorme valor ao mundo em sua especialidade, que permitirá a você viver a vida que deseja, sem dar satisfação a ninguém.

Levou tempo, mas transformei o *Entrepreneurs on Fire* nesse tipo de negócio. Posso viajar quando bem entender. Eu passo mais de noventa dias do ano nas minhas férias. Toda manhã, acordo na minha casa dos sonhos em Porto Rico e minha agenda tem apenas apontamentos e atividades escolhidas por mim. Recebo centenas de e-mails dos meus ouvintes compartilhando como uma das minhas entrevistas, livros, vídeos ou publicações acenderam algo dentro deles e os colocaram no trajeto comum ao sucesso incomum.

Esse é meu combustível e minha chama. É isso que desejo para você.

Mas nada que eu disse pode acontecer até que você comece a guardar o dinheiro que ganha. Como humanos, nós AMAMOS viver de acordo com nossos meios. Se você fizer US$40 mil por ano, mal sobreviverá com US$40 mil anuais.

Ao conseguir um aumento para US$60 mil, você pensa que todos seus problemas acabaram. *Mais US$20 mil! Estou rico!* Passado um ano, você pode ter mais "coisas", mas financeiramente se encontra no exato barco em que estava quando ganhava apenas US$40 mil. O barco de não ter dinheiro algum, exceto talvez US$400 como economia de emergência.

Você sabia que 40% dos norte-americanos não consegue cobrir um gasto emergencial de US$400? Essa informação veio diretamente do conselho do Federal Reserve e é uma estatística assustadora. Quando você está sobrevivendo, de salário em salário, existe um estresse que sempre estará presente. O primeiro acidente, a primeira dificuldade na economia ou algum gasto imprevisível poderia representar a queda de todo o castelo de cartas. Você sente como se o desastre estivesse dobrando a esquina, e ele está.

Mas aqueles capazes de sobreviver a uma queda estarão bem posicionados para prosperar quando a tempestade passar. Outro problema em viver de acordo com seus meios é a incapacidade de investir em seu negócio. Sem excesso de capital, você não pode aumentar sua equipe, dedicar dinheiro à publicidade e nem melhorar a infraestrutura do negócio. Se estiver em um setor em que a concorrência faz essas coisas, você será deixado para trás.

Mas há boas notícias. Ao se comprometer em guardar o dinheiro ganho e construir uma economia financeira, você poderá usar seus recursos de modo a fortificar e expandir seu negócio.

Existem dois livros incríveis que detalharão esse assunto e fornecerão táticas específicas que você pode utilizar. O primeiro é um clássico, *O Homem Mais Rico da Babilônia*, de George S. Clason. Você voltará milhares de anos no passado para aprender um princípio eterno: pague a si mesmo primeiro. Quando conquistar o princípio de pagar a si mesmo pelo menos dez centavos para cada dólar conquistado, estará no seu caminho para montar sua economia financeira. Ao montá-la, poderá fazer seu dinheiro trabalhar para *você*. É um conceito poderoso e que nunca esqueci.

O segundo livro é bem estratégico: *Lucro Primeiro,* de Mike Michalowicz. Mike é um gênio financeiro e eu particularmente conheço dezenas de negócios com dificuldades que transformaram sua situação financeira ao implementar as estratégias presentes no livro.

O trajeto comum ao sucesso incomum é sobre criar realização e liberdade financeira. Você não pode fazer isso com uma conta bancária vazia. Sem guardar o dinheiro que ganha.

Aprenda os princípios nesses livros e estará no caminho do sucesso incomum.

Você consegue!

Guardando o Dinheiro que Consegui

O ano era 2015, e o local, San Diego, Califórnia. Eu estava na metade do segundo ano seguido em que consegui uma renda bruta acima de US$2 milhões. Isso era empolgante. O que não era nada empolgante era o fato de ter acabado de preparar meu cheque trimestral de impostos para o Tio Sam no valor de US$250 mil.

Eu sabia que, quando o cheque fosse compensado, eu teria menos de US$750 mil no banco. Como isso era possível? Consegui mais de US$2 milhões em 2014 e estava no ritmo para superar US$4 milhões em 2015. Onde meu dinheiro foi parar?

Decidi que era hora de levar minhas finanças a sério. Nos primeiros anos, simplesmente estava feliz por tudo estar funcionando. Agora eu tinha grandes aspirações financeiras.

Sentei-me com meu contador, fizemos uma auditoria completa, e os resultados não eram legais. Com meu gasto publicitário, folha de pagamentos e, o pior de tudo, impostos, eu ficava com menos de 25% do dinheiro recebido. Não era uma porcentagem terrível para a maioria dos negócios, mas não era a porcentagem que queria ver com o *Entrepreneurs on Fire.*

Desde o primeiro dia, meu objetivo com o *Entrepreneurs on Fire* era administrar uma máquina enxuta e agressiva de geração de lucro. Eu queria a realização e a liberdade financeira. Eu queria guardar o dinheiro que recebia.

Meu contador disse as seguintes palavras, que me atingiram em meu âmago: "John, não é difícil conseguir dinheiro na Califórnia, mas é quase impossível ficar rico." Essas palavras doeram. Estava conseguindo dinheiro na Califórnia, é claro, mas, após a folha de pagamentos, gasto publicitário e os 51% dos impostos estadual e federal, não sobrava muita coisa. Parecia que, quanto mais dinheiro eu recebia, menor a porcentagem que restava.

Era muito desmoralizante. Podia perceber que já não havia o mesmo interesse em assumir novos projetos. Não foi um bom momento na minha carreira empresarial.

Comecei a dedicar meu tempo a buscar formas legais de reduzir meus impostos, mas tudo parecia muito complicado e confuso. Foi então que li sobre Porto Rico, um estado dos Estados Unidos que estava incentivando os empreendedores do continente a se mudarem para essa ilha caribenha com algo chamado Lei 20.

Em resumo, a Lei 20 levaria meu imposto de 51% para 4%. Eu sabia que era bom demais para ser verdade, mas depois que meu contador analisou a lei e depois que conversei com algumas pessoas que se mudaram, sabia que era o momento e a oportunidade certos.

No dia primeiro de maio de 2016, Kate e eu nos mudamos para Porto Rico, fundamos nossa casa dos sonhos e estamos aqui desde então. Mantemos nossa equipe enxuta, nossos gastos baixos e guardamos (quase) todo dinheiro que recebemos.

Desde 2013, temos publicado um relatório financeiro mensal no qual compartilhamos nossa receita gerada e gastos incorridos. Nós detalhamos os sucessos e fracassos que vivenciamos ao longo do mês anterior e trazemos o contador para ter uma dica fiscal e um advogado para uma dica jurídica. Nossos relatórios financeiros nos ajudam a manter nossa palavra de atuar com transparência e honestidade com todo o nosso público.

Ainda temos meses em que nossos gastos são um pouco altos, mas nosso relatório financeiro garante que estejamos por dentro do nosso negócio — e do nosso lucro. Se quiser continuar compartilhando sua voz, sua mensagem e sua missão com o mundo, precisa priorizar seus lucros. Não pode causar um impacto se não apoiar a si mesmo e seus entes queridos.

Você está no trajeto comum ao sucesso incomum. Estamos aqui para causar um impacto e criar uma vida de realização e liberdade financeira.

Você consegue!

Um Empreendedor no Trajeto de Fogo ao Sucesso Incomum

RAMIT SETHI: GUARDAR O DINHEIRO QUE VOCÊ RECEBE

*Existe uma enorme diferença entre
receber muito dinheiro e ser rico.*
—MARLENE DIETRICH

TODOS SABEMOS como é ficar na defensiva com nosso dinheiro. Você chega ao fim do mês, olha para suas contas, encolhe os ombros e diz: "Acho que gastei tudo isso." Tentamos ficar um passo à frente financeiramente, mas um "gasto imprevisto" sempre atrapalha nossos planos. É isso que acontece quando você fica na defensiva com o seu dinheiro.

Partir para o ataque é diferente. Essa estratégia permite sonhos maiores. Ter as férias dos sonhos ou viajar na classe executiva. Comer naquele restaurante chique sem precisar pular os aperitivos.

Ficar na ofensiva permite que usemos nosso dinheiro para viver uma vida rica.

Quando Ramit começou a escrever sobre dinheiro no IWillTeachYouToBeRich.com, ele estava com seus vinte e poucos anos, solteiro e economizando para o dia de seu casamento. Ramit estava a anos de distância de conhecer sua esposa, mas, quando isso acontecesse, ele desejaria estar preparado financeiramente para pagar por um belo casamento.

Anos mais tarde, durante uma promoção de um livro em Portland, no Oregon, uma mulher jovem o agradeceu pela inspiração de começar a economizar para seu casamento antes sequer de ter noivado. Quando Ramit pediu que contasse sua história em um rápido vídeo para compartilhar sua proatividade, ela recusou, dizendo que "seria estranho falar sobre isso" já que ela ainda nem havia noivado.

Ramit perguntou a si mesmo: "Por que é tão estranho planejar coisas que sabemos que irão acontecer?" A maioria das pessoas se casa. A maioria das pessoas tem filhos, compra um carro e uma casa. A maioria das pessoas acabará se aposentando e cuidando de seus pais idosos. Por que era estranho planejar e economizar por essas coisas prováveis da vida?

E se, em vez de ficarmos na defensiva durante toda a nossa vida, partíssemos para o ataque? E se sonhássemos alto? E se, em vez de pensar apenas naquilo que precisamos fazer com nosso dinheiro, começássemos a pensar sobre o que desejamos fazer com ele?

Partir para o ataque significa gastar dinheiro em coisas que você ama enquanto reduz o gasto em coisas que não são importantes. Ramit recomenda uma estratégia de economia de dez anos. Abra uma conta poupança e programe investimentos mensais. Agora você pode planejar com antecedência, planejando seus sonhos.

No decorrer dos dez anos seguintes, quais são as grandes compras que você deseja fazer? Essa pode ser uma atividade divertida a ser feita com seu parceiro ou parceira. Filhos? Puericultura? Viagens? Para onde e por quanto tempo?

Anotar seus sonhos permite que você comece pequeno, pois terá muito tempo para alcançar seus objetivos financeiros. Começar agora possibilita esses sonhos. Nas palavras do próprio Ramit: "Pegue o dinheiro da defensiva, de uma fonte de ansiedade, nervosismo e culpa, e coloque-o na ofensiva. Crie sistemas automáticos e se concentre em como usar o dinheiro para viver sua versão de uma vida rica."

Obrigado, Ramit Sethi.

Você pode aprender mais sobre Ramit em IWillTeachYouToBeRich.com [conteúdo em inglês].

Confira o seu curso de acompanhamento gratuito para um apoio extra com *O Trajeto Comum ao Sucesso Incomum*: EOFire.com/success-course [conteúdo em inglês].

CAPÍTULO 18

O Poço da Sabedoria

> Um navio no porto está seguro, mas não é
> para esse fim que navios são construídos.
> —JOHN A. SHEDD

Que jornada você enfrentou até aqui. Agora é hora de levar seu barco para o mar. É hora de nos acompanhar no trajeto comum ao sucesso incomum. Este último capítulo é chamado de "O Poço da Sabedoria" por um motivo. Ele é uma compilação dos melhores conselhos que recebi ao longo dos anos com alguns comentários meus. Espero que visite "O Poço da Sabedoria" sempre que precisar de uma dose de inspiração, motivação e orientação.

Aproveite!

Meu Poço da Sabedoria

Essa primeira seção consistirá em "JLDismos". Esses são meus truísmos favoritos, que provaram ser verdadeiros várias e várias vezes no curso das mais de 2.500 entrevistas que realizei com empreendedores de sucesso desde 2012.

FOCUS: Follow One Course Until Success [Siga Um Único Caminho até o Sucesso]

Essa pode ser a frase mais pronunciada por mim em uma entrevista do *Entrepreneurs on Fire*. Amo como é um acrônimo perfeito: Siga Um Único

Caminho Até o Sucesso. Sempre que se sentir sobrecarregado, excessivamente ocupado ou demasiadamente estressado em sua jornada, é hora de encontrar um único foco e eliminar todo o ruído restante.

Para mim, esse foco era apresentar mais uma entrevista de qualidade para o *Entrepreneurs on Fire*. Esse foi o caminho que me levou até o sucesso. Todo o resto foi interessante, mas não meu principal FOCUS.

Empreendedores bem-sucedidos sabem exatamente qual é seu caminho até o sucesso. E você?

Quer a permissão de alguém? Olhe-se no espelho.
Várias vezes eu vejo pessoas pedindo permissão para outras. Permissão para começar, para parar, para respirar. Por que sentimos a necessidade de buscar a permissão alheia?

No trajeto comum ao sucesso incomum, a única permissão necessária é a sua. Essa é sua vida, sua oportunidade, seu caminho. Por que deveríamos permitir que outra pessoa lidere o caminho?

Em duas simples palavras, *não devemos*.

Compare e se desespere.
Comparar-se com os outros sempre o levará ao desespero. Sempre existirá alguém mais rico, mais alto, mais magro, mais musculoso, mais bonito, mais feliz, mais bem-sucedido. Também sempre existirá alguém mais pobre, mais gordo, mais fraco, mais feio, mais triste e menos bem-sucedido.

Você conduzirá sua vida com mais felicidade se lembrar disso: *A única pessoa com quem você deve ser comparada é com o você de ontem*. Caso esteja vencendo essa comparação na maioria das vezes, então está vencendo na vida.

No trajeto comum ao sucesso incomum, vencemos na vida.

Ganhe tração e aperte os cintos.
Uma das coisas mais difíceis de conquistar como um empreendedor é a proof of concept. Quando você cria uma solução que todos estão dispostos a pagar para obter, é hora de pisar no acelerador.

Já vi inúmeros empreendedores alcançarem o estágio de proof of concept e então, inexplicavelmente, desacelerarem. Grande erro. Ao conseguir tração, vá com tudo e aperte os cintos.

Sempre amei o ditado *faça feno enquanto o sol está brilhando*. Os fazendeiros sabem que a hora de colher o feno é quando o sol está brilhando, porque sempre há uma tempestade se aproximando.

Em 2013, os webinars ao vivo estavam com tudo quando se tratava de conseguir vendas para o Podcasters' Paradise. Pisei no acelerador e fiz um webinar ao vivo toda semana por três anos. Eu sabia que o sol pararia de brilhar em algum momento, e me certifiquei de pegar cada gota de oportunidade com nossos webinars ao vivo antes da tempestade se aproximar.

Você consegue!

Viva abaixo de suas possibilidades.

Por que 60% dos norte-americanos não são capazes de passar um cheque inesperado de US$400? Porque se tornaram uma sociedade treinada para viver de salário em salário. Você acabou de conseguir um aumento de US$60 mil para US$80 mil? Parabéns!

Está curioso por que sua conta bancária ainda se parece com a mesma no final do ano? Porque ajustou seu estilo de vida para os US$80 mil anuais. Sim, você pode ter mais algumas coisas na garagem e uma viagem extra agradável, mas está condenando o seu futuro eu a uma vida sem realização e sem liberdade financeira.

Empreendedores bem-sucedidos vivem abaixo de suas possibilidades. Eles constroem sua economia financeira e a usam para:

- Investir em seu negócio
- Investir em outros negócios
- Sobreviver nos dias ruins ou até nos meses ruins que se seguirão.

Você está no trajeto da realização e da liberdade financeira — faça valer a pena.

Melhore 1% todos os dias.

O sucesso repentino é um mito. Melhorar 1% por dia não é apenas alcançável, como também uma das formas mais certeiras de sucesso. Ao melhorar 1% todos os dias, com o tempo seu progresso se torna enorme graças ao efeito composto.

Tenho comigo dois livros que valem a pena mencionar: *The Slight Edge*, de Jeff Olson, e *O Efeito Cumulativo*, de Darren Hardy [Editora Alta Life]. Esses livros compartilham o valor de melhorar 1% todos os dias. Seja o responsável por essa medição e estará bem encaminhado na direção da realização e da liberdade financeira.

Pratique.

Existe uma pergunta que me confunde mais do que qualquer outra. Por que as pessoas pensam que podem/devem ser boas em algo se nunca fizeram esse algo antes? Todos os dias recebo um e-mail em que alguém afirma que não pode fazer X porque nunca fez X e não é bom em X.

Minha resposta é sempre a mesma: *Por que você espera ser bom em algo que nunca fez antes?*

Michael Jordan era um bom jogador de basquete antes de pegar em uma bola? Phil Mickelson era um bom jogador de golfe antes de usar um taco? *Claro que não.* Todo mundo que quer se tornar bom em algo deve *praticar.*

Já me perguntaram quando passei a me considerar um bom podcaster. Minha resposta foi: 480 episódios. Isso significa um ano e meio acordando todos os dias e praticando, ficando um pouco melhor no meu trabalho, semana após semana.

Você quer ser bom em alguma coisa? Ótimo! Aqui está o único ingrediente: pratique.

Seja consistente.

Empreendedores não fracassam. Eles simplesmente param de fazer as coisas que, com o tempo, fariam deles pessoas bem-sucedidas.

Publicar uma centena de episódios de podcast é muito trabalho. Mas quando alcancei cem episódios, ainda não era bem-sucedido. Nem perto disso. Foi preciso treze meses de podcasts diários até alcançar alguma vantagem financeira. Isso significa mais de quatrocentos episódios. Precisei manter a consistência quatro vezes mais tempo do que a marca de cem episódios para alcançar o sucesso e, quando o alcancei, precisei continuar consistente a fim de manter o sucesso alcançado.

Empreendedores que alcançam a realização e a liberdade financeira não são melhores, ou mais sortudos, ou mais espertos que os outros; eles só estão lá há mais tempo. Woody Allen estava certo quando disse que *80% do sucesso consiste em aparecer.* Você está comprometido a aparecer? Não só hoje ou amanhã, mas no longo prazo?

Meu trajeto comum ao sucesso incomum incluiu aparecer por 2 mil dias seguidos, com 2 mil episódios. Isso significa um ano e meio lançando uma entrevista *todos os dias.* Qual o seu compromisso?

Você consegue!

Você só precisa acertar uma vez.
Nos primeiros 32 anos da minha vida, eu estava errado sobre muitas coisas. Mas, ao chegar nessa idade, estava certo sobre uma única coisa: a necessidade de um podcast diário de entrevistas com empreendedores de sucesso. Essa única coisa me levou à realização e à liberdade financeira que agora aproveito.

Desde meus 32 anos, estive errado sobre muitas coisas, mas essa ideia era tudo que eu precisava. Ganhe coragem e tenha fé. Assuma sua posição e rebata, como um jogador de baseball. Você pode errar a bola mil vezes, mas no próximo arremesso pode identificar a ideia que o permitirá acertar um grand slam.

Thomas Edison compartilhou uma ótima citação quando tentava aperfeiçoar a lâmpada: *Não fracassei, só descobri 10 mil formas de não dar certo.* A tentativa número 10.001 funcionou para Thomas Edison e veja só onde estamos agora. Para alcançar a realização e a liberdade financeira, você só precisa acertar uma vez.

Você consegue!

Toda mágica acontece fora de sua zona de conforto.

Nós amamos viver em nossa zona de conforto. É muito confortável, como o nome sugere. No entanto, toda a mágica acontece fora dela.

É assustador buscar novos limites, arriscar e correr atrás de seus sonhos, mas esse é o trajeto comum ao sucesso incomum. Acompanhe-me nesse caminho, estou com você!

Descubra aquilo que o deixa em chamas e tenha uma visão focada.

O que faz você pegar fogo? O que te dá aquele calafrio de energia e faz você se sentir vivo? Ao identificar sua zona de fogo, tenha uma visão focada para criar a melhor solução possível para um problema real.

Quando você está disposto a comer, viver e respirar sua zona de fogo com uma visão focada, o Universo se alinhará e você encontrará o caminho para a realização e a liberdade financeira.

Você consegue!

O Poço da Sabedoria, Edição Variada

Preciso tirar o chapéu para James Clear e seu livro incrível, *Hábitos Atômicos* [Editora Alta Life], além de sua newsletter de leitura obrigatória, na qual você pode se inscrever em JamesClear.com. A seguir seguem algumas bombas de valores de uma variedade de indivíduos que James me apresentou por meio de seu livro ou newsletter. Após esta, terei uma seção inteira com James Clear(ismos) que você *não* vai querer perder!

> Se você não conseguir o que quer,
> é um sinal de que não queria realmente
> ou que tentou pechinchar o valor.
>
> —RUDYARD KIPLING

Alcançar a realização e a liberdade financeira é difícil. O preço é o trabalho duro, consistência e paciência. Se não quiser de verdade, tentará negociar o valor e essa é uma receita para o desastre.

O trajeto comum o ajudará a alcançar o sucesso incomum porque focamos os ingredientes que você precisa para ser bem-sucedido.

Confie no processo.

> A coragem nem sempre ruge.
> Às vezes, ela é uma voz quieta ao final do dia,
> dizendo: "tentarei novamente amanhã."
>
> —MARY ANNE RADMACHER

Todos já vimos esses indivíduos cheios de fogo, aparentemente transbordando confiança e coragem. Dentro de meses, a maioria é lançada ao esquecimento.

No trajeto comum ao sucesso incomum, a coragem é simplesmente dizer: "Fiz o meu melhor hoje, tentarei novamente amanhã."

> As coisas que você não está mudando, está escolhendo.
>
> —LAURIE BUCHANAN

Fazemos escolhas todos os dias. Algumas pessoas escolhem as mesmas coisas, a permanência, a estagnação. No trajeto comum ao sucesso incomum, nós escolhemos evoluir, nos ajustar e nos adaptar ao mundo ao nosso redor. Escolhemos perguntar ao público o que ele precisa e fornecer a solução, sempre em mudança. Escolhemos a realização e a liberdade financeira.

> Quando um ensina, dois aprendem.
>
> —ROBERT HEINLEIN

Você tem conhecimento para compartilhar com o mundo. Quando o compartilha, não está apenas ensinando aos outros, mas também está aprendendo. Está aprendendo como ensinar, como resolver as dificuldades de seu aluno e como aplicar seu conhecimento para causar um impacto no mundo. Você está aprendendo o trajeto comum ao sucesso incomum e incendiando o mundo!

> As pessoas não decidem seus futuros, decidem seus
> hábitos, e seus hábitos decidem seus futuros.
>
> —F. M. ALEXANDER

Muitas pessoas afirmam desejar a realização e a liberdade financeira acima de qualquer coisa, mas seus hábitos não refletem tal desejo. Aqueles que alcançam a realização e a liberdade financeira primeiro identificam os hábitos que levarão até um sucesso incomum, implementando-os diariamente. Seus hábitos diários são os elementos constitutivos do sucesso incomum: identificar, implementar, executar.

Você consegue!

> Às vezes, mágica é apenas alguém passando mais tempo
> do que qualquer um acharia normal fazendo algo.
>
> —PENN & TELLER

Está disposto a praticar? Está disposto a trabalhar em algo dez vezes mais do que sua concorrência mais próxima? Está disposto a trabalhar tanto que sua solução será, de longe, a melhor de todas? Ao praticar mais do que qualquer um ache normal, você cria a mágica.

Vamos criar mágica!

> Aquele que pergunta é um tolo por cinco minutos,
> mas aquele que não pergunta permanece um tolo para
> sempre.
>
> —PROVÉRBIO

Quem está no trajeto comum ao sucesso incomum nunca deixa de aprender. Sempre terei um mentor, sempre farei parte de uma mastermind. Eu sei o poder de não ser a pessoa mais esperta na sala, e você?

> Nenhum de seus ancestrais foi esmagado, devorado, afogado, morto de fome, abandonado, preso, ferido de maneira prematura ou retirado de qualquer outra forma da jornada de sua vida para entregar uma pequena quantidade de seu material genético para o parceiro correto no momento correto a fim de perpetuar a única sequência possível de combinações hereditárias que poderia resultar — eventualmente, surpreendentemente e muito brevemente — em você.
>
> —BILL BRYSON

Ter perspectiva é algo difícil de conquistar e ainda mais difícil de se manter. Enquanto tiros de morteiros eram disparados contra mim durante meu serviço na guerra do Iraque, lembro-me de pensar: *Se eu voltar para casa em segurança, nunca verei outro dia de liberdade sem seu devido valor.* Desde então, desvalorizei *muitos* dias de liberdade, mas tento o possível para manter uma perspectiva de gratidão. Não importa quão ruim tenha sido meu dia, nada se comparará àquele terrível dia no Iraque.

O que você pode usar no seu passado para lembrá-lo de como o presente é bom? A perspectiva é uma arma poderosa — use-a de maneira inteligente.

Como Melhorar as Vendas

1. As vendas são bem parecidas com jogar golfe. Você pode torná-lo complicado a ponto de ser impossível ou pode ir até lá e simplesmente acertar a bola. Estive liderando e construindo organizações de venda durante quase vinte anos e meu conselho é ir até lá e acertar a bola.
2. As vendas são sobre pessoas e resoluções de problemas. Não se trata de soluções, tecnologias, químicos, linhas de código ou alcachofras. Trata-se de pessoas e resolução de problemas.

3. As pessoas compram quatro coisas e quatro coisas apenas. Essas coisas são tempo, dinheiro, sexo e aprovação/paz de espírito. Se você tentar vender alguma coisa além dessas quatro, fracassará.
4. As pessoas sempre compram aspirina. Elas só compram vitaminas de vez em quando e em épocas imprevisíveis. Venda aspirina.
5. Em toda palestra que dou, costumo dizer: "Quando todo o resto é igual, as pessoas compram de seus amigos. Então iguale todo o resto e vá fazer muitos amigos."
6. Ser valioso e útil é tudo o que você pode querer para vender coisas. Ajude as pessoas, envie publicações interessantes, escreva cartões de aniversário e grave vídeos compartilhando suas ideias para expandir um negócio. Apresente pessoas que se beneficiariam ao se conhecerem e saia do caminho, sem esperar nada em troca. Faça isso de maneira consistente e autêntica e as pessoas encontrarão formas de te pagar. Eu prometo.
7. Ninguém liga para sua cota, folha de pagamento, OPEX, burn rate etc. Ninguém. As pessoas ligam para o problema que você está solucionando para elas.

Existem mais de 100 trilhões de dólares na economia global apenas aguardando para que você os conquiste.

Boa sorte.

—Colin Dowling

Não posso melhorar o que foi dito anteriormente, então nem tentarei fazê-lo.

O Poço da Sabedoria, Edição James Clear

James Clear é um empreendedor que admiro por muitos motivos. Ele trabalhou duro na sua habilidade de escrever. James tem sido muito consistente e paciente ao longo dos anos, algo pelo qual foi *muito* recompensado por seu livro *Hábitos Atômicos*, best-seller do *New York Times*. A newsletter dele é a única de leitura obrigatória em minha caixa de entrada toda semana e você pode saber mais sobre isso em JamesClear.com [conteúdo em inglês].

A seguir estão minhas citações favoritas de James Clear ao longo dos últimos anos.

Aproveite!

* * *

> Perdoe o você do passado, seja rígido com o você do presente e flexível com o você do futuro.

Não podemos mudar o passado, apenas aprender com ele. Possuímos controle total desse momento no tempo. Assuma o volante e dirija! O mundo está sempre em evolução, assim como seu futuro. Não seja tão rígido com um futuro que ainda precisa se desdobrar. Permita a si mesmo um espaço para ajustar-se e prosperar.

* * *

> Riqueza é o poder da escolha. Riqueza financeira é o poder de escolher como gastar dinheiro. Riqueza social é o poder de escolher com quem sair. Riqueza temporal é o poder de escolher como passar seu dia. Riqueza mental é o poder de escolher como gastar sua atenção.

O objetivo do trajeto comum ao sucesso incomum é dar a você o poder da escolha. Quando pode escolher como gastar seu dinheiro, tempo e energia, terá alcançado verdadeiramente o sucesso incomum.

* * *

Se quiser levar algo mais a sério, faça-o de maneira pública. Publicar um artigo pressiona você a pensar mais claramente. Competir em uma corrida pressiona você a treinar consistentemente. Realizar uma apresentação sobre qualquer assunto pressiona você a aprendê-lo. A pressão social o força a melhorar.

Responsabilidade é tudo. É por isso que estou comprometido a estar em uma mastermind cheia de pessoas que conheço, gosto e confio. Sempre faremos as coisas da melhor maneira possível quando somos responsabilizados por aqueles que respeitamos. Aprimore-se. O sucesso incomum está *fora* de sua zona de conforto, então vá atrás deles!

* * *

A maioria dos fracassos é um custo de valor único, enquanto a maioria dos arrependimentos é um custo recorrente. A dor da inação é pior que a dor da ação incorreta.

Aqueles que rebatem mais vezes conseguem o maior número de home runs. As tentativas nos permitem aprender com nossos fracassos, ajustando-nos a fim de tentarmos mais uma vez. Lembre-se, o arrependimento é algo que você não deseja ter em excesso ao final de sua vida. Livre-se do arrependimento ao abraçar a *ação*!

* * *

Compromissos desnecessários são desperdícios maiores que pertences desnecessários. Pertences podem ser ignorados, mas compromissos são uma dívida recorrente que deve ser paga com seu tempo e atenção. Você pode criar muito significado individual em sua vida ao ajudar outra pessoa a fazer algo significativo para ela.

Durante muito tempo, eu disse *sim* para tudo. Foi quando percebi que cada vez que dizia "sim" para uma coisa estava dizendo "não" para todo o resto que poderia fazer com aquele tempo. Desde que tive essa revelação, tenho sido *muito* cuidadoso com meus compromissos.

O trajeto comum ao sucesso incomum é sobre liberdade, não sobre confinamento.

* * *

Toda ação é um voto para o tipo de pessoa que você deseja se tornar.

Acabou de comer um pacote de Oreos? Esse é um voto para se tornar uma pessoa obesa. Malhou por cinco dias seguidos? Esse é um voto para se tornar uma pessoa saudável. Quais votos estão sendo feitos por suas ações?

* * *

A forma de atrair boa sorte é ser confiável em uma área valiosa. Quanto mais entregar valor repetidamente, mais pessoas desejarão você ao procurarem esse valor. Sua reputação é um ímã. Ao se tornar conhecido por algo, oportunidades relevantes irão até você sem nenhum trabalho extra.

Quando você recusa um nicho em um mercado ignorado, está se relegando a uma vida de obscuridade. Ninguém quer conselho da pessoa bem-sucedida número 10.634 em determinada área no Instagram. As pessoas querem falar com a pessoa mais bem-sucedida em ensinar cachorros surdos a tocar piano. Sei que esse é um nicho bem aleatório, mas você entendeu a ideia. Torne-se o mestre em seu nicho e as pessoas buscarão você e as oportunidades estarão por toda a parte.

* * *

Em um mundo onde a informação é abundante e de fácil acesso, a verdadeira vantagem é saber o que focar.

O trajeto comum ao sucesso incomum se trata de foco. O que você pode focar que já não tenha acesso fácil e abundante no mundo de hoje? Que problema pode resolver que não foi resolvido com algumas palavras no Google? A realização e a liberdade financeira pertencerão a você quando disser a resposta.

* * *

> A melhor forma de conseguir a atenção e o respeito de pessoas excepcionais é fazer um trabalho excepcional. As pessoas atraem seus semelhantes.

Pratique. Melhore um pouco a cada dia. Em uma certa manhã, terá acordado, será excepcional e as pessoas vão até a porta da sua casa.

Você consegue!

* * *

> Não levar as coisas para o lado pessoal é um superpoder.

Lembro-me muito claramente de minha primeira avaliação negativa; foi como um soco no estômago. Eu a mencionei para minha mentora e a resposta dela foi *você finalmente chegou!* Ela explicou que todo mundo que cria algo significativo neste mundo assume uma posição e, sempre que a assumimos, teremos haters. Eles podem discordar de você, ou não gostar de você, ou podem apenas ter um mau dia.

Caso se lembre do mantra a seguir, superar comentários negativos será muito mais fácil: *pessoas magoadas magoam pessoas.* Tão simples e tão verdadeiro. Os haters estão sofrendo por dentro. Existe algo quebrado dentro deles e eles descontam nos outros. Sinta empatia por seus haters: eles podem não a merecer, mas precisam dela.

* * *

> Ideias criativas acontecem quando você deixa de pensar sobre o que os outros vão pensar.

Por que você está disposto a trabalhar tão duro pela realização e pela liberdade financeira? É para seu amigo do ensino médio? Eu acho que não.

É para você e seus entes queridos. O sucesso incomum surge de ideias criativas. Ideias criativas surgem quando você para de se importar com a opinião alheia.

* * *

Quanto mais controle tiver sobre sua atenção, mais controle terá sobre seu futuro.

Tudo que existe neste mundo foi feito para distraí-lo. Pessoas recebem milhões de dólares para isso. Todos estão gritando e pedindo por sua atenção. Se você quiser alcançar a realização e a liberdade financeira, *controle sua atenção*. Controlando sua atenção e focando o trajeto comum, você terá a realização e a liberdade financeira a caminho.

* * *

O conhecimento é o interesse composto da curiosidade.

Ter a sua grande ideia não é fácil. Um dos principais ingredientes é a curiosidade. Se puder misturar sua curiosidade ao fazer extensas pesquisas sobre um único assunto, seu conhecimento aumentará e o domínio começará a tomar forma.

O domínio levará você a se tornar um mestre de seu nicho. Tornar-se um mestre de seu nicho o levará ao sucesso incomum.

* * *

Se tiver bons hábitos, o tempo se torna seu aliado. Tudo o que é preciso é paciência.

Quando identificar e implementar os hábitos certos, a realização e a liberdade financeira serão apenas questão de tempo. Faça o tempo trabalhar para você, não o contrário.

* * *

O Paradoxo da Liberdade: A forma de expandir sua liberdade é estreitar o foco. Permaneça focado em economizar para alcançar a liberdade financeira. Permaneça focado em treinar para a liberdade física. Permaneça focado em aprender para alcançar a liberdade intelectual.

Tudo que adicionarei a essa citação é o seguinte: há uma razão para *focus* ser minha palavra favorita. Siga um caminho único até o sucesso.

* * *

Onde você gasta sua atenção é também onde passará sua vida.

Temos apenas uma vida a ser vivida. Encontre sua paixão, combine-a com um valor que poderá fornecer ao mundo e dê a isso sua completa atenção. Então você passará sua vida fazendo aquilo que ama e impactando as vidas dos outros. Se essa não é a definição de realização, então qual é?

* * *

Deixe de se preocupar com quanto tempo levará para concluir e comece a atividade. O tempo passará de qualquer forma.

Somos seres humanos. Amamos procrastinar e procrastinar sobre procrastinação. Se pudesse gritar algo nos telhados, seria: *Comece agora! Não, nada de "só mais 10 segundinhos". Agora!*

* * *

Sem trabalho duro, uma ótima estratégia permanece como sonho. Sem uma ótima estratégia, o trabalho duro se torna um pesadelo.

Se quiser alcançar a realização e a liberdade financeira, trabalhe duro. Mas seu trabalho duro precisa de um propósito. É aqui que entra a estratégia. Se você estiver andando 1 milhão de quilômetros na direção errada, acabará 1 milhão de quilômetros mais longe de onde precisa estar.

Trabalhe duro. Trabalhe com inteligência. Tenha uma estratégia sólida. Execute.

* * *

A forma mais útil da paciência é a persistência. A paciência implica esperar que as coisas melhorem por si mesmas. A persistência implica manter sua cabeça baixa e continuar a trabalhar quando as coisas levam mais tempo que o esperado.

Cada dia é uma nova batalha para dizer "sim" ao que realmente importa e "não" ao que não tem importância. O foco é uma prática.

Devagar e sempre costuma ser a melhor estratégia, pois o mantém motivado. Lide com desafios gerenciáveis e terá sinais frequentes de progresso. Vá com muita sede ao pote e ocorrerá uma estagnação desse progresso. Ao progredir, é importante continuar. Quando o progresso é interrompido, você tem vontade de parar.

Não interrompa o progresso. Não pare. Cada dia é uma nova batalha para a qual você deve dizer "sim". Você consegue!

O Poço da Sabedoria, Edição de Kevin Kelly

Essas bombas de valor são de autoria de Kevin Kelly, que publicou *68 Bits of Unsolicited Advice* ["68 Pedacinhos de Conselhos que Não Foram Pedidos", em tradução livre] no seu aniversário de 68 anos. Você pode aprender mais sobre Kevin em KK.org ou pesquisar "Kevin Kelly 68" no Google para encontrar o artigo.

A seguir estão quatorze conselhos que não foram pedidos do artigo de Kevin, os meus favoritos.

Aproveite!

* * *

Aprenda como aprender com aqueles de quem você discorda ou até mesmo que o ofendem. Veja se pode encontrar alguma verdade naquilo em que acreditam.

Se perdermos as oportunidades de aprender em qualquer situação, limitamos o conhecimento que podemos obter. Toda situação na vida é cheia de oportunidades de aprendizado. Se aprendermos mesmo com quem discordamos ou nos ofende, conseguiremos a vantagem de aumentar nosso conhecimento de formas que certamente nos ajudarão.

O sucesso comum vem ao nos fecharmos para as oportunidades de aprendizado. O sucesso incomum é resultado do aprendizado a partir de todas as coisas.

* * *

O entusiasmo vale 25 pontos de QI.

Quando lancei o *Entrepreneurs on Fire*, eu *não* era um bom apresentador de podcasts. Era nervoso, sem experiência alguma e bastante cru. Mas eu tinha entusiasmo. Muito entusiasmo. Às vezes, ficava excessivamente entusiasmado com as coisas. No entanto, meu entusiasmo era contagioso; tranquilizava meus convidados e animava meu público. Eles sabiam que eu me importava, que estava trabalhando duro para melhorar. Sabiam que estava fazendo o meu melhor.

Ao final do dia, nós torcemos por pessoas que estão dando o melhor de si.

Tenha entusiasmo sobre aquilo que você faz. Há alguma alternativa?

* * *

Sempre exija um prazo. Um prazo elimina o estranho e o comum. Previne que você tente aperfeiçoar as coisas, obrigando-o a fazê-las de modo diferente. O diferente é melhor.

Quero começar pelo final. *O diferente é melhor*. Voltando para o começo, prazos são tudo.

A lei de Parkinson postula que *tarefas irão se expandir até o tempo atribuído a elas*. Essas palavras são completamente verdadeiras. Se der a si mesmo um dia inteiro para cumprir uma tarefa, ela consumirá todo o seu dia. Quando começava meu dia com uma agenda livre e muito tempo para escrever, me sentia sobrecarregado e acabava procrastinando. Mas, quando fiz a simples mudança de colocar um cronômetro de 42 minutos e apertar o botão *iniciar*, a tarefa se tornou gerenciável de repente.

Estava em uma corrida para escrever a maior quantidade de palavras possível em 42 minutos sem queda de qualidade. Eu sabia que, ao final dos 42 minutos, eu teria um descanso e poderia fazer algo prazeroso durante meus 18 minutos de "relaxamento".

Sempre devemos estabelecer prazos. Quando esse prazo chegar ao fim, concluímos o trabalho. O sucesso incomum não vem da perfeição, mas da ação imperfeita.

Você consegue!

* * *

> Não tenha medo de fazer uma pergunta que possa parecer idiota, porque, durante 99% do tempo, todos estão com a mesma dúvida, mas estão envergonhados demais para perguntar.

Isso me lembra de um trecho que li sobre Henry Ford. Ele estava em um julgamento e os advogados tentavam fazer com que ele parecesse idiota ao perguntá-lo uma série de questões triviais. Ford respondeu "Eu não sei" para quase todas as perguntas. Os advogados ficaram pasmos e perguntaram como um "homem tão iletrado" podia administrar a empresa automotiva mais bem-sucedida do mundo, a Ford Motors.

Henry respondeu com uma versão de "Porque eu sei o que preciso para administrar a empresa automotiva mais bem-sucedida do mundo, e todo o resto é apenas ruído. Se eu precisar saber de alguma coisa, pedirei que um de meus assistentes faça a pesquisa em algum livro".

Meu motivo para compartilhar essa história é que é tolice pensar que precisamos saber tudo. Nós precisamos do conhecimento que nos guiará em nossa jornada específica ao sucesso incomum. Para todo o resto, temos o Google. Na próxima vez em que tiver uma dúvida e sentir-se idiota sobre perguntá-la, pergunte assim mesmo. Isso mostrará que você tem a inteligência de aprender com os outros e a confiança de não ficar envergonhado com isso.

* * *

A gratidão desbloqueará todas as outras virtudes e é algo em que você pode melhorar.

Começo todos os dias completando a seguinte frase: *"Eu sou grato por..."*

A gratidão é a fundação de tudo. Quanto mais vivermos em uma mentalidade de gratidão, mais aproveitaremos nosso tempo neste mundo. Eu me vejo esquecendo de ser grato mesmo quando tenho as melhores das intenções de não o fazer, mas, como diz Kevin Kelly, a gratidão é algo em que você pode melhorar. Ao melhorarmos nosso sentimento de gratidão, todo o resto em nossa vida se beneficiará.

* * *

Profissionais são apenas amadores que sabem como se recuperar de maneira graciosa dos seus erros.

Todos somos amadores. Por mais que gostemos de nos enganar, somos apenas um bando de crianças correndo por aí em uma pedra no meio de um enorme Universo tentando descobrir as coisas. Profissionais são pessoas que cometem os mesmos erros que nós, mas se recuperam de maneira tão graciosa que não percebemos seus erros ou ficamos encantados com a forma que salvaram a situação.

Seja ótimo em cometer erros e ainda melhor em se recuperar deles.

* * *

Não seja o melhor. Seja o único.

Ser o melhor em alguma coisa é uma tarefa assustadora. Se você me disser para ser o melhor em X, eu estudaria aqueles que são considerados os melhores em seus respectivos campos dentro de X e imediatamente me sentiria sobrecarregado e desesperançoso.

Foi assim que me senti no começo da minha jornada com podcasts. Estudei aqueles que estavam no topo dessa área e sabia que nunca competiria com eles. Eram todos muito experientes e conhecedores, enquanto eu era apenas bom.

Então explorei o mundo ainda inexplorado dentro do podcasting. Foi isso que me levou a ser o único. Lancei o primeiro podcast diário de entrevistas com os empreendedores mais bem-sucedidos do mundo. Eu não era bom, mas era o único.

Ser o único foi suficiente para alcançar o sucesso incomum.

* * *

> Não leve para o lado pessoal quando alguém rejeita você. Suponha que essa pessoa é como você: ocupada e distraída. Tente novamente mais tarde; é incrível a frequência com que uma segunda tentativa dá certo.

Estive muitas vezes em ambos os lados dessa equação. Quando lancei o *Entrepreneurs on Fire*, era desencorajado quando as pessoas rejeitavam meu pedido de entrevista. No entanto, descobri que, se voltasse a pedir de maneira cortês dois ou três meses mais tarde, com frequência receberia um "sim", já que o momento seria mais adequado para o convidado.

Atualmente, sou bombardeado por oportunidades. Algumas vezes me sinto sobrecarregado e simplesmente digo "não" para tudo. Outros dias, passo algum tempo avaliando cada oportunidade e aceito as mais promissoras.

Não leve nada para o lado pessoal. As pessoas estão vivendo suas próprias vidas loucas, ocupadas e distraídas. Todo *não* deve ser visto como *não agora*.

Sempre aja com respeito e cortesia em toda situação e encontrará oportunidades desabrochando em sua segunda ou terceira tentativa.

Você consegue!!

* * *

O propósito de um hábito é remover essa ação da autonegociação. Você não precisa gastar energia decidindo se o fará ou não, apenas fará. Bons hábitos podem variar de falar a verdade até usar o fio dental.

Uma vez que uma ação estiver arraigada em sua vida, seja ela positiva, seja negativa, começará a trabalhar contra ou a seu favor. Hábitos são poderosos elementos constitutivos, e é por isso que devemos empilhar bons hábitos sempre que possível. Bons hábitos fornecem a base necessária para alcançar a realização e a liberdade financeira que desejamos.

Comece a empilhar.

* * *

Quanto mais estiver interessado nos outros, mais interessados eles estarão em você. Para ser interessante, esteja interessado.

Você tem aqueles amigos que só falam, falam e falam? Eles não estão interessados em nada que você diz ou faz, apenas falam. Com o tempo, acabamos achando-os cada vez menos interessantes. Se quer que as pessoas o achem interessante, tenha interesse nelas. Faça perguntas, tenha curiosidade por suas atividades. Importe-se com as vidas delas.

Uma coisa mágica acontecerá: essas pessoas vão querer saber mais sobre você porque, de repente, o acharão fascinante.

* * *

Para fazer algo bom, apenas faça. Para fazer algo ótimo, refaça, refaça e refaça. O segredo para fazer as melhores coisas reside em refazê-las.

Acorde de manhã, pratique e vá para a cama.

Acorde de manhã, pratique e vá para a cama.

É assim que você fica ótimo em algo.

Li um estudo sobre uma aula de cerâmica que se encaixa muito bem aqui. O professor dividiu a sala em duas. Metade da sala seria avaliada apenas com base em sua melhor peça de cerâmica ao longo de todo o semestre. Uma peça de cerâmica, uma nota. Quanto melhor a peça, maior a nota.

A outra metade da sala seria avaliada apenas de acordo com a quantidade. Quanto maior a quantidade de peças de cerâmica feitas, maior a nota. A qualidade não era importante. Ao final do semestre, uma coisa engraçada aconteceu.

Os alunos avaliados pela qualidade passaram todo o tempo tentando fazer a peça perfeita e, como resultado disso, fizeram pouquíssimas peças ao longo do semestre, e todas elas de baixa qualidade. Os alunos avaliados pela quantidade tinham pilhas de peças ruins, mas algo engraçado aconteceu ao longo do semestre: a cerâmica deles ficava cada vez melhor.

Foram encorajados a praticar o máximo possível, independentemente do resultado. A consequência disso foi que a prática se transformou em habilidade e essa habilidade foi traduzida em peças de cerâmica de alta qualidade. Ao final do semestre, não tinham apenas a maior quantidade de peças, mas também tinham as de maior qualidade.

Moral da história? Pratique.

Meu podcast diário foi minha versão dessa atividade. Reuni muitas peças ruins (episódios) nos primeiros meses, mas, ao longo do tempo, minha prática valeu a pena. A sua também valerá.

* * *

> Cometer erros é humano. Assumir seus erros é divino. Nada eleva uma pessoa mais do que admitir e assumir responsabilidade pelos erros cometidos, corrigindo-os de forma justa. Se fizer besteira, confesse. É incrível quão poderosa é essa atitude.

É incrível a sensação de assumir 100% de tudo em sua vida. A maioria das pessoas gasta muito tempo, energia e esforços mentais buscando a culpa em outras pessoas e situações por sua situação na vida. Quando você para de jogar esse jogo e assume a responsabilidade pelo lugar exato em que se encontra no mundo, tudo muda.

Você é um ser humano e cometerá deslizes. Assuma-os. Abrace-os. Aprenda com eles.

Essa atitude o manterá no trajeto comum ao sucesso incomum.

Você consegue!

* * *

Você pode ficar obcecado por servir seus consumidores/público/clientes ou em vencer a concorrência. Ambos funcionam, mas ficar obcecado por servir seus consumidores o levará mais longe.

Aqueles no trajeto comum ao sucesso incomum escolhem um foco. Entre seus consumidores e a concorrência, foque seus consumidores. Aprenda com sua concorrência, mas fique obcecado por seus consumidores.

* * *

Você é o que faz. Não é o que diz, o que acredita, nem como vota, mas aquilo em que gasta seu tempo.

Faça uma avaliação honesta. Como você passa seus dias? Você malha, tem alimentações saudáveis, bebe água e prioriza o sono? Então você é alguém saudável.

Você faz o oposto? Então é o oposto de alguém saudável.

Como passamos nossos dias é como passamos nossas vidas, e como passamos nossas vidas será um reflexo exato do sucesso (ou ausência deste) que conquistamos. Estamos no trajeto rumo ao sucesso incomum. Nós gastamos nosso tempo com as coisas certas que nos permitirão alcançar a realização e a liberdade financeira.

Você consegue!

* * *

O Universo está conspirando pelas suas costas para fazer de você um sucesso. Isso será muito mais fácil se abraçar essa pronoia.

Precisei pesquisar a definição de "pronoia" no Google. É o oposto de paranoia. Especificamente, é a suspeita de que o Universo está conspirando a seu favor. Já que você pode escolher sua mentalidade, então por que não escolher uma mentalidade otimista? Você já está melhorando suas chances ao ler este livro.

Abrace a realidade de que as estrelas estão alinhadas para que você alcance o sucesso incomum e carregue essa mentalidade em todos os seus empreendimentos.

Você consegue!

O Poço da Sabedoria, Edição de Naval Ravikant

Naval é alguém que conheci no *Tim Ferriss Show*. Fui imediatamente atraído por seus pensamentos concisos, simples e claros sobre a vida. Espero que o interessem também.

Você pode encontrar Naval no Twitter: @Naval.

* * *

Seja um otimista racional.

Você tem duas escolhas na vida: ser um pessimista ou um otimista. Entre as duas, ser um otimista fará do trajeto comum ao sucesso incomum uma estrada mais fácil e mais proveitosa.

Já que você não escolherá ser um otimista, pode muito bem ser um otimista racional. Não existe motivo para desperdiçar tempo, energia e esforços mentais com esperanças, sonhos ou ideias irracionais. Precisamos de um foco único, sendo racionais com nossos objetivos e pacientes com os resultados.

* * *

Evite a concorrência sendo autêntico.

Com frequência, as pessoas veem as outras com sucesso em uma certa área e lançam uma imitação fraca, surpreendendo-se quando seus resultados são igualmente fracos. O mundo é um lugar competitivo. Quando você está no trajeto comum ao sucesso incomum, pode evitar ser esmagado pela concorrência ao ser você mesmo: o seu eu autêntico, transparente e vulnerável.

* * *

Trate todos com respeito.

Amo a seguinte citação: "Seja bom com todos na subida para que sejam bons com você na descida." A vida é uma montanha-russa e, quando trata a todos com respeito, eles nunca se esquecerão. Em algum momento precisará de um favor, amigo ou confidente. Aqueles que você tratou com respeito estarão lá por você. Além disso, é a coisa certa a fazer e, quando estiver em dúvida, faça a coisa certa.

* * *

Seja impaciente com ações, e paciente com resultados.

Se seu modo padrão for a ação, os resultados virão. Lembra do meu exemplo anterior sobre a turma de cerâmica? Aqueles que agiam de maneira imperfeita, mas diária, alcançaram os melhores resultados ao final do experimento. Você precisa ser como um cavalo no portão de partida todos os dias, pronto para correr e começar a agir. Quanto aos resultados, seja paciente — eles virão.

* * *

Quem experimentar mais, vence.

Esse é um complemento perfeito para a citação anterior. Se Thomas Edison deixasse de experimentar após 5 mil tentativas, teria fracassado. Em vez disso, continuou experimentando e, após 10 mil tentativas, encontrou o sucesso. Persistam, meus amigos, e nunca parem.

* * *

Inspiração possui data de validade.

Escrever este livro tem sido um projeto de paixão. Eu estava *em chamas* ao escrever a primeira palavra e também ao escrever a palavra número 6 mil. No entanto, sei que minha melhor escrita vem logo pela manhã, o ponto alto da minha inspiração.

Durante *meses*, a primeira hora de cada dia foi dedicada à escrita deste livro. Às três horas da tarde, minha inspiração para qualquer projeto já havia desaparecido. Moral da história: quando se encontrar inspirado, *trabalhe*.

* * *

Jogue jogos idiotas e ganhe prêmios idiotas.

Eu amo essa citação por conta de sua franqueza e verdade. É fácil jogar jogos idiotas hoje em dia. Comprar seguidores nas redes sociais, prometer demais e entregar pouco, fingir até conseguir.

Todos esses são jogos idiotas, e você conseguirá prêmios idiotas. Assim você nunca alcançará a realização e a liberdade financeira porque não está entregando uma solução verdadeira para um problema real. No trajeto comum ao sucesso incomum, jogamos os jogos certos e ganhamos prêmios incríveis.

Você consegue!

* * *

> Milionários não são ocupados, produtivos ou as pessoas que trabalham mais duro no mundo, são aqueles que produzem as coisas certas.

Eu posso endossar essa citação pessoalmente. O meu patrimônio líquido alcançou os oito dígitos e eu não sou uma pessoa ocupada. A maioria dos meus dias de trabalho são curtos e é muito raro que eu trabalhe por longos períodos. Em vez disso, trabalho em períodos curtos e eficientes, que é quando produzo as coisas *certas*. Você também está produzindo as coisas certas?

* * *

> As pessoas já cavaram todos os lugares óbvios, então é preciso estar disposto a cavar mais fundo ou buscar novas áreas.

Isso nos leva de volta ao Capítulo 2: descubra seu nicho. Se você lançar uma imitação fraca de uma concorrência forte e arraigada, será esmagado. Se estiver disposto a cavar mais fundo em novas áreas, identificando problemas que não foram suficientemente resolvidos, descobrirá um nicho que o levará à realização e à liberdade financeira.

Vamos começar a cavar!

* * *

> Entre nos 25% melhores em três coisas e as combine para entrar no grupo dos 1% melhores.

Eu acho que essa é uma ótima opção para aqueles que têm dificuldades em encontrar seu nicho. E se descobrisse três coisas em que você pode estar entre os 25% dos melhores, as combinasse e se tornasse o 1% dessa combinação? Um exemplo seria um instrutor de ioga que serve veganos com alguma deficiência visual.

Se alcançar o top 25% de todas essas três categorias (o que é possível) e combinar as três, você seria o 1% dessa combinação. Seja criativo, divirta-se e *pegue fogo*!

* * *

Futuros milionários vivem na fronteira do conhecimento. Do conhecimento específico.

A palavra-chave aqui é *específico*. Quando era um futuro milionário, estava vivendo na fronteira do conhecimento: como criar, aumentar e monetizar um podcast diário de entrevistas.

Qual é o seu conhecimento específico? Se você hesitou, tem muito trabalho a fazer. Comprometa-se a viver na fronteira do conhecimento específico e permaneça lá. É divertido!

* * *

Desde que seja o melhor, a internet permite que você consiga escalonar.

Mais uma vez, estamos mostrando quão poderosa é a descoberta de um nicho. Se você não for o melhor em seu nicho, é hora de ser ainda mais específico até ser o melhor. Às vezes, ser o melhor significa ser o único. Ao ser o melhor, a internet dará a você a alavancagem necessária para expandir um negócio que o permitirá alcançar a realização e a liberdade financeira.

Seja o melhor.

* * *

Você pode enriquecer ao dar às pessoas o que elas querem em escala.

Quais as maiores dificuldades, obstáculos e desafios do seu avatar? Como pode oferecer a solução?

Ao identificar o mecanismo de entrega para a solução, o próximo projeto será descobrir como entregar essa solução em escala. Entregar soluções em escala resultará em um sucesso incomum.

Você consegue!

* * *

> Uma agenda ocupada e uma mente ocupada destruirão sua habilidade de fazer coisas incríveis no mundo.

Sempre que as pessoas dizem o quanto são ocupadas, imagino um carro em cima de blocos, com o acelerador pressionado. As rodas estão girando, o motor funcionando, mas você não está indo a lugar algum. É assim que 99% das pessoas no mundo opera todos os dias.

Você está lendo este livro porque busca formas de fazer parte do 1% que alcançaram a realização e a liberdade financeira. Aqueles no trajeto comum ao sucesso incomum possuem agendas e mentes claras. Quando trabalhamos, trabalhamos *duro* e nas coisas *certas*. Quando descansamos, nos recuperamos e deixamos nossas mentes e corpos relaxarem.

Você consegue!

EU ESPERO que tenha gostado de O Poço da Sabedoria. Lembre-se, esse poço deve ser visitado sempre que estiver em busca de inspiração, motivação e direção. O trajeto comum ao sucesso incomum pode ser longo, quente e empoeirado. Sacie sua sede aqui o quanto quiser, e a realização e a liberdade financeira serão suas!

Confira o seu curso de acompanhamento gratuito para um apoio extra com *O Trajeto Comum ao Sucesso Incomum*: EOFire.com/success-course [conteúdo em inglês].

EPÍLOGO

FUI ABERTO, SINCERO e transparente com você em cada passo do trajeto comum ao sucesso incomum. Não vou parar agora. Às vezes a verdade dói, mas estou compartilhando essa verdade como um ato de amor.

Se você não estiver aproveitando atualmente a realização e a liberdade financeira, então possui uma deficiência em pelo menos um passo do trajeto comum, provavelmente em vários passos.

Eu sei o que é preciso para administrar um negócio bem-sucedido em longo prazo. É preciso tempo, paciência, persistência e trabalho duro. O sucesso incomum não virá do dia para a noite, mas será seu caso se comprometa a seguir o trajeto comum descrito neste livro.

Sempre que se encontrar em busca de motivação e inspiração, vá até O Poço da Sabedoria. Ele não irá decepcioná-lo.

Sempre que sentir que algo não está certo no seu negócio, vá até o sumário. Lá, você deve ser capaz de identificar uma área negligenciada ou ignorada. Resolva essa buraco em seu negócio e estará de volta no trajeto.

Lembre-se, o mundo está em constante mudança, então o trajeto ao sucesso incomum também mudará. Ao usar este livro para estabelecer a base, será capaz de identificar e explorar as oportunidades conforme surgirem.

Confie no processo, comprometa-se com a jornada e, assim, a realização e a liberdade financeira serão suas.

—John Lee Dumas

ÍNDICE

A
acerto, 223
ações, 33
After-Action Reviews, 107–110
agenda, 75
   sistema, 88
Amy Porterfield, 199
aprendizado, 235
arrependimento, 230
atenção
   controle, 233
audiobooks, 39
avaliação negativa, 232
avatar, 27–36
   construir seu, 28
   dificuldade, 135–144

B
Billy Gene, 191
blogs, 38

C
certificação, 156
chamas, 224
ClickFunnels, 155–156
cliente em potencial, 17
Cliff Ravenscraft, 63
coaching individual, 147
código promocional, 204
comparação, 220
compartilhamento, 225
comprometimento, 70
comunidade premium, 154
conceito, 145–168
conhecimento específico, 247
consistência, 76
conta poupança, 217
conteúdo, 115
   duração, 77
   entrega, 77
   escrito
      vantagens e desvantagens, 38

foco no, 74
frequência, 76
plano de produção de, 73
  modelo, 82
  perguntas, 74
produção, 118
tempo de criação, 79
  zona de conforto, 80
tração inicial, 74
coragem, 225
credibilidade, 156
cúpula virtual, 150
curso, 150

D
decisões, 29
desafio pago, 151–153
desempenho de craque, 105
desenvolvimento pessoal, 12
detalhes, 91
dificuldade
  escolher sua, 37
dinheiro, 211–218
  reserva, 214
disciplina, 119–122
  definição, 120–123

E
economia financeira, 221
Entrepreneurs on Fire, podcast
  dúvidas, 57

escolha do nome, 55
início, 9
nascimento, 42
entusiasmo, 236
equipe, 195–201
  Team Fire, 197
especialidade, 2
estagnação, 76
estresse pós-traumático, 4
eventos ao vivo ou virtuais, 157

F
família, 85
fantasia pré-lançamento, 130
finanças corporativas, 5
Fire Nation Elite, 148–168
fluxo de receita, 179–186
  diversificação, 182
foco, 119–122
  dispersão, 122–125
FOCUS, 219
Free Podcast Course, 174
funil de vendas, 169–178
  definição, 170
Funnel on Fire, 207

G
grande ideia, 1–14
  e nicho, 18
  erros, 1
gratidão, 238

H
hábitos diários, 226
Hal Elrod
   milagre da manhã, 11
   SAVERS, acrônimo, 12
haters, 232

I
ideias criativas, 232
identificação, 15
inspiração, 24

J
Jaime Masters, 68
   agenda, 72
   mentora de Dumas, 51
   regras, 71
Jeff Walker, 131
Jill e Josh Stanton, 208
Jimmy, avatar, 29–30
Jon Morrow, 33

K
Kate Erickson, 111

L
lançamento, 127–134
leads, 137
Lei 20, Estados Unidos, 215
Lei de Parkinson, 117
Leslie Samuel, 43

líderes de torcida, 163–164
link de afiliados, 204
lista de prós e contras, 21
livro
   escrever, 148

M
marketing de afiliados, 210
mastermind, 61–72
   entre pares, 62
   Fire Nation Elite, 67
   liderança, 147
mentalidade de abundância, 188
mentor, 47–60
   abordagem, 49
   ideal, 47
   perguntas, 50
momentos a-ha, 19

N
newsletter, 91
nicho, 15–26
   descobrindo meu, 19

O
Omar Zenhom e Nicole Baldinu, 165
O Milagre da Manhã, livro, 13
oportunidade, xi
ostracismo do empreendedor, 85
otimismo, 243

P

paixão, 1
  e especialidade, 3
paradoxo da liberdade, 233
parcerias de afiliados, 203–210
Pat Flynn, 124–126
perfeccionismo, 127
pergunta, 237
permissão, 220–248
persistência, 235
pessoa
  de valor, 8
  influência, 61
  negativa, 61
plataforma, 37–46
  de áudio, 39
  de vídeo, 40–41
    vantagens e desvantagens, 41
  escrita, 38
poço da sabedoria, 219–248
  James Clear, 229
  Kevin Kelly, 235
  Naval Ravikant, 243
podcast, 4
  entrevista com empreendedores, 19
  vantagens e desvantagens, 39
Podcasters' Paradise, 162
  proof of concept, 164
podfading, 84
PodPlatform, 159

prática, 222
prazo, 236
pressão, aplicar, 19
procrastinação, 234
produtividade, 119–122
  definição, 119–122
produto físico, 153
produto ou serviço
  afiliado, 155
progresso, 222
pronoia, 243
proof of concept, 18–21
  prova de conceito, 18
público
  interação, 136
  relacionamento de confiança com seu, 76

R

rádios, 39
Ramit Sethi, 216
razão, 116
receita, 158
reciprocidade, 172
recomendações, 204
redes sociais, 83
refazer, 240
reflexão e avaliação, 86
relacionamento de benefício mútuo, 188
relatórios financeiros, 87

reputação, 231
respeito, 244
responsabilização amigável, 66
Russell Brunson, 175
Ryan Levesque, 141–144

S
satisfação, xiii
Selena Soo, 24–26
Shawn Stevenson, 58
sistemas, 195–201
Slack, 152
software, 152
solução, 145–168
Stu McLaren, 184
sucesso, 12
    incomum, xi

T
tendências negativas, 181
tração, 221
tráfego, 187–194
trajeto comum, xii

V
vendas
    adicionais, 177
    melhora, 227
vídeo, flexibilidade, 41

W
webinar, 183

Z
zona de conforto, 224
Zona de Fogo, 2–3

Projetos corporativos e edições personalizadas
dentro da sua estratégia de negócio. Já pensou nisso?

Coordenação de Eventos
Viviane Paiva
viviane@altabooks.com.br

Assistente Comercial
Fillipe Amorim
vendas.corporativas@altabooks.com.br

A Alta Books tem criado experiências incríveis no meio corporativo. Com a crescente implementação da educação corporativa nas empresas, o livro entra como uma importante fonte de conhecimento. Com atendimento personalizado, conseguimos identificar as principais necessidades, e criar uma seleção de livros que podem ser utilizados de diversas maneiras, como por exemplo, para fortalecer relacionamento com suas equipes/ seus clientes. Você já utilizou o livro para alguma ação estratégica na sua empresa?

Entre em contato com nosso time para entender melhor as possibilidades de personalização e incentivo ao desenvolvimento pessoal e profissional.

PUBLIQUE SEU LIVRO

Publique seu livro com a Alta Books.
Para mais informações envie um e-mail para: autoria@altabooks.com.br

/altabooks /alta-books /altabooks /altabooks

CONHEÇA OUTROS LIVROS DA ALTA BOOKS

Todas as imagens são meramente ilustrativas.

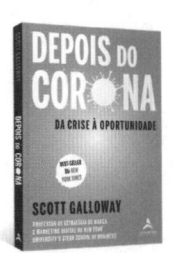

ROTAPLAN
GRÁFICA E EDITORA LTDA

Rua Álvaro Seixas, 165
Engenho Novo - Rio de Janeiro
Tels.: (21) 2201-2089 / 8898
E-mail: rotaplanrio@gmail.com